합법적으로 세금안내는 110가지 방법

21년 연속 베스트셀러! 2025년판 **개인편**

합법적으로 세금안내는 110가지 방법

"절세를 알아야
부자가 될 수 있다"

세무사 **신방수** 지음

아라크네

절세 전략 잘 세워 부자 되세요!

여기저기서 세금이라는 말을 들으면 언뜻 '그게 나와 무슨 상관이 있어?' 하는 생각이 들지도 모릅니다. 하지만 우리는 생활 곳곳에서 원하든 원하지 않든 세금과 마주치게 됩니다.

아침에 일어나 모닝커피 한잔을 마실 때부터 시작해 월급을 받을 때, 부동산을 사고팔 때, 사업을 할 때 등 세금을 빼놓고는 그 어떤 경제활동도 할 수 없습니다.

또한 세금은 자산 증식에 아주 큰 영향을 미칩니다. 주위를 둘러보십시오. 소득 수준이 비슷한데도 누구는 부자 소리를 들으며 사는가 하면, 누구는 하루하루를 빠듯하게 살아갑니다. 또 시세가 비슷한 부동산을 소유하고 있으면서도 세금을 수천만 원 더 낸 사람들도 있습니다.

왜 이런 차이가 생길까요? 잘 살펴보면 한 가지 공통점을 찾을 수 있습니다.

부자들은 모두 절세 방법을 잘 알고 있다는 점입니다. 똑같은 샐러리맨이라고 해도 연말정산을 누가 얼마나 더 꼼꼼히 챙기느냐에 따라 환급받는 세금이 한 달 월급만큼 차이가 나기도 합니다. 마찬가지로 비슷한 규모의 기업체를 운영하는 사장님들도 회계나 세무 처리를 얼마나 잘 하느냐에 따라 힘들게 번 재산을 지킬 수도, 못 지킬 수도 있습니다.

부동산도 마찬가지입니다. 특히 부동산 세금은 거미줄처럼 얽혀 있어서 첫 실마리를 잘 풀어야 재산을 지킬 수 있습니다. 실제로 투자 수익률이 높은 사람들은 세금을 자유자재로 다룹니다.

이렇듯 튼튼한 방어벽을 쳐 세금이 빠져나갈 틈 없이 소득 및 재산 관리를 할 때 비로소 부자의 길에 들어서게 됩니다. 세금에 무지한 나머지 무방비 상태로 있다 보면 그동안 공들여 쌓아 놓은 재산이 어느 순간 세금으로 뒤바뀌어 버리는 어이없는 경험을 맛보게 될 것입니다.

이 책 『개인편』에서는 알뜰하고 꼼꼼한 이절세와 야무진이라는 두 주인공이 등장해 주변에서 흔히 맞닥뜨리는 여러 세금 문제를 재미있고 알기 쉽게 알려 줍니다. 예를 들어 각 상황에 맞는 연말정산 환급법, 취득세·보유세·양도소득세를 비롯해 상속·증여세 등 부동산 전반에 대한 세금 관리 노하우, 수익률 높은 재테크를 위한 맞춤별 절세 전략을 사례와 더불어 흥미롭게 다루고 있습니다.

이번 개정판에서는 최근의 변화된 재테크 시장의 흐름에 따라 월급생활자들이 꼭 알아야 할 세금 내용을 대폭 보강했습니다. 예를 들어 소득공제에서 세액공제로 바뀐 연말정산 항목들, 변경된 1세대 1주택자에 대한 비과세 제도, 주택임대소득 과세 제도, 양도소득세 중과세 제도 등이 그렇습니다. 더 나아가 부동산 시장에 큰 영향을 미치고 있는 2020년 7월 10일에 발표된 7·10대책과 최근의 개정 세법 등도 충실히 반영했습니다. 특히 2023년 1월 12일 이후부터 일시적 2주택의 양도소득세 비과세, 취득세 일반과세 등을 위한 처분 기한이 3년으로 단일화되었습니다. 2024년부터는 1억 원의 혼인·출산 증여공제가 적용되고 있으며, 2025년부터는 결혼세액공제도 선보일 예정입니다. 한편 이외에 상속세 등에서도 다양한 개정이 있을 것으로 보입니다. 이러한 지식을 발판 삼아 독자 여러분이 실제 내 집을 마련할 때, 그리고 집을 양도할 때 다양한 도움을 받을 수 있을 것으로 기대합니다. 또한 최근에 강화된 금융실명제에 대한 쟁점 및 그에 따른 해법도 자세히 다루었습니다. 금융실명제는 모든 분들이 알아 둬야 할 필수적인 법률 상식이기도 합니다.

이러한 세금여행에는 국내 최고의 세무 전문가인 고단수 세무사가 함께합니다.

지금껏 세금 문제를 다룬 책은 많았습니다. 하지만 저는 이 책을 포함한 〈합법적으로 세금 안 내는 110가지 방법〉 시리즈인 『기업편』

『부동산편』이 기존의 다른 책들과는 내용적인 면에서 한 걸음 더 앞서 있다고 자신합니다.

월급생활자나 자영사업자로서 세테크에 첫발을 내딛는 분들은 물론이고 자산관리 업무에 종사하시는 분들 모두 이 책에서 원하던 절세 전략을 찾으실 수 있으리라 확신합니다. 특히 금융권이나 부동산 관련업 그리고 창업 등 사업 컨설팅에 종사하는 분들에게 살아 있는 컨설팅 자료로도 충분할 만큼 다양한 사례와 구체적인 방법들이 가득 담겨 있습니다.

마지막으로 이 책을 내도록 독려해 주신 아라크네 사장님과 책 출간으로 밤늦게까지 고생한 편집부 여러분 모두에게 감사드립니다. 그리고 남편 뒷바라지에 힘들었을 아내와 자신의 삶을 개척하기 위해 고군분투하고 있는 사랑하는 딸 하영이와 주영이에게 이 지면을 통해 깊은 감사의 마음을 전하고 싶습니다.

신방수(세무사)

차례

세금 원리, 알면 알수록 돈 벌어요

또 하나의 보너스, 연말정산을 챙겨라

등장인물 소개

이절세
자산관리 컨설턴트를 목표로 열심히 세금 공부 중인 증권회사 직원. 야무진과 함께 다양한 세금 문제를 고민하는 사이, 어느새 세무 전문가 뺨치는 실력의 소유자가 되었다.

야무진
미래의 세무 전문가를 꿈꾸며 든든세무법인에 들어간 야심찬 여성. 주변에서 일어나는 모든 세금 문제를 고단수 세무사와 상의하며 실전 경험을 쌓는 중이다.

고단수
든든세무법인의 간판급 세무사. 많은 이들이 고심하는 세금 문제에 언제나 명쾌한 답을 내려 주는 해결사 역할을 한다.

세금 원리,
알면 알수록
돈 벌어요

절세의 첫걸음, 세테크를 이해하라

결혼을 앞둔 이절세와 야무진이 점점 중요해지고 있는 세테크 정복을 위해 알찬 대화를 나누고 있다.

"오빠! 요즘 좀 게을러진 것 같은데? '게으른 선비 책장 넘긴다'는 속담도 있지만, 요새 오빠는 어떤 일을 하더라도 열심히 하지 않고 요리조리 빠져나갈 궁리만 하는 거 같아. 그래서야 어디 일이 제대로 되겠어?"

"갑자기 왜 그래? 요즘 퇴근하고 영어 배우러 다니느라 좀 피곤해서 그런 것뿐인데……."

"이봐요, 이 대리님! 무슨 대답이 그래? 나랑 결혼할 마음이 있는 거야, 없는 거야? 살 집도 마련해야 하고 가구며 전자 제품이며 준비해야 할 게 태산 같은데 말야. 걱정도 안 돼?"

"알았어……. 미안해."

"아냐. 나도 큰소리 내서 미안한걸. 결혼을 앞둬서 그런지 마음만 자꾸 더 급해지는 것 같아. 화내서 정말 미안. 하지만 앞으로 우리가 목표로 한 돈을 모으기 위해서는 더 부지런해져야 돼. 사무실에서 만나는 고객들 가운데 성공한 사람들은 정말 다 부지런한 사람들이더라고. 역시 부지런해야 돈도 따라오나 봐."

"음, 맞는 말이긴 한데 말야. 너 정말 내가 게으르다고 생각해서 한 말이야?"

"아냐, 그럴 리가 있겠어? 난 그저 앞으로 조금만 더 노력했으면 좋겠다는 의미에서 말한 거라고. 남들은 시도 때도 없이 재테크다, 세테크다 하는데 오빠는 만사태평이니 보는 내가 하도 답답해서 잔소리 좀 해 봤어. 속상했으면 풀어라, 응?"

세테크란 무엇인가

요즘같이 불확실한 시대에 부지런하지 않으면 사는 게 매우 빡빡할 것이다. 다시 말해 높은 수익률을 실현하기 위해서는 재테크나 세테크에 대해 남보다 빨리 정보를 습득하고 그에 맞서서 신속하게 대응하는 것이 필요하다. 부지런하지 않으면 남의 꽁무니만 쫓다 끝나기 때문이다.

예를 한번 들어 보자.

갑자기 목돈이 필요해 자기가 살고 있는 6억 원짜리 아파트를 처분

하려고 하는 A와 B가 있다. 둘 다 다른 주택을 갖고 있는 건 아니지만 아직 아파트를 산 지 2년이 채 안 되어서 양도소득세가 과세될 수도 있는 상황이다. 세테크를 이해한 A는 양도소득세가 과세된다는 것을 알았고, 그렇지 못한 B는 보유한 주택이 1채이므로 양도소득세가 무조건 없는 것으로 이해했다.

이런 상황에서 A는 법이 허용하는 범위 내에서 다음과 같이 양도소득세를 낮추려 할 것이다.

첫째, 양도소득세를 계산한다.

둘째, 양도소득세가 생각보다 더 많이 나오면 다음과 같이 한다.

- 1세대 1주택이지만 보유 기간이 2년이 안 되므로 2년을 채운다.
- 지금 당장 필요한 현금은 은행이나 아는 사람을 통해 충당하고 여의치 않은 경우 부동산 양도 대금의 계약금과 중도금으로 이 문제를 해결한다.

이렇게 일을 추진한 결과 A는 자칫 양도소득세를 물 수 있는 상황에서도 비과세로 만들어 세금 한 푼 내지 않았다.

반면 B는 다음과 같이 단순하게 판단했다.

- 1주택이므로 양도소득세가 비과세된다.
- 따라서 양도소득세 신고를 할 필요가 없다.

그렇다면 그 후 B는 어떻게 되었을까? 결국 B는 약 1년이 지난 후 세무당국으로부터 과세예고통지를 받게 되었으며 본세와 가산세를 합해 수천만 원의 세금을 추징당했다.

이처럼 똑같은 사안이라도 이를 대하는 사람의 태도나 지식의 차이에 따라 결과는 사뭇 다른 양상을 보인다. 세테크를 이해한 A는 세금이 없으므로 목표 수익률을 달성할 수 있지만 그렇지 못한 B는 추후 세금이 추징되므로 수익률이 큰 폭으로 떨어지게 된다. 앞서 살펴본 경우처럼 우리가 조금만 노력을 기울인다면 세금을 내지 않아도 되는 예들은 주위에서 흔히 볼 수 있다.

이상하게도 세금은 양도 등의 행위를 하면서 납부하면 아깝다는 생각이 그나마 덜 들지만 시간이 흐른 뒤에 따로 납부하려면 아깝다는 생각을 떨칠 수 없다. 또 더 철저히 관리했더라면 하는 미련과 후회가 뒤범벅되기 쉽다는 속성도 갖고 있다. 따라서 투자 수익률을 극대화하기 위해서는 적기에 적절하게 세금을 검토해야 한다.

재테크의 뒤를 이어 많은 사람들이 관심을 기울이고 있는 세테크란 것도 재테크 과정에서 필연적으로 발생하는 세금을 합법적으로 줄여 궁극적으로는 투자 수익률을 높이는 일련의 방법들을 말한다. 세금의 특성을 이용해 나에게 유리하게 만든 뒤 세후 투자 수익률을 높이는 것, 이것이 바로 세테크다.

세테크에서 유리한 고지를 점령하기 위해서는 부지런히 공부해야 한다. 게으른 사람은 절대로 세테크를 할 수 없다. 불필요한 세금을 내지 않는 절세의 첫걸음은 '세금을 정확히 이해하고 끊임없이 탐구하는 것'임을 명심하자.

세테크 마인드를 키우자

　"무진 씨! 요새 다들 '세테크, 세테크' 하는데 말이야. 뭐 잘할 수 있는 원칙이나 노하우 같은 거 있으면 나한테도 좀 알려 줘."

　이절세는 요즘 들어 부쩍 세테크에 관심을 갖다 보니 세무법인에 다니는 야무진에게 질문이 많아졌다.

　"알았어요, 미래의 낭군님. 며칠 내로 가르쳐 줄게."

　야무진은 같은 법인에 근무하고 있는 세테크의 선두자인 고단수 세무사에게 조언을 구하기로 했다.

　"세무사님! 세테크에 대해 관심이 많은데 말이죠. 어떻게 하면 잘할 수 있을까요?"

"하하하, 그런 게 있으면 내가 먼저 했지요. 세테크에서는 딱히 이게 왕도라고 말할 수 있는 건 없지만 그래도 가만 보고 있으면 나름대로 지름길은 있는 것 같아요. 다 사람이 하는 일이니까요. 제 경험담이라도 한번 들어 보시겠어요?"

"그럼요, 물론이죠."

어느 날 고 세무사는 거래처 사장 부인으로부터 증여 상담 요청을 받았다. 은행 직원이 남편 명의의 예금을 부인의 계좌로 이전해도 증여세가 없으니 자꾸 그렇게 하라고 권유하는데, 정말 문제가 없는지 궁금하다는 것이었다. 고 세무사는 해결책을 제시하기 위해 부인에게 이것저것 묻기 시작했다.

"증여의 목적은 무엇인가요?"

"별다른 목적은 없습니다. 다만 부부간에는 6억 원까지 증여세가 비과세된다고 해서요. 또 앞으로 남편 소득이 계속 늘 것에 대비하는 차원도 있고, 재테크 차원에서 제 앞으로 미리 종잣돈을 만들어 놓을까 해서요."

"아, 그렇습니까? 그런데 쉽게 생각할 문제는 아닌 듯싶습니다. 먼저 단순히 남편 소득을 관리하는 차원에서 증여를 받으시는 것은 문제가 있어 보입니다. 재테크 차원에서 종잣돈을 마련하는 방법으로는 괜찮지만요."

"아, 그런가요? 은행 직원 이야기하고는 전혀 다르군요. 그럼 남편 소득을 관리하는 차원에서 증여를 하면 안 되나 보죠?"

"되고 말고를 떠나서, 괜히 긁어 부스럼 만들 필요는 없다는 뜻입니다."

"아니, 왜요?"

"예금 6억 원을 사모님한테 증여하면 지금 당장은 증여세가 없습니다. 그런데 이런 문제는 고려해 보셨나요? 남편분은 사회적으로 월급생활자와 비교되는 고소득 자영업자에 속하기 때문에 항상 과세당국으로부터 중점관리 대상자로 분류됩니다. 그런데 지금 증여를 하고자 하는 현금은 남편의 소득에서 나온 것입니다. 가뜩이나 남편분이 속한 업종의 소득신고 수준이 낮다고 아우성인데 남편분의 예금을 사모님 명의로 이전하는 걸 과세당국이 가만히 보고만 있을까요? 그렇지 않을 가능성이 훨씬 더 높습니다. 따라서 별 목적 없이 예금 명의를 옮기는 것은 어리석은 일이 될 수 있습니다."

"혹시 세무조사를 말씀하시는 건가요? 하지만 세무조사가 나온다고 100% 확신할 수 없잖아요?"

"물론 꼭 세무조사가 나온다는 보장은 없지요. 하지만 나올 확률이 높으니 무시할 수만도 없지 않겠습니까? 더더욱 업무 처리를 운에다만 맡길 수는 없고요."

"알겠습니다. 그럼 재테크 차원에서는 증여해도 괜찮다는 말씀이지요?"

"현실적으로 배우자 간에 6억 원을 증여해 비과세 혜택을 활용하고 재테크 차원에서 종잣돈을 마련하는 것은 있을 수 있는 일입니다. 그렇다고 세무조사 위험이 아예 없어지는 것은 아닙니다. 따라서 그 경

법도 지키고
세금도 줄이고~
랄랄라~

우는 세무조사의 위험을 감수하면서 증여하는 결과가 됩니다."

"알겠습니다. 결론적으로 증여 목적에 따라 다른 의사 결정이 내려질 수도 있겠군요. 그리고 증여만 보지 말고 사업소득도 봐야 하는군요."

"그렇습니다. 한쪽 면만 보다가는 예기치 않은 상황을 맞이할 수 있습니다. 따라서 증여를 하기 전 남편의 사업소득 현황을 미리 파악하고 세무조사 가능성을 따져 보아야 합니다. 물론 세무조사 가능성이 높다면 미리 대비하는 것이 좋고요."

얼마 뒤 그 부인은 결국 증여하지 않기로 했다는 소식을 고 세무사에게 전해 왔다.

이 사례에서 그 부인은 처음 뜻한 대로 증여세 없이 예금을 자신의 명의로 돌리지는 못했다. 대신 목적이 불분명한 자산 이전은 자칫 불필요한 세금을 내게 하는 원인이 될 수도 있다는 사실을 깨닫게 되었다. 또 눈앞에 보이는 증여보다는 보이지 않는 사업소득 관리가 더 중요하다는 것도 알 수 있었다.

그렇다면 고 세무사가 이 경험담을 통해 야무진에게 전해 주고자 하는 메시지는 무엇이었을까? 이제 막 세테크의 첫걸음을 내딛으려는 이절세·야무진 커플에게 고 세무사는 다음과 같은 조언을 하고 싶었던 것이다.

'세테크의 완성도를 높이기 위해서는 먼저 사전에 문제를 철저히 분석한 뒤 체계적이고 종합적인 대책을 세워야 한다. 단편적이고 즉흥적인 의사 결정은 금물이다.'

세금 문제 해결을 위한 접근 방법

아무리 복잡한 세금 문제라도 다음과 같은 절차에 따라 차분히 접근하면 쉽게 문제를 해결할 수 있을 것이다.

- 사실관계를 파악한다.
- 당해 문제를 분석한다(요건, 쟁점 등 파악).
- 국세청 사이트 상담 코너에서 관련 내용을 검색한다.
- 최신 법조문 검색을 통해 해당 내용을 확인한다(비과세, 감면 조문에서 이외 조문 순으로 검토).
- 최종적으로 전문가의 검증 과정을 거친다.

세금 줄이는
원리를 깨닫자

기업이든 개인이든 절세하기 위해 노력한다. 세테크의 개념에 아직 익숙하지 않은 사람이라면 절세라는 말에 마치 불법 행위를 저지르는 게 아닌가 하는 우려를 할 수도 있다. 하지만 절세 행위는 지극히 정당한 것이다.

합법적으로 세금을 줄이는 활동을 하기 위해서는 먼저 세금 계산 원리를 이해해야 한다. 세금 계산 원리를 안다는 것은 곧 세테크를 제대로 할 수 있다는 것을 뜻한다.

세금의 종류

세금은 크게 국세와 지방세로 나뉜다. 말 그대로 국가가 나서서 거두는 세금이 국세, 지방자치단체가 나서서 거두는 세금이 지방세이다. 이런 세금은 모두 국가나 지방자치단체를 유지하기 위해 매우 중요한 재정 수단이 된다.

하지만 국세나 지방세의 개념만으로는 아직 세금이 구체적으로 무엇인지 체감할 수 없는 사람들도 있을 것이다. 여기서 잠깐 일상생활과 밀접한 세금의 종류에 대해 간단하게 짚고 넘어가자.

소비 행위에 붙는 부가가치세와 개별소비세

부가가치세는 슈퍼마켓에서 컵라면, 과자, 아이스크림 등을 사면서 지불하는 물건값의 10%을 말하고 개별소비세는 자동차나 유류 등을 구입할 때 부가가치세를 제외하고 별도로 내는 세금을 말한다. 최근 논란이 된 담뱃세는 담배소비세, 부가가치세, 개별소비세 등으로 구성되어 담뱃값의 대부분을 차지하고 있다.

이러한 세금을 소비세라고 부르는데 소비를 하는 사람이라면 무조건 내야 한다. 바꿔 말하면 소비를 하지 않으면 내지 않아도 되는 세금이기도 하다.

소득에 붙는 근로소득세나 사업소득세 등등

근로소득자라면 근로소득세, 자영업을 하는 경우라면 사업소득세,

부동산을 임대하면 임대소득세가 붙는다. 또한 부동산을 파는 과정에서 양도소득이 발생하면 양도소득세가 붙는다. 이러한 세금들은 우리의 일상생활 전반에서 쉽게 접할 수 있다.

소득은 한 가정을 꾸려 나가는 데 필요한 생계 수단이자 부의 축적 수단이 된다. 또 소득의 크기는 빈부의 차이를 만드는 주요 원인이 되기도 한다. 소득세는 한정된 시간 동안 누가 얼마나 더 많은 이익을 벌어들일 것인가를 좌우하는 경쟁 요소의 하나인 바로 이 소득에 부과되는 세목이다.

재산 이전에 따라붙는 상속세나 증여세

죽은 뒤 무상으로 재산을 다른 사람에게 이전하는 것을 상속, 살아생전에 재산을 다른 사람에게 무상으로 이전하는 것을 증여라 한다. 한마디로 한 세대에서 다른 세대로 재산이 세습되는 것을 뜻한다. 이런 세습 행위에는 각각 상속세와 증여세라는 세금이 붙는다.

이러한 상속과 증여는 같은 세대를 살고 있는 사람들에게 기회의 공평을 없애기 때문에 사회적으로는 바람직하지 않다는 인식이 팽배하다.

세금은 누구에게나 공평해야 한다

납세는 국민의 기본 의무이므로 대한민국 국민이라면 누구나 자기 형편에 맞게 세금을 내야 한다. 그렇다면 그 '자기의 형편'이란 무엇을 의미하는 것일까?

법에 따라 모두가 인정할 만한 형편이어야 한다. 곳간 가득 쌀을 쌓아 두고도 죽는소리를 내는 놀부의 말만 믿고 형편이 안 좋다고 말할 수는 없지 않은가. 이처럼 법은 소득이 많은 사람에게는 많은 세금을, 소득이 적은 사람에게는 아주 적은 세금을 내도록 한다. 바로 이것이 저마다의 형편에 맞는다고 보기 때문이다. 그러나 이러한 세금 부과의 룰(Rule)이 제대로 서지 않아 늘 과세형평의 문제가 제기되어 온 것이 사실이다.

여기서 과세형평의 논란이 이는 세금은 주로 소득을 세원으로 하는 세목이다. 근로자는 노동을 제공해서 그 대가로 월급을 받고 자영사업자는 재화나 용역을 제공해서 매출이라는 소득을 창출한다. 또 부동산 임대사업자는 임대용역을 제공하면서, 부동산을 양도하는 사람은 부동산을 양도하면서 소득을 창출한다. 이렇게 소득을 창출하는 과정에는 모두 세금이 뒤따른다. 근로소득세, 사업소득세, 부동산 임대소득세, 양도소득세 등이 부과된다. 근데 항상 소득의 크기에 따라 세금이 제대로 과세되지 않는다는 문제가 생겨난다.

많이 벌면 세금도 많이 내야 한다. 돈을 많이 버는 사람이 세금을 줄이고자 고민하는 것은 지극히 정상적인 일이다. 다만, 어떻게 합법적으로 해야 할 것인가를 늘 염두에 두어야 한다. 법을 지켜 가며 세금을 줄이는 절세(節稅)는 바람직하지만 법을 어겨 가면서까지 세금을 줄이는 탈세(脫稅)는 사회적으로 지탄의 대상이 될 뿐이다.

세금 줄이는 원리를 알면 절세할 수 있다

그렇다면 어떻게 합법적으로 세금을 줄일 것인가. 그 방법을 터득하는 지름길은 각 세목을 정확하게 이해하고 세금 계산 원리를 익히는 것이다.

세금은 우선 순소득(수입금액 - 필요경비)에 대해 과세하는 것이 바람직하다. 근로소득세의 경우 총급여액에서 근로소득공제를 적용하고, 양도소득세의 경우에는 양도가액에서 취득가액 및 기타 필요경비와 장기보유 특별공제를 적용해 과세한다는 것이다. 이러한 순소득 계산 방식은 누구에게나 똑같이 적용되어야 한다. 대통령이든 국회의원이든 샐러리맨이든 야채 가게 주인이든 부과되는 세금에는 다 같은 방법이 적용되어야 한다(과세의 공평성 차원에서 종교인에 대한 과세가 2018년 1월 1일부터 시행됨).

그런데 각 개인마다 약간씩 사정은 다를 수 있다. 같은 월급을 받더라도 한 사람은 부모의 생계까지 책임지지만 다른 한 사람은 독신이라 더 여유로울 수 있다. 이 경우 두 사람의 소득이 같다고 해서 세금을 똑같이 부과하는 것이 과연 공평할까?

물론 그렇지 않다. 똑같은 액수의 세금이 과세된다고 해도 두 사람이 처해 있는 상황에서 느끼는 체감 액수는 다르기 때문이다. 이런 요인을 고려해 위에서 말한 과세소득 중에서 개인의 사정을 감안한 소득공제(기본공제나 특별공제)를 적용해 그 차이를 조정한다. 다만, 양도소득의 경우 불로소득의 성격이 강하므로 개인적인 사정을 감안해 주는 제도가 거의 없다.

　그러면 대표적인 소득인 근로소득과 양도소득에 대한 세금 계산 구조를 살펴보자. 먼저 근로소득세는 다음과 같은 구조로 계산된다.

- 근로소득금액 : 총급여액 − 근로소득공제
- 근로소득 과세표준
  근로소득금액 − 종합소득공제(인적공제와 특별공제 등)
- 산출세액 : 과세표준 × 기본세율(6~45%)
- 납부할 세액 : 산출세액 − 세액공제 − 기납부세액

　근로소득세는 총급여액에서 근로소득공제와 종합소득공제를 차감한 금액에 세율을 적용해 세금을 산정한다. 이렇게 산출된 세액에서 세액공제 및 기납부된 원천징수세액을 차감해 세금을 결정한다.

　여기서 근로소득공제는 급여 수준에 따라 얼마를 공제해 줄 것인지를 미리 정하고 있지만 종합소득공제는 월급생활자 개인의 특성을 반영해 공제액이 결정되는 점을 눈여겨봐야 한다. 그리고 늘어난 세액공제 항목들에는 어떤 것들이 있는지도 아울러 살펴봐야 한다.

　따라서 근로소득세를 낮추는 방법은 각종 공제를 많이 받는 방법밖에 없다. 월급생활자가 인위적으로 조절할 수 있는 것은 공제뿐이다. 그 밖의 부분은 법에 따라 획일적으로 적용되기 때문이다. 이것이 가장 기본이 되는 근로소득세의 절세 원리이다.

양도소득세는 다음과 같은 구조로 계산된다.

- 양도차익 : 양도가액 – 필요경비(취득가액 + 기타 필요경비)
- 양도소득금액 : 양도차익 – 장기보유 특별공제(6~30%, 20~80%)
- 양도소득 과세표준 : 양도소득금액 – 양도소득 기본공제(250만 원)
- 산출세액 : 과세표준 × 세율(기본세율, 70% 등)
- 납부할 세액 : 산출세액 – 기납부세액

양도소득세는 양도가액에서 필요경비를 차감한 다음 다시 장기보유 특별공제와 양도소득 기본공제를 차감한 금액에 대해 세금을 부과한다. 개인 각각의 특별한 사정에 따라 공제되거나 하지 않는다. 일단 양도가 발생하면 인위적으로 세금을 낮출 수 있는 방법은 거의 없다. 무조건 법에 따라 계산하면 끝이다.

따라서 양도소득세를 줄이기 위해서는 반드시 양도 이전에 철저한 대책(시세나 자금 그리고 세금 등에 대한 대책을 말한다)을 수립한 다음 양도해야 한다. 이것이 절대 잊어서는 안 될 양도소득세의 절세 원리이다.

월급생활자가 세금을 다루는 방법

세금은 가처분 소득을 줄이기 때문에 평소에 소득과 재산에 부과되는 세금을 잘 관리해야 한다.

① 소득 관련 세금 다루는 방법

일단 세금은 개인이 벌어들이는 소득에 대해 부과된다. 월급생활자의 경우 급여에 대해 세금을 낸다. 따라서 연말정산 과정을 잘 이해하는 것이 중요하며, 평소에 소비·지출·투자에 대한 의사 결정을 잘 하는 것도 중요하다.

소득	소비 지출
• 근로소득 : 원천징수, 연말정산 • 사업소득 : 종합소득세, 법인세	• 소득공제(신용카드 공제 등)
	저축·투자 지출
	• 비과세(재형저축 등) • 세액공제(보험료 공제 등)

② 재산 관련 세금 다루는 방법

재산 관련 세금은 상당히 복잡하므로 틈틈이 공부를 해 둬야 한다. 금융자산은 이자에 대한 세금 문제 정도가 있지만, 부동산은 거래 단계별로 여러 가지 제도들이 있다. 따라서 투자 수익률을 극대화하기 위해서는 이에 대한 세제를 이해하고 있어야 한다. 한편 부채로 자산에 투자하는 경우에는 자금조달 규모 등에 대해 신중한 의사 결정이 요구된다.

자산	부채(남의 돈)
• 금융상품 : 원천징수, 증여세 • 부동산 : 취득세, 보유세, 양도세, 증여세	자본(내 돈)

세율, 세금 덜 내는 그만의 노하우

이절세 대리는 직속 상사인 김달수 과장이 작년에 소득세를 얼마나 납부했는지 궁금했다. 소득이 많으니 당연히 세금도 많을 것이라 생각했는데 정말 그런지 직접 물어보기로 했다.

"과장님! 작년에 많이 버셨죠? 그런데 세금은 얼마나 내셨나요?"

"쬐끔. 그런데 그건 느닷없이 왜 묻지?"

"올해 제 목표가 말입니다. 과장님만큼 벌어 보는 거 아니겠습니까. 그래서 세금이 얼마나 많이 나오는지 미리 알아 두면 좋겠다 싶어서요."

"그래? 그렇다면 뭐 못 가르쳐 줄 것도 없지. 내가 작년에 낸 세금은 연말정산 때 낸 150만 원에 양도소득세 200만 원 정도였지."

"예? 정말입니까? 우리 부서에서 가장 수입이 좋으신 과장님 아닙니까? 게다가 사모님께서도 사업하신다고 들었는데요. 세금이 겨우 그것밖에 안 나왔다고요?"

"그야 그렇지만 주식 양도에 대해서는 세금이 없었으니까……. 그리고 아내 명의의 소득은 내 것도 아니고 말야……."

김 과장의 작년 소득은 연봉 6,000만 원에 부동산 양도소득 2,000만 원, 거기에 주식 양도소득 2,000만 원 등을 더해 총 1억 원이었다. 또 부동산 임대사업을 하는 부인도 총 6,000만 원의 매출을 올려 김 과장네 1년 수입은 꽤나 짭짤한 편이었다.

소득의 종류에 따라 과세되는 방법도 다르다

그렇다면 김달수 과장은 어떻게 세금을 그토록 적게 낼 수 있었을까? 그만의 무슨 좋은 수라도 있단 말인가!

김 과장만큼 벌고 싶었던 이 대리는 먼저 김 과장만큼 세금 덜 내는 법을 배우기로 했다. 김 과장은 흔쾌히 자신의 세금이 어떻게 계산되었는지 한 수 가르쳐 주었다.

첫째, 김 과장의 소득은 근로소득과 양도소득(부동산과 주식)으로 나뉘어 과세되었으므로 세금이 줄어들었다. 여기서 근로소득은 다른 소득(이자·배당·사업·부동산 임대소득 등)이 있으면 같이 합산(종합합산)되어 과세되며, 양도소득은 종합과세 항목과는 별도로 과세된다. 소득의 성격이 각각 다르기 때문에 구분해 과세하는 것이다. 즉 종합과세 항목은 단기간에 걸쳐 발생한다. 반면, 양도소득은 장기간에 걸쳐 발생하는 항목이므로 이들을 합쳐 과세하는 것은 불합리하다.

둘째, 위처럼 과세 방법이 결정되었다고 하더라도 모두 과세되는 것이 아니라 그 가운데 비과세 항목은 제외하므로 세금이 줄어들었다. 즉 근로소득에는 식대나 자가운전 보조금이 포함되어 있다. 양도소득 중에서도 소액주주가 상장이나 등록 주식을 양도하는 경우에는 주식시장의 활성화를 이유로 양도소득세를 비과세하기 때문에 세금이 없다(단, 2025년 이후부터 주식 양도소득이 5,000만 원 이상 발생 시 과세 예정이었으나 최근 이를 도입하지 않는 것으로 결정됨). 따라서 양도소득세는 주로 부동산에 대해서만 과세되는 것이다.

셋째, 명의가 분산되어 세금이 줄어들었다. 부동산 임대소득이 부인 앞으로 과세되므로 세금도 따로따로 나오게 된다. 자산소득(이자·배당·부동산 임대소득)에 대해 부부를 묶어서 과세하는 제도(부부 합산과세)가 폐지되었기 때문이다.

김 과장의 세금이 낮았던 데는 소득이 많더라도 그 소득에 대해 종합과세가 되지 않았거나 소득의 일부가 비과세로 되었기 때문이다. 그렇게 된 데는 명의를 본인과 배우자로 분산했던 것이 주효했다. 따라서 세금을 줄여 주는 두 번째 원리는 바로 개인별 종합소득금액을 낮출 수 있는 방법을 최대한 찾아내는 것이다.

다음은 소득 종류별 과세 방법과 그에 따른 적용 조건을 정리한 표이다.

소득 종류	과세 방법	적용 조건
이자·배당소득	종합 합산 과세	연간 금융소득이 2,000만 원을 초과해야 종합과세
근로·사업소득		무조건 종합과세(주택임대소득 포함)
연금소득		연간 사적 연금소득이 1,500만 원을 초과해야 종합과세*
기타소득		연간 소득금액이 300만 원을 초과해야 종합과세
양도소득	분류 과세	양도차익이 발생하면 독자적으로 과세
퇴직소득		퇴직소득이 발생하면 독자적으로 과세

* 공적 연금은 금액에 상관없이 종합과세한다.

표에서 종합합산과세 세목은 오른쪽의 적용 조건을 충족해야 종합합산과세가 된다. 즉 이자·배당소득(금융소득)은 원칙적으로 연간 2,000만 원을 초과해 소득이 발생해야 하지만 근로·사업·부동산 임대소득 등은 크기와 상관없이 무조건 종합과세가 된다. 다만, 주택임대소득의 경우 연간 2,000만 원 이하인 경우에는 분리과세를 원칙으로 하되, 납세자의 선택에 따라 종합과세를 적용받을 수 있다. 기타소득은 종합과세 금액 이하로 발생하면 본인의 의사에 따라 종합과세를 적용받을 수 있다. 한편 연금소득 중 공적 연금(국민연금, 공무원연금, 군인연금, 교직원연금)은 금액의 크기와 관계없이 무조건 종합과세를 하는 것이 원칙이다. 따라서 다음 해 5월 중에 본인이 직접 또는 세무 대리인을 통해 합산신고를 해야 한다. 연금저축이나 퇴직연금 가입 등을 통해 발생하는 사적 연금소득은 연간 1,500만 원을 초과해야 종합과세(또는 15% 분리과세)를 적용한다. 한편, 양도소득세 같은 분류과세 세목은 차익 등이 발생하면 무조건 독자적인 계산 구조로 과세된다.

꼭 외워 두어야 할 종합소득과 양도소득 기본세율

그러면 이제 앞에서 언급된 세율에 대해 잠시 살펴보자.

세율의 종류는 크게 비례세율과 누진세율로 나누어진다. 물건값의 크기에 상관없이 무조건 10%를 과세하는 부가가치세가 비례세율의 가장 대표적인 예가 된다. 누진세율은 과세표준 구간에 따라 누진도를 달리하는 세율(이를 '기본세율'이라고도 함)을 말한다. 종합소득세나 양도소득세 기타 상속·증여세 등에서 채택하고 있다.

다음은 개인의 종합소득 및 양도소득에 적용되는 세율을 나타낸 표이다. 근로소득만 있더라도 근로소득 자체가 종합소득의 일부분이므로 다음과 같은 세율이 적용된다. 이 방법은 실무적으로 많이 사용하는 간편법으로 세테크를 달성하려는 사람은 기본적으로 반드시 기억해야 할 부분이니 외우도록 하자. 참고로 2023년부터 세율 구조가 약간 변경되었다. 주로 저소득층의 세 부담을 줄여 주기 위해 1,200만 원을 1,400만 원으로, 4,600만 원을 5,000만 원으로 조정했다.

과세표준	세율	누진공제액
1,400만 원 이하	6%	−
1,400만 원 초과 5,000만 원 이하	15%	126만 원
5,000만 원 초과 8,800만 원 이하	24%	576만 원
8,800만 원 초과 1억 5,000만 원 이하	35%	1,544만 원
1억 5,000만 원 초과 3억 원 이하	38%	1,994만 원
3억 원 초과 5억 원 이하	40%	2,594만 원
5억 원 초과 10억 원 이하	42%	3,594만 원
10억 원 초과	45%	6,594만 원

누진공제액이란 산출세액을 계산할 때 과세표준에 세율을 곱한 금액에서 차감하는 금액을 말한다. 이렇게 차감을 해야 정확한 산출세액을 구할 수 있다.

만일 앞서 이야기한 김달수 과장의 과세표준(연봉에서 각종 소득공제를 차감한 금액)이 3,000만 원이라면 산출세액은 324만 원(3,000만 원×15%−126만 원)이 된다. 또 김 과장 부인의 임대소득 과세표준이 4,800만 원이라면 산출세액은 594만 원(4,800만 원×15%−126만 원)이 된다.

한편 위 기본세율과 관련해서 그냥 지나쳐서는 안 될 부분이 있다. 예를 들면 과세표준이 6,000만 원인 구간의 세율 24%가 갖는 의미를 정확히 알아야 된다는 뜻이다. 이 24%라는 세율은 과세표준 6,000만 원인 사람의 '한계세율'이다. 한계세율은 소득 1단위가 증가했을 때 증가하는 세금의 크기를 나타낸다. 이 구간에 근로소득이 있는 사람의 연봉이 100만 원 올랐다고 치자. 근로소득공제를 감안하지 않는다면 세금은 100만 원의 24%인 24만 원이 추가로 발생한다. 물론 이 금액 이외에 소득세의 10%인 주민세(지방소득세로 명칭 변경됨)까지 따라붙으면 결국 100만 원의 26.4%(24%×110%)인 26만 4,000원의 세금이 추가로 발생하는 셈이다.

TIP

'누진공제액'의 의미

누진공제액이 발생하는 이유는 산출세액을 원칙적인 방법이 아닌 간편법으로 계산하기 때문이다. 과세표준이 6,000만 원인 경우의 산출세액을 두 가지 방법으로 계산해 보자.

① 첫 번째 방법(원칙적인 방법)
1,400만 원×6%+(5,000만 원−1,400만 원)×15%+(6,000만 원−5,000만 원)×24%=84만 원+540만 원+240만 원=864만 원

② 두 번째 방법(간편법)
6,000만 원×24%−576만 원(누진공제액)=864만 원

이처럼 ①과 ②의 계산 결과는 같다. 다만 ②의 경우에는 6,000만 원이 모두 24%의 세율로 적용되었으므로 24%와 6%(또는 15%) 간의 세율 차이에 의한 세액 상당액을 차감해 주어야 한다. 이를 '누진공제액'이라 한다.

1,400만 원×(24%−6%)+(5,000만 원−1,400만 원)×(24%−15%)=576만 원

또 하나의 보너스,
연말정산을 챙겨라

"저 다시
집에 가래요~"

연말정산 구조 완전정복!

"이 대리님! 연말정산에 대해서 강의 좀 해 주시죠?"

회사에 입사한 지 1년이 조금 안 된 나신참은 처음 하는 연말정산에 대비하기 위해 고참 이절세 대리에게 도움을 구했다. 몇 년 동안 연말정산 과정을 지켜보았던 이 대리인지라 연말정산에 대해 설명하는 데 큰 어려움은 없었다. 이 대리는 나신참을 앞혀 놓고 연말정산에 대한 강의를 시작했다.

"자! 연말정산이 뭐인고 하니 잘 들어 보라고. 나신참 씨가 매월 받은 급여명세서를 보면 급여 안에 소득세, 지방소득세, 고용보험료 등이 있었을 거야. 그중에서 소득세와 지방소득세는 대강 떼어 간 세금인데 이를 한꺼번에 모아 정산하는 게 연말정산이란 말씀! 정산할 때는 개인마다 공제되는 내용이 다르기 때문에 1년에 한 번 기간을 정해서 정산하는 거야."

그럼 다 함께 나신참의 급여명세서를 보자. 연봉 2,400만 원인 그는 매월 200만 원을 받는다. 식대는 현물로 제공되므로 위 연봉에는 포함되지 않는다고 하자(아래 숫자는 대략적인 것에 불과함).

나신참의 급여명세서

급여액		2,000,000원	공제액	소득세	19,520원
비과세소득	식대 운전보조금 초과근무수당	-		지방소득세	1,950원
				고용보험료	9,000원
				국민연금료	90,000원
				건강보험료*	76,300원
				계	196,770원
과세소득		2,000,000원	차인 지급액		1,803,230원

* 건강보험료의 12.95%만큼 장기요양보험료가 추가로 부과되고 있다.

여기서 소득세와 지방소득세는 국세청 사이트에서 검색할 수 있는 '간이세액표'에 따라 매월 원천징수한 뒤 연말정산을 거쳐 다시 환급되거나 새로 징수된다. 한편 4대 보험 중 비중이 큰 국민연금은 보수월액의 4.5%, 건강보험료는 보수월액의 3.545%(회사분과 합하면 7.09%)가 부과된다.

이 급여명세서를 보면 나신참이 매월 실제로 지급받은 금액은 1,803,230원이다. 지급률은 소득의 90%[(1,803,230원÷2,000,000원)×100%] 수준이다.

"그러면 연말정산을 하게 되면 제가 이전에 냈던 세금이 달라지겠네요?"

나신참이 말했다.

"그렇지. 매월 납부한 세금과 이번 연말정산 때 정산된 세금을 비교해 전에 납부한 것이 더 많으면 되돌려 주고 부족하면 추가로 징수하는 구조지."

"아하! 그렇군요. 그렇다면 제가 올해 연봉이 2,400만 원 정도 될 것 같은데 정산하면 세금은 얼마나 될까요?"

"연봉이 모두 과세소득(식대 등 비과세소득은 제외)이고 기본공제와 특별공제 등의 공제액이 600만 원 정도 된다면 세금은 다음과 같이 정산되지. 신참 씨의 경우 납부한 세금은 234,240원(19,520원×12개월)이었어. 정산한 결과 247,050원이 나왔으므로 차액 12,810원을 더 내야 해. 물론 공제를 더 받으면 세금을 추가로 환급받을 수도 있고 말이야. 그러니 공제를 잘 챙겨야 해."

이 대리가 말한 근로소득세 산출 과정은 다음과 같았다. 이 계산 구조는 근로소득 원천징수 영수증에 기재된 것과 같다.

- 근로소득금액의 계산(근로소득 - 근로소득공제)

  24,000,000원 - 8,850,000원 = 15,150,000원

- 근로소득 과세표준 계산(근로소득금액 - 종합소득공제)

  15,150,000원 - 6,000,000원(가정) = 9,150,000원

- 산출세액

  9,150,000원 × 6%(한계세율) = 549,000원

- 결정세액(근로소득세액공제가 적용된 후의 세액)

549,000원 - 301,950원(근로소득세액공제, 46쪽 참조) = 247,050원

- 차감징수(환급)세액

247,050원 - 234,240원 = 12,810원(지방소득세 10% 별도)

"그런데, 이 대리님! 말씀하신 것 중에요. 근로소득공제와 종합소득공제는 뭐가 다른 거죠?"

"이건 설명이 좀 까다로워서 맨입으로는 좀 어려울 것 같은데 말이야. 뭐, 신참 씨니까 특별히 강의해 주도록 하지. 근로소득공제는 필요경비 성격으로 총급여액에서 일률적으로 공제하도록 법에서 정하고 있지. 아래의 표를 참고해 봐. 신참 씨의 경우 연봉이 2,400만 원이므로 기본으로 750만 원을 공제받을 수 있고, 거기에다 1,500만 원을 초과한 금액의 15%를 더 공제받아. 즉 750만 원과 135만 원(900만 원×15%)을 합한 885만 원을 공제받을 수 있어."

이 대리가 말한 근로소득공제 내용을 자세히 살펴보면 다음과 같다. 참고로 2020년 이후부터 근로소득공제는 2,000만 원까지만 받을 수 있다.

연간 급여액	공제액
500만 원 이하	총급여액의 70%
500만 원 초과 1,500만 원 이하	350만 원 + (500만 원 초과 금액×40%)
1,500만 원 초과 4,500만 원 이하	750만 원 + (1,500만 원 초과 금액×15%)
4,500만 원 초과 1억 원 이하	1,200만 원 + (4,500만 원 초과 금액×5%)
1억 원 초과	1,475만 원 + (1억 원 초과 금액×2%)

"휴우, 힘들다. 오늘은 일단 여기까지 설명하고 다음번에 종합소득 공제에 대해 자세히 말해 줄게."

"그런데 이 대리님! 저에게 적용되는 세율은 6%인데 기타 다른 세율은 어떻게 적용되나요? 월급생활자라면 자신에게 적용되는 세율은 반드시 알고 있어야 한다고 들었는데요."

"그렇지. 자신의 세율은 평소 알고 있는 게 좋지. 세율은 과세표준의 크기에 따라 6~45%가 적용되거든. 신참 씨 같은 경우 제일 낮은 단계의 6%이고 가장 높은 단계의 45%는 과세표준이 10억 원을 초과해야 적용이 되는 거라고."

"그럼 제가 만일 소득공제액 100만 원이 추가로 생긴다면 세금은 6만 원 줄어들겠네요? 100만 원에 저한테 적용되는 세율 6%를 곱하면 그렇게 나오니까요. 물론 지방소득세를 포함하면 6.6%가 적용되고요."

"역시 내 제자답다니까. 가르친 보람이 있군. 바로 이 6%가 신참 씨한테 적용되는 세율로 이것을 '한계세율'이라고 하지. 한계세율을 알고 있으면 증가되는 세금 또는 감소하는 세금을 알 수 있으니 여러모로 편리해. 그리고 근로소득세액공제는 산출세액의 일부를 경감해 주는 제도지. 산출세액이 130만 원 이하인 경우에는 산출세액의 55%, 130만 원을 초과하면 '71만 5,000원 +(130만 원 초과 금액의 30%)'를 다음 한도* 내에서 공제해 준다는 것도 잊지 말라고."

* 근로소득에 대한 근로소득세액공제 한도는 다음과 같다.
  1. 총급여액(비과세소득 제외, 이하 동일)이 3,300만 원 이하인 경우 : 74만 원

2. 총급여액이 3,300만 원 초과 7,000만 원 이하인 경우: 74만 원 – [(총급여액 – 3,300만 원) ×8/1,000]. 다만, 위 금액이 66만 원보다 적은 경우에는 66만 원으로 한다.

3. 총급여액이 7,000만 원을 초과하는 경우: 66만 원 – [(총급여액 – 7,000만 원)×1/2]. 다만, 위 금액이 50만 원보다 적은 경우에는 50만 원으로 한다.

TIP

연말정산 구조

구분	공제 내용
근로소득	
- 근로소득공제	총급여액의 수준에 따라 최고 70%~최저 2% 공제
= 근로소득금액	
- 종합소득공제	**인적소득공제** ① 기본공제　② 추가공제 ※ 단, 자녀양육비 및 다자녀 추가공제는 자녀세액공제로 전환됨. **특별소득공제** ① 건강·고용보험료 공제 ② 주택자금 공제 **기타소득공제** ① 신용카드 공제　② 국민연금 보험료 공제
= 과세표준	
×세율	6~45%
= 산출세액	
- 세액공제	① 근로세액공제(한도 74만 원) ② 자녀세액공제(1명: 15만 원, 2명: 35만 원 등. 출산·입양 시는 별도 추가공제) ③ 특별세액공제 – 보험료: 한도 내 지출액의 12~15% – 의료비: 한도 내 지출액의 15% – 교육비: 한도 내 지출액의 15% – 기부금: 한도 내 지출액의 15%(1,000만 원 초과 시 그 초과분은 30%) ④ 연금계좌 세액공제: 한도 내 지출액의 12~15% ⑤ 월세 세액공제: 1,000만 원 한도 내 지출액의 15~17% ※ 2024~2026년까지 혼인신고 시 50만 원을 세액공제함(결혼세액공제).
= 결정세액	
- 기납부세액	
= 납부 또는 환급세액	

※ 국세청 홈택스 홈페이지나 모바일 홈택스(앱)을 이용하면 연말정산을 쉽게 할 수 있다.

인적공제가 연말정산 환급의 핵심

"나신참 씨! 공부해 보니까 아는 것 같기도 하고 모르는 것 같기도 하고 알쏭달쏭하지?"

이절세가 연말정산 공부에 매진하고 있는 나신참에게 말을 건넸다.

"하하. 아닙니다. 대부분 알 것 같은데요?"

나신참이 자신 있는 말투로 응답했다.

"오호, 그래? 그럼 하나 물어보지. 연말정산 공제 제도에는 인적공제와 특별공제가 있는데, 둘 중 어떤 게 환급에 더 유리할까?"

"특별공제가 아닐까요? 특별히 공제를 더 해 주니까요. 하하하."

"헉, 뭐라고?"

이절세가 다소 황당하다는 듯한 표정을 지었다. 왜 그랬을까?

연말정산 때 적용되는 종합소득공제에는 크게 인적소득공제, 특별소득공제 등이 있다. 소득공제를 받을 때는 공제 내용을 일일이 확인하고 서류를 준비하면 된다(연말정산 간소화 서비스를 이용하면 자료를 일괄 출력할 수 있다. 한편 2022년 연말정산부터 이와는 별도로 근로자 동의 시 국세청에서 회사로 자료를 일괄적으로 제공할 수 있게 되었다).

먼저 인적소득공제에 대해 알아보도록 하자. 인적소득공제는 다음과 같이 기본공제, 추가공제로 구분된다.

인적소득공제의 종류

종류*	공제 내용
기본공제	본인, 배우자, 부양가족 : 1인당 150만 원
추가공제	기본공제 대상자가 경로우대자(70세 이상), 장애인, 맞벌이 부부, 부양가족이 있는 독신 여성 세대주 : 경로우대자 100만 원, 장애인 200만 원, 맞벌이 부부 중 여성 및 독신 여성 세대주는 50만 원

* 종전의 6세 이하 자녀양육비 공제와 출산·입양 공제, 다자녀 추가공제는 폐지되었으며, 지금은 그 대신 자녀세액공제가 적용된다. 즉 기본공제 대상자인 8세(2022년은 7세) 이상인 자녀가 1명이면 15만 원, 2명이면 35만 원, 3명 이상이면 35만 원＋2명 초과 1명당 30만 원을 추가로 세액공제를 적용한다(2025년부터 세액공제액이 인상될 예정임. 53쪽 참조). 한편 출생·입양의 경우에는 첫째 30만 원, 둘째 50만 원, 셋째 이상 70만 원을 세액공제한다.

기본공제 대상자는 1인당 150만 원을 소득공제한다

기본공제는 근로소득으로 생계를 유지하는 가족을 지원하기 위한 것으로 본인이나 배우자 또는 부양가족에 대해 1인당 150만 원씩 공제한다.

다만, 배우자나 부양가족 중 소득금액이 연간 100만 원 이하인 사람에 대해서만 기본공제를 받을 수 있다. 여기서 말하는 부양가족은 60세 이상의 직계존속(부모나 조부모, 계부모), 20세 이하의 직계비속(자녀나 손자녀, 재혼한 배우자의 자녀)과 동거 입양자, 20세 이하 또는 60세 이상인 형제자매의 조건에 부합해야 한다.

사례를 통해 인적공제에 대해 구체적으로 살펴보자.

월급생활자인 황부양 씨는 자영사업자(전년도 소득금액 5,000만 원)인 아버지와 대학원에 다니는 오빠와 고등학교에 다니는 여동생(18세)과 함께 살고 있다. 이때 황 씨가 기본공제로 받을 수 있는 금액은 얼마나 될까?

먼저 소득금액이 없어야 하고 연령 조건을 충족해야 하며 생계를 같이해야 한다는 기본공제 대상자 조건에 비추어 따져 보자.

- 아버지는 제외된다. 아버지의 소득금액이 100만 원을 초과, 소득 요건에 위배되기 때문이다.
- 오빠도 제외된다. 연령이 20세를 넘었기 때문이다.
- 여동생은 공제가 가능하다. 다만 아버지의 소득금액이 황부양 씨의 소득금액보다 높다면 아버지의 사업소득에서 공제받는 쪽이 더 유리하다.

결과적으로 황 씨의 경우 실질적으로는 자신에 대한 기본공제(150만 원)만 받게 될 가능성이 높다.

공제 전략 1: 기본공제 더 받기

기본공제 대상자는 보통 주민등록등본을 통해 확인한다. 따라서 기본공제를 더 받기 위해서는 다음에 유의하자.

- 직계비속(자녀 등)은 주민등록이 따로 되어 있더라도 부양가족에 해당한다. 따라서 20세 이하이고 소득이 없는 자녀에 대해서는 무조건 기본공제를 받을 수 있다.
- 직계존속(부모 등)이 주거 형편에 따라 별거하고 있는 경우에도 생계를 같이하고 있는 것으로 본다. 따라서 직계존속이 나이 조건에 맞고 소득금액이 100만 원('수입금액 - 필요경비'로 계산) 이하이며 생계를 같이하고 있다는 것을 입증(실무적으로는 입증하지 않아도 무방)하면 공제를 받을 수 있다.
- 자녀 중 근로소득자와 자영사업자가 있는 경우에는 한계세율이 높은 사람이 부모에 대한 기본공제를 받는 것이 좋다. 부모에 의해 발생되는 의료비나 신용카드 사용액이 많은 경우에는 서로 비교해 유리한 쪽으로 선택하면 된다. 만약 부모님이 공제 대상자가 되면 적어도 200만 원 이상을 공제받을 수 있고 한계세율이 15%라면 지방소득세를 합해 30만 원 이상의 세금을 돌려받을 수 있게 된다. 시골에 계시는 부모님에게 매달 용돈을 보내 드리면 효도도 할 수 있고 공제도 받을 수 있다.
- 배우자의 부모에 대해서도 기본공제를 받을 수 있다. 꼭 돈이 왔다 갔다 하는 세테크 차원이 아니더라도 처갓집에 관심을 가져 보자.

- 맞벌이 부부의 경우에는 각자의 수입금액에서 필요경비를 뺀 소득금액이 100만 원을 초과하면 서로 공제 대상이 될 수 없다. 따라서 소득이 있는 경우에는 공제 여부를 반드시 점검해야 한다. 무턱대고 공제받았다가 나중에 도리어 세금을 추징당하게 된다.

추가공제 대상자는 1인당 50만~200만 원을 소득공제한다

추가공제는 위의 기본공제 대상자에 해당하면서 사회적으로 지원이 필요한 계층을 위해 추가로 공제하는 것을 말한다. 남녀 70세 이상인 경로우대자를 비롯해 장애인, 맞벌이 부부 중 여성, 세대주로서 부양가족이 있는 여성이 추가공제 대상자에 포함된다. 추가공제는 100만 원을 기본으로 하나 장애인은 200만 원, 맞벌이 여성은 50만 원을 적용한다.

역시 예를 들어 살펴보자.

직장인 홍장애 씨의 부양가족으로는 63세 된 아버지와 25세 된 장애인 동생이 있다. 홍 씨가 부양가족을 통해 추가로 공제받을 수 있는 금액은 얼마가 될까?

- 아버지에 대해서는 경로우대자 공제를 받을 수 없다. 경로우대자에 대한 공제는 70세 이상부터 적용되기 때문이다.
- 동생에 대해서는 장애인 공제 200만 원을 받을 수 있다. 단, 장애인이라

하더라도 소득금액이 100만 원을 넘으면 추가공제를 하지 않는다. 그러나 이때 나이 요건은 따로 없다. 참고로 장애인에는 중증환자(상시 치료를 요하며 취학·취업이 곤란한 환자로서 의사의 소득공제용 장애인 증명서를 제출)도 포함된다.

지금까지 알아본 인적공제를 통해 독신의 경우 150만 원(본인에 대한 기본공제), 기타 가족이 있는 경우에는 공제 대상자 수가 늘어나므로 300만 원 이상을 공제받을 수 있다. 다음 사례를 보면서 내가 받을 수 있는 인적소득공제액은 얼마인지 함께 알아보자.

① 인적소득공제 사례 1

샐러리맨 이단둘 씨는 62세인 어머니와 단둘이 살고 있다. 어머니 앞으로는 수입이 전혀 없다. 이단둘 씨의 인적소득공제액은 얼마인가?

- 기본공제: 2명 × 150만 원 = 300만 원(어머니는 연령 조건과 소득 조건을 충족)
- 추가공제: 없음(어머니는 경로우대자에 해당 안 됨).
- 인적소득공제 계: 300만 원

② 인적소득공제 사례 2

김대주 씨는 세대주로서 53세 된 어머니와 3살 난 딸과 함께 살고 있는 직장 여성이다. 김대주 씨가 받을 수 있는 인적소득공제액은 얼마인가?

- 기본공제: 2명 × 150만 원 = 300만 원(어머니는 공제 대상이 안 됨.)
- 추가공제: 50만 원(세대주로서 부양가족이 있는 여성 50만 원)
- 인적소득공제 계: 350만 원

8세 이상 20세 미만의 자녀가 있는 경우의 자녀세액공제 적용받는 방법

기본공제 대상자인 8세(2022년은 7세) 이상 20세 미만의 자녀가 있는 경우 자녀세액공제를 받는 방법을 정리하면 아래와 같다.

1. 자녀세액공제란
8세 이상~20세 미만의 자녀가 있는 경우 자녀 1인당 15만 원 등을 세액공제하는 한편 출산 시 35만 원 등을 세액공제하는 제도를 말한다.

2. 적용 방법
자녀의 나이가 8세 이상이면 아래와 같이 세액공제한다. 참고로 2019년 연말정산까지는 7세 미만의 취학아동을 포함했으나, 2020년부터 취학아동은 제외시키고 있다. 만 6세 이하는 아동수당을 별도로 받기 때문이다(2023년부터는 7세 이하에 대해 아동수당이 지급되므로 자녀세액공제 대상은 8세 이상으로 상향 조정됨. 참고로 자녀세액공제 대상에 손자녀가 추가되었음).

- 1명인 경우: 연 15만 원(2025년 25만 원)
- 2명인 경우: 연 35만 원(2025년 55만 원, 더 상향 조정될 수 있음)
- 3명 이상인 경우: 연 35만 원(2025년 55만 원)과 2명을 초과하는 1명당 연 30만 원(2025년 40만 원)을 합한 금액

한편 해당 과세기간에 출산하거나 입양 신고한 공제대상자녀가 있는 경우 다음 각 호의 구분에 따른 금액을 종합소득산출세액에서 공제한다.

- 출산하거나 입양 신고한 공제대상자녀가 첫째인 경우: 연 30만 원
- 출산하거나 입양 신고한 공제대상자녀가 둘째인 경우: 연 50만 원
- 출산하거나 입양 신고한 공제대상자녀가 셋째 이상인 경우: 연 70만 원

결혼·출산·양육에 대한 세제 지원

2025년 세법 개정안에는 결혼 등에 대한 세제 지원책이 다수 포함되어 있다. 이를 정리하면 다음과 같다.

1. 결혼세액공제 신설
2024~2026년 사이에 혼인신고를 한 경우 생애 1회에 한해 50만 원을 결혼세액공제로 적용한다. 2025년 2월 연말정산 때부터 적용한다. 참고로 이 공제는 개인사업자도 적용받을 수 있다.

2. 자녀세액공제 확대
8세 이상의 자녀 또는 손자녀가 태어나면 첫째는 15만 원, 둘째는 35만 원, 셋째 이상은 1명당 30만 원을 공제받을 수 있는데 2025년부터는 각각 25만 원, 55만 원, 40만 원으로 공제액이 인상된다.

3. 기업의 출산지원금 비과세
근로자 또는 그 배우자의 출산 시 기업이 지급하는 출산지원금은 전액 근로소득세가 비과세된다(특수관계자의 출산은 제외). 다만, 이를 인정받기 위해서는 원칙적으로 출생일로부터 2년 이내에 공통 지급 규정에 따라 지급되어야 한다.

4. 혼인에 대한 1세대 1주택 비과세 특례 적용 기간 확대
혼인으로 2주택이 된 경우 혼인일로부터 5년 이내에 양도하면 양도소득세 비과세 등을 적용한다(단, 2024년 11월 12일 이후 양도분부터 적용).

특별공제를 잘 받으면
절세지갑이 두둑해진다

"이 대리님, 이렇게 살펴보니까 인적공제가 상당히 크네요. 어린 자녀가 있으면 공제를 더 받고요. 저도 빨리 결혼을 해야 할 것 같습니다. 공제 혜택을 많이 받으려면……."

"맞다. 신참 씨, 빨리 결혼해. 우리나라 저출산 문제도 심각하니 말이야. 이런 게 누이 좋고 매부 좋다고 하는 거야. 하하하."

이절세가 간만에 웃었다.

"이 대리님도 빨리 가셔야죠. 하하하."

나신참도 따라 웃었다.

"그래. 우리 조만간 결혼하는데 축의금 좀 특별히 부탁해."

"아하, 이 대리님. 특별공제 제도를 물어보려고 그러시는 거죠? 연말정산 특별공제에는 뭐가 있는지······."

"빙고, 역시 나신참이야."

이절세와 나신참은 연말정산에 관해 이런저런 얘기를 나누었다.

먼저 월급생활자가 받는 특별소득공제와 특별세액공제 등은 다음과 같이 정리해 볼 수 있다. 참고로 소득공제 항목이 세액공제 항목으로 전환된 경우에도 공제 한도 등은 종전과 같음에 유의하자.

근로자가 받는 특별 소득공제와 세액공제

소득공제		
구분		내용
연금보험료 공제		• 국민연금 등 공적 연금보험료의 불입액 전액
특별 소득 공제	건강·고용보험료	• 전액 소득공제
	주택자금 공제	• 주택마련저축이나 임차차입금 상환, 장기주택 저당차입금 이자 • 한도 : 600만 ~ 2,000만 원
조특 법상 소득 공제	신용카드 소득공제	• 신용카드 사용 금액이 연간 급여액의 25%를 초과해야 함. • 한도 : 7,000만 원 이하 자 600만 원, 초과 자 450만 원
	장기펀드 소득공제	• 연봉 5,000만 원 이하 자가 5년 이상 펀드에 불입 • 연간 600만 원 납입 한도로 40%를 공제(2015년 이전 가입분)
세액공제		
특별 세액 공제	보험료 세액공제	• 아래 보험료 한도 내 12~15%를 세액공제 　- 생명·손해보험료 : 100만 원 　- 장애인 전용 보장성 보험료 : 100만 원
	교육비 세액공제	• 아래 교육비 한도 내 15%를 세액공제 　- 본인 : 대학원 학비까지 전액 　- 유치원·초중고 : 300만 원　　- 대학생 : 900만 원
	의료비 세액공제	• 아래 의료비 한도 내 15%를 세액공제(단, 총급여액의 3% 초과해 지출) 　- 700만 원(본인·경로우대자 등의 한도는 없음.)
	기부금 세액공제	• 아래 기부금 한도 내 15%(1,000만 원 초과분은 30%)를 세액공제 　- 국가 등 : 전액 공제 　- 종교단체 등에 기부 : 근로소득금액의 10~30% 공제
연금계좌 세액공제		• 900만 원 한도 내에서 지출액의 12~15%를 세액공제
월세 세액공제		• 1,000만 원 한도 내 지출액의 15~17% 공제

지금부터는 앞에서 본 소득공제와 세액공제 중 주요 제도들을 위주로 공제 내용을 알아보자.

먼저 소득공제부터 살펴보자. 소득공제에는 크게 연금보험료 공제와 특별소득공제, 조특법상 소득공제가 있다. 연금보험료 공제는 국민연금료 공제를 말하며, 특별소득공제에는 건강보험료·주택자금 공제가 있고, 조특법상 소득공제에는 신용카드 공제와 장기펀드 공제가 있다.

이 중 주택자금 공제와 신용카드 공제 등을 위주로 살펴보자.

주택자금 소득공제

무주택자로서 근로자인 세대주(2025년부터 배우자 포함)가 주택 마련을 위해 저축(주택청약종합저축은 연 300만 원 한도)을 하는 경우, 주택임차용 차입금 원리금(개인 차입금 포함)을 상환하는 경우, 장기주택저당 차입금의 이자를 지급하는 경우에는 다음과 같이 소득공제한다. 다만, 아래 ③의 경우에는 세대주가 주택자금 공제를 받지 않으면 근로소득이 있고 공제 요건을 갖춘(주택명의와 차입명의가 본인이어야 함) 세대원이 공제받을 수 있다.

이때 세대주에 대해서는 실제 거주 여부와 관계없이 적용하고, 세대주가 아닌 거주자에 대해서는 실제 거주하는 경우만 적용한다. 또한 세대 구성원이 보유한 주택을 포함해 과세기간 종료일 현재 2주택 이상을 보유한 경우에는 적용하지 아니한다.

① 청약저축 공제: 저축액×40%(300만 원 한도)
② 주택임차 차입금 원리금 상환 공제: 원리금 상환액×40%(2023년 연말정산분부터 400만 원으로 상향 조정)
③ 장기주택 저당차입금 이자 상환 공제: 이자 상환액(한도 800만 원. 단, 만기 15년 이상인 차입금의 70% 이상을 고정금리로 지급하거나 비거치식으로 분할상환하는 경우는 1,800만 원. 앞의 차입금을 고정금리와 비거치식으로 분할상환하면 2,000만 원. 만기 10년 이상인 경우는 600만 원)
• 주택자금 공제 종합(②+③) 한도: 600만~2,000만 원

주택자금 공제는 위의 각 항목별로 공제하되 ②와 ③ 항목에 대한 공제가 최대 2,000만 원을 넘을 수 없도록 하고 있다. 실무적으로 유의해 이를 적용해야 한다. 참고로 장기주택 저당차입금 이자 상환 공제는 차입금 상환 기간이 15년 이상이 되어야 하나, 10년 이상인 경우에도 이를 장기주택 저당차입금의 이자를 고정금리로 지급하거나 그 차입금을 비거치식 분할상환으로 상환하는 경우 최대 600만 원을 공제한다.

공제 전략 2 : 주택자금 공제 더 받기

주택자금 공제는 근로자의 내 집 마련을 돕기 위해 정책적으로 마련한 제도로서 더욱 저렴하게 집을 구할 수 있게 해 준다. 예를 들어 주택자금 공제를 받을 수 있는 사람이 집(취득 시 기준시가가 5억 원 이하에 해당되어야 한다. 2024년 이후 취득분은 6억 원 이하)을 구입할 때 연 이자율 3%로 1억 원을 대출받아 연간 300만 원의 이자를 내고 있다면 실질 이자율은 다음과 같이 계산된다(단, 세율은 16.5% 적용).

- 절세 효과 : 300만 원×16.5% = 49만 5,000원
- 실질 이자 : 300만 원 - 495,000원 = 250만 5,000원
- 실질 이자율 : (250만 5,000원÷1억 원)×100% = 2.5%

아직도 많은 월급생활자들이 월세와 전세에 거주하면서 많은 주거 비용을 지출하고 있는데 이를 조금이라도 줄이는 방법은 공제 제도를 잘 활용하는 것이다. 특히 월세는 그 부담이 상당히 크므로 세액공제를 확실히 받는 것이 중요하다. 다음의 내용을 참조해 보자.

〈월세 세액공제〉

월세 세액공제액은 월세 지출액의 15~17%(연봉 5,500만 원 이하 17%, 고시원도 세액공제 대상에 포함) 상당액을 세액공제하는 제도를 말한다. 다만, 최고 1,000만 원까지 세액공제를 받을 수 있다. 이 공제

를 받기 위해서는 다음과 같은 조건을 충족해야 한다.

① 총급여액이 8,000만 원 이하에 해당되어야 한다.

② 주택을 소유하지 아니한 세대의 세대주인 근로자에 해당되어야 한다. 독신에게도 공제 자격을 부여한다.

③ 같은 주소, 거소에서 생계를 같이하는 거주자와 그 배우자의 직계존비속(그 배우자를 포함) 및 형제자매를 모두 포함해 주택 소유가 없어야 한다.

④ 주택을 임차하기 위해 지급하는 월세액(사글세액 포함)으로 다음의 요건을 갖추어야 한다. 즉 전입신고를 해야 한다.
   – 임대차계약증서의 주소지와 주민등록표 등본의 주소지가 같을 것

⑤ 공동명의로 된 임대차계약도 공제가 가능하다. 참고로 기본공제 대상자(배우자 등)가 계약을 체결한 경우도 공제를 받을 수 있다.

⑥ 임대차계약증서 사본 및 주택 임대인에게 월세액을 지급했음을 증명할 수 있는 서류(현금영수증, 계좌이체 영수증, 무통장입금증 등)를 연말정산 시 회사에 제출해야 한다. 본인 명의로 직접 이체해야만 공제가 적용되므로 이에 유의해야 한다. 참고로 집주인으로부터 확인을 받지 않아도 이 공제를 적용받을 수 있다.

〈전세금 대출 상환액 소득공제〉

과세기간 종료일 현재 주택을 소유하지 아니한 세대의 세대주(독신도 가능)로 주택 전세금을 차입한 후 이를 상환한 경우에 소득공제를 해주고 있다. 공제금액은 원리금 상환액의 40%로 하되 400만 원의 한도

를 적용한다. 다만, 무주택 세대주인 근로자의 국민주택 규모 주택에 대한 임차 자금(전세금 또는 월세보증금)에 해당되어야 하며, 아래와 같은 세부적인 조건을 추가로 충족해야 공제한다.

① 대출기관으로부터 차입한 자금인 경우
- 임대차계약증서의 입주일과 주민등록표 등본의 전입일 중 빠른 날부터 전후 3개월 이내에 차입하고, 차입금이 대출기관에서 임대인의 계좌로 직접 입금될 것
- 급여 수준과 무관하게 적용한다.

② 거주자로부터 차입한 자금인 경우
- 임대차계약증서의 입주일과 주민등록표 등본의 전입일 중 빠른 날부터 전후 1개월 이내에 차입한 자금일 것
- 연간 3.5%(수시 변경)보다 낮은 이자율로 차입한 자금이 아닐 것
- 해당 과세기간의 총급여액이 5,000만 원 이하인 사람만 적용한다.

직장인이 주거비 부담을 낮추는 방법

비싼 주거비 때문에 하루하루 고통받는 직장인이 많은데, 주거비 부담을 조금이라도 줄일 수 있는 방법을 알아보자.
먼저 월세로 살고 있다면, 월세 세액공제를 받자. 연봉이 8,000만 원 이하이면

연간 1,000만 원 한도 내에서 지출액의 15~17%를 환급받을 수 있다. 원룸이나 오피스텔에 거주하는 경우도 이 공제를 받을 수 있다는 점도 기억하자. 다음으로 전세로 살고 있다면, 차입을 통해 전세금을 마련해 이를 상환하는 경우 상환한 원리금의 40%를 400만 원 한도 내에서 소득공제 받을 수 있다. 나한테 적용되는 세율이 15%라면 최대 60만 원을 돌려받을 수 있다. 이 소득공제는 원칙적으로 앞의 월세 세액공제처럼 연봉 제한이 없다. 마지막으로 월세나 전세를 살고 있는 상태에서 내 집 마련을 하는 경우가 있다. 이때 대출을 받아 이자를 납부하고 있다면 납부한 이자의 100%를 최대 600만~2,000만 원 사이에서 소득공제 받을 수 있다. 소득공제로 수십 또는 수백만 원 이상의 세금을 돌려받을 수 있어 내가 낸 이자가 줄어든다는 이점이 있다. 단, 이 공제를 받으려면 집 명의자가 근로소득자가 되어야 하고 취득 시 기준시가 5억 원(2024년 6억 원) 이하가 되어야 한다. 이러한 조건들이 있으므로 공동명의자 등은 사전에 이를 확인하는 것이 좋다.

신용카드 소득공제

신용카드 소득공제는 근로소득자가 재화나 서비스 제공에 대한 대가로 신용카드나 직불카드 또는 체크카드로 사용한 금액이 연간 급여액의 25%를 초과한 경우 그 초과액의 15%(직불카드와 체크카드, 전통시장 및 대중교통비 사용분은 40%, 도서·공연비 등 사용분은 30% 적용)를 250만~300만 원(전통시장 사용분과 대중교통비 이외 도서·공연비 등에 대해 200만~300만 원 한도 추가) 한도로 공제하는 것을 말한다(단, 최근 한시적 공제율 인상 등은 조세특례법 제126조의2 참조).

예를 들면 연봉이 3,000만 원이고 신용카드로 사용한 금액이 800만 원이라면 공제액은 다음과 같다.

- 신용카드 공제액

  [800만 원 - (3,000만 원 × 25%)] × 15% = 7만 5,000원

공제 전략 3: 신용카드 공제 더 받기

신용카드(현금영수증 포함) 사용액에는 소득금액이 100만 원 이하인 가족이 사용한 금액도 포함되므로 연말정산 때 반드시 이를 고려해 가족이 사용한 금액까지 공제를 신청하자. 단, 사업체 경비나 특별공제 대상인 보험료나 교육비에 해당하는 경우, 위장 가맹점이나 외국에서 사용한 경우, 조세공과금은 해당되지 않는다.

또 의료비를 카드로 지출한 경우에는 일반적으로 의료비 공제와 신용카드 사용 공제를 동시에 받을 수 있다. 한편 학원비를 지로영수증으로 내면 신용카드를 사용한 것으로 보아 소득공제를 적용한다. 이외 월세 금액을 지출일로부터 1개월 내에 국세청 사이트에 등록하면 추가로 이 공제를 받을 수 있다.

신용카드 소득공제는 복잡한 과정을 거쳐 공제액이 결정되므로 이 과정을 정확히 이해하고 무분별한 소비지출이 되지 않도록 하는 것이 중요하다. 여기에서 다시 한번 이를 정리해 보자.

① 일단 신용카드 등 사용 금액이 연봉의 25%를 초과해야 한다. 연봉이 2,000만 원이라면 신용카드 등 사용 금액이 500만 원을 넘어야 한다는 것이다.

② 공제금액은 ①의 초과 금액에 15%(직불카드와 체크카드, 전통시장 및 대중교통비, 도서·공연비 사용분은 30~40%)를 곱해 계산한다. 만일 일반 신용카드 사용 금액이 1,000만 원이라면 초과 금액 500만 원을 차감한 500만 원의 15%인 75만 원만 소득공제 대상이 되는 것이다.

③ 이렇게 결정된 금액이라도 한도(7,000만 원 이하 자는 총 600만 원, 초과 자는 450만 원이 한도가 된다) 이하에서 공제받을 수 있다.

④ 신용카드 공제로 인한 절세 효과는 신용카드 공제액에 본인의 적용 세율을 곱해 계산한다. 소득공제액이 75만 원이고 본인에게 적용되는 세율이 6%라면 4만 5,000원(지방소득세 포함 시 4만 9,500원)이 된다.

TIP

소득공제를 잘 받기 위한 신용카드 사용 지침

부득이 신용카드를 사용할 수밖에 없다면 다음의 내용들을 숙지해 두자.

1. 공제 대상이 되는 카드의 범위를 알아 두자

신용카드와 직불카드, 체크카드 그리고 현금영수증, 지로영수증이 공제 대상이 된다.

2. 체크카드와 직불카드를 주로 사용한다

직불카드는 카드 예금계좌 잔액 범위 내에서 사용할 수 있는 카드를, 체크카드는 직불카드와 신용카드를 합친 것으로 기본 개념은 직불카드와 같으나 잔액이 없어도 신용 기능을 추가한 경우 일정 금액 범위 내에서는 마이너스 대출 방식으로 사용할 수 있다. 이러한 카드에 대해서는 소득공제율이 원칙적으로 30%가 된다.

3. 월세 지급 시에도 현금영수증이 발급된다

주택월세 현금영수증은 임대차계약서상의 임차인 명의로 발급되는 것으로, 주택월세에 대해서는 월세 지급일로부터 1개월 이내 국세청에 신고해 현금영수증을 발급받아 근로소득자의 연말정산 시 신용카드 등 사용액과 합산해 소득공제를 받을 수 있는 제도를 말한다. 참고로 신청일로부터 소급해 1개월이 경과한 월세 지급분에 대하여는 현금영수증이 발급되지 않는다. 임대인의 사업자등록이 없어도 가능하며, 신고 시 임대인의 동의는 필요하지 않다.

4. 가족이 사용한 카드도 공제를 받을 수 있다

가족 중 배우자와 직계존비속이 쓴 것만 해당(형제자매의 것은 제외)되는데 모두 소득금액이 100만 원 이하여야 한다. 예를 들어 배우자는 임대소득자로 소득금액 100만 원 초과, 자녀는 학생으로서 소득금액이 '0원'이라면 배우자가 사용한 것은 본인이 공제를 받을 수 없다. 하지만 자녀가 사용한 것은 공제가 가능하다.

5. 소득공제에서 제외되는 비용의 성격을 알아 두자

사업과 관련된 비용은 사업에서 경비 처리가 되므로 소득공제가 적용될 수 없다. 이 외에도 신용카드나 현금영수증을 허위로 끊는 경우, 공적 또는 사적인 보험료, 수업료(취학 전 아동의 사설학원비는 교육비 세액공제와 신용카드 공제 중복 공제 가능)와 입학금, 보육비용, 세금, 전기료·수도료, 전화료(정보사용료 포함),

아파트 관리비, 텔레비전 시청료, 고속도로 통행료, 상품권 등 유가증권 구입비, 리스료, 차량 구입비(단, 중고차 구입비는 공제 가능), 외국에서 사용한 금액, 현금서비스 사용 금액 등은 소득공제를 적용하지 않는다. 실무에서는 이러한 비용들을 일일이 확인할 수 없고 대부분 신용카드 회사에서 보낸 준 확인서상의 금액을 신청하는 것이 일반적이다.

6. 근로자인 맞벌이 부부는 소득이 적은 배우자의 카드를 사용하도록 한다

신용카드 사용 금액이 본인 급여의 25%를 초과해야 공제 자격이 주어진다. 따라서 신용카드를 반드시 사용해야 한다면 가급적 소득이 적은 배우자 쪽의 카드를 사용하는 것이 좋다.

7. 한쪽이 사업자라면 사업자카드를 사용한다

한쪽은 근로자 한쪽은 사업자라면 사업자카드를 사용하는 것이 더 좋다. 사업자카드를 사용하면 사업자의 비용으로 처리를 할 수 있기 때문이다. 물론 사업자의 비용으로 처리를 하기 위해서는 해당 비용이 사업과 관련성이 있어야 한다.

한편 세액공제 제도가 있는데, 이는 산출세액을 계산한 후 특별세액공제 항목 등의 지출액에 일정률을 곱해 세금을 차감해 주는 제도에 해당한다. 이에는 보험료·교육비·의료비·기부금에 대한 특별세액공제와 연금계좌 세액공제가 있다. 자녀세액공제와 결혼세액공제, 그리고 월세 세액공제에대해서는 앞에서 살펴보았다.

보험료 세액공제(12%, 15% 세액공제)

자동차보험이나 생명보험 등의 보장성 보험료는 100만 원(실손보험금 수령액 제외함)까지 세액공제된다. 보장성 보험료 공제를 받기 위해서는 기본공제 대상자(소득금액이 100만 원 이하인 자)를 피보험자(사고대상이 되는 사람)로 해 지출한 보험료여야 한다. 장애인 전용 보장성 보험료는 100만 원을 한도로 별도 세액공제(공제율 15% 적용)된다.

참고로 소득공제 방식은 소득공제액에 6~45%의 세율을 곱해 세금환급액을 계산하며, 세액공제 방식은 세액공제 대상 금액에 12%(보험료의 경우)를 곱해 세금환급액을 계산한다. 보험료를 가지고 이들을 비교·분석하면 다음과 같다.

한계세율	소득공제	세액공제
계산 식	100만 원×6~45%	100만 원×12%
6%	6만 원	12만 원
15%	15만 원	12만 원
24%	24만 원	12만 원
35%	35만 원	12만 원
38%	38만 원	12만 원
40%(42%, 45%)	40만 원(42만 원, 45만 원)	12만 원

이렇게 보면 한계세율이 15% 이상인 비교적 소득이 높은 층은 보험료 등 많은 특별공제 항목이 세액공제로 전환됨에 따라 환급액이 종전보다 축소가 된다. 따라서 앞으로 소득이 높은 층은 종전보다 훨씬 많은 세금을 부담할 가능성이 높아졌다. 여기서 '소득이 높은 층'이

란 대략적으로 연봉 7,000만 원 이상이 되는 근로소득자들을 말한다.

공제 전략 4: 보험료 공제 더 받기

보장성 보험료나 손해보험료에 대해서는 공제 서류를 잘 갖추어야 한다. 여기서 보장성 보험료는 주로 생명보험회사에서 공제 서류를 보내 준다. 한편 자동차보험 같은 손해보험에 대해서도 세액공제가 되므로 놓치지 말고 신청하자(또는 연말정산 간소화 서비스를 이용해도 된다).

교육비 세액공제(15% 세액공제)

연령 제한은 없으나 소득금액이 100만 원 이하인 기본공제 대상자를 위해 지출한 교육비가 공제 대상이다. 유치원 그룹과 초·중·고 그룹은 연 300만 원, 대학생 그룹은 연 900만 원 한도로 세액공제를 받을 수 있다.

교육비 세액공제는 수업료 등 공과금의 성격만 해당되나, 학교 급식비, 학교에서 구입한 교과서대, 학교에서 실시하는 방과 후 학교 수업료는 공제받을 수 있다. 다만, 취학 전 아동의 경우 보육 비용이나 1주 1회 이상 실시하는 교육과정(음악, 미술, 무용학원, 수영, 태권도장 등)의 교습을 받으며 지출한 수강료는 학원장이 발급한 증명서로 공제를 받을 수 있다.

공제 전략 5: 교육비 공제 더 받기

국외 교육비도 세액공제 대상이다. 더불어 본인의 대학원 학비 전액, 형제자매를 위해 지출한 학비는 한도 내에서 공제를 받을 수 있다. 국외 교육비의 공제 서류로는 수업료납입영수증과 재학증명서 등이 있다.

교육비 공제 대상 범위

기본공제 대상자인 초·중·고, 대학생(국외 교육비 포함)의 경우	• 수업료·입학금·수강료 등 공납금 • 초·중·고생의 경우 학교에서 실시하는 방과 후 수업료, 학교에서 구입한 교과서대, 급식비 포함
기본공제 대상자인 영유아· 취학 전 아동의 경우	• 영유아보육법상 보육시설 및 유아교육법상 유치원에 지급한 교육비 • 학원(음악, 미술 학원 등) 및 체육시설(태권도장, 수영장 등) 업자에게 지급한 교육비(초등학생 이상의 사설학원비는 공제 대상이 아님.)
근로자 본인의 경우	각급 학교 공납금 외 대학원비·직업능력개발훈련을 위한 수강료 포함(단, 대학원비는 본인만 공제)
장애인의 경우	장애인 재활교육을 위한 특수 교육비를 포함

※ 학생의 체험 학습비(1인당 연 30만 원 한도)와 근로자(대출자)의 학자금 대출 원리금 상환액에 대해서도 교육비 세액공제가 적용된다. 2023년부터 수능 응시료, 대학 입학전형료도 공제 대상에 추가된다.

교육비에 대한 공제방식이 소득공제에서 세액공제로 바뀜으로써 고소득자 층을 중심으로 환급액이 크게 떨어질 가능성이 높다. 예를 들어 교육비 공제액이 1,000만 원인 상황에서 35% 세율로 소득공제가 적용된다면 350만 원 상당액을 환급받을 수 있지만, 세액공제가 적용된다면 공제율이 15%에 불과해 150만 원 정도만 환급받을 수 있기 때문이다.

의료비 세액공제(15%, 20% 세액공제)

의료비 세액공제는 부모 등 기본공제 대상자의 소득이나 연령 요건과 무관하게 근로소득자가 지출한 의료비(진찰료나 의약품비 등)에 대해 적용(세액공제율 15%, 20%)한다. 의료비 지출액이 총급여액의 3%를 초과한 금액을 공제해 주지만 한도는 연 700만 원이다(단, 본인과 경로우대자 및 장애인, 6세 이하 영유아를 위해서 지출한 금액에 대한 한도는 없음).

예를 들어 연봉이 3,000만 원인 샐러리맨이 200만 원의 의료비 지출을 했다면 의료비 세액공제액은 다음과 같은 계산으로 110만 원까지 받을 수 있다(의료기관이나 약국 등에서 영수증 발급).

- 공제대상 의료비: 200만 원 - (3,000만 원 × 3%) = 110만 원
- 세액공제액: 110만 원 × 15% = 165,000원

공제 전략 6: 의료비 공제 더 받기

성형수술이나 보약 등 치료 목적이 아닌 의료비는 의료비 세액공제 대상이 아님에 유의하자. 다만, 신용카드 소득공제는 계속 적용된다. 한편 치아 보철에 드는 비용, 라식 수술비, 시력 보정용 안경(콘택트렌즈 포함) 구입 비용(50만 원 한도), 기타 의사 처방 등에 따른 의료 기기 구입 비용 등은 치료 개념이 있으므로 의료비 세액공제 대상이 된다. 의료비는 지출자가 공제를 받으므로 연봉이 높은 쪽에서 몰아서 공제받는 것이 좋다. 참고로 난임 부부가 임신을 위해 지출하는 체외수정

시술비는 위 700만 원 한도를 적용하지 않는 한편 30%의 세액공제율을 적용한다.

2019년부터 지출한 산후조리원 비용에 대해 근로자(연봉 7,000만 원 이하, 2024년은 모든 근로자로 확대) 및 사업소득 금액(=수입 - 경비)이 6,000만 원 이하인 성실 사업자들은 200만 원 한도 내에서 의료비 세액공제를 적용받을 수 있다. 만약 200만 원을 지출했다면 이의 15%인 30만 원 정도를 환급받게 된다.

※ **부모님 병원비는 형제자매 중 누가 어떤 식으로 공제받는 것이 좋을까?**
부모님의 병원비를 결제할 때는 소득이 높은 층의 자녀가 결제하되 체크카드로 한다. 이렇게 하면 의료비 세액공제와 신용카드 소득공제(공제율 30%)를 이중으로 받을 수 있어 환급받는 세액도 많아진다. 맞벌이 부부라면 소득이 높은 층 앞으로 체크카드를 사용하는 것이 좋다.

기부금 세액공제(15%, 30% 세액공제)

근로소득자가 국가에 기부한 경우에는 기부금액 전액을, 종교단체나 불우이웃 돕기 등에 기부한 경우에는 종합소득금액(근로소득만 있는 경우 근로소득금액)의 30%(종교단체는 10%)를 한도로 15%(1,000만 원 초과분은 30%) 상당액을 세액공제한다(단, 2024년 고액 기부금 40% 적용).

예를 들어 종교단체에 기부한 금액이 300만 원이고, 근로소득에서 근로소득공제(44쪽 참조)를 차감한 근로소득금액이 2,000만 원이라면 이 금액의 10%인 200만 원이 한도에 해당한다. 따라서 이 금액에 15%를 곱한 30만 원이 세액공제액이 된다.

공제 전략 7: 기부금 공제 더 받기

기부금은 사회적으로 기부 문화를 확산시키기 위해 정책적으로 공제해 주는 제도이다. 보통 근로자들은 종교단체에 기부해 공제받는 경우가 많은데 이때 실제 기부한 금액보다 부풀려 공제받는 일이 많다. 다만, 이러한 행위는 적발될 가능성이 크므로 주의해야 한다. 한편, 2025년부터 고향사랑기부금을 지출하면 최대 2,000만 원에 대해 세액공제(15%)가 적용되므로 이 부분도 활용해 보자.

이 외에 기부금에도 이월공제가 허용된다는 것도 알아 두자. 예를 들어 당해 연도에 공제한도를 초과한 종교단체 기부금은 10년(2019년 이전 신고분은 5년)간 이월해 공제를 받을 수 있게 된다. 법정기부금도 10년이다. 알아 두면 좋을 정보에 해당한다.

연금계좌 세액공제(12%, 15% 세액공제)

연금계좌 세액공제는 근로자 및 사업자가 스스로 노후 생활을 대비할 수 있도록 국가가 세제 지원을 하는 제도다.

소득세법(제20조의3)상의 연금소득 원천인 연금저축계좌와 퇴직연금계좌에 납입된 금액에 대해 600만 원*(퇴직연금 중 IRP(개인퇴직계좌) 납입분 300만 원 추가)을 한도로 세액공제한다. 다만, 이러한 공제 혜택을 받기 위해서는 다음의 요건을 충족해야 한다(단, 본인이 계약자이면서 피보험자인 경우에만 소득공제가 가능하다).

* 2023년부터 급여액과 관계없이 연금저축 공제 한도는 600만 원이다. 이 외 퇴직연금 IRP로 300만 원을 추가할 수 있다.

- 저축 기간이 5년 이상일 것
- 연간 1,800만 원 내에서 불입할 것
- 55세 이후부터 연간 연금 수령 한도 내에서 수령할 것

종전의 경우 본인에게 적용되는 한계세율(6%, 15%, 24%, 35%, 38% 등)만큼 절세 효과를 누릴 수 있었지만, 지금은 지출액의 12%(연봉 5,500만 원 이하 자는 15%)만큼만 절세 효과를 누릴 수 있다. 따라서 세율이 15% 이상 적용되던 층은 연금저축에 대한 절세 효과가 축소된다. 하지만 여전히 연금저축의 세액공제 혜택은 중요성이 있기 때문에 제도 변경과 관계없이 이에 대한 효과를 누리는 것이 좋을 것으로 보인다(단, 가입 전에 가입 규모를 적절히 정해야 중도에 해지를 하지 않는다).

참고로 55세 이후부터 연금을 수령할 때에는 3~5%의 연금소득세가 과세된다(연간 사적 연금소득 1,500만 원을 초과해 수령하면 종합소득세와 15% 분리과세 중 선택할 수 있음). 한편 연금계좌 세액공제 한도와는 별도로 퇴직연금(IRP)에 납입하는 금액은 연 300만 원 추가해 세액공제한다. 따라서 공제 한도는 다음과 같다(2023년부터 연금저축은 600만 원, 퇴직연금을 더한 공제 한도는 900만 원임).

연금저축	퇴직연금	공제금액
0원	700만 원	700만 원
200만 원	500만 원	700만 원
500만 원	500만 원	900만 원
700만 원	0원	600만 원

구 연금저축과 신 연금저축의 비교

최근 연금저축에 대한 세법 내용이 상당히 많이 개정되었다. 구 연금저축과 신 연금저축에 대한 세법 내용을 표로 비교해 보자.

구분	구 연금저축	신 연금저축
가입 자격	만 18세 이상	나이 제한 없음.
적립 한도액	연 1,200만 원(분기당 300만 원 이내)	연 1,800만 원(분기별 한도는 폐지)
납입 기간	10년 이상	5년 이상
연금 수령 요건	55세 이후 5년 이상 연금으로 수령할 것	55세 이후 수령 (단, 연금 수령 한도 있음.)
세액공제	400만 원	600만 원(2023년)
과세 방법	• 5% 원천징수 • 종합과세원칙(단, 총연금액이 연 600만 원 이하이면 분리과세 선택 가능)	• 3~5% 원천징수 • 종합과세원칙(단, 사적 연금소득이 연 1,500만 원 초과 시 6~45% 종합과세와 15% 분리과세 중 선택 가능)

※ 2023년 이후부터 사적 연금소득 1,200만 원(2024년 이후 1,500만 원) 초과 시 종합과세와 분리과세(15%) 중 유리한 것을 선택할 수 있다. 따라서 고소득자는 종합과세 대신 분리과세를 선택하는 것이 유리할 수 있다.

〈연금저축 관리법〉

연금저축은 국민연금 및 퇴직연금과 더불어 근로자의 노후 생활을 든든하게 하는 상당히 중요한 저축이다. 그런데 이 상품이 장기상품이다 보니 가입 중에 해지해 불이익을 받는 경우가 많다. 따라서 가입 중에는 이에 대한 관리가 반드시 필요하다. 이하에서 정리를 해 보자.

1. 중도 해지하면 기타소득세가 부과된다

세액공제가 적용되는 연금저축 가입 중에 해지를 하면 상당한 불이익을 받을 수 있다. 세법은 해지로 받은 금액을 기타소득으로 보아 원칙적으로 소득세(15%)와 지방소득세(1.5%)를 부과하기 때문이다(단, 사망 등 부득이한 해지의 경우 기타소득이 아닌 연금소득으로 보아 3~5%로 분리과세함). 세액공제를 받지 않는 경우에는 이자에 대해서만 세금을 부과하나 대부분 세액공제를 받기 때문에 중도 해약은 특히 주의해야 한다. 참고로 이렇게 원천징수된 세액은 종합과세가 적용되지 않고 이를 납부함으로써 납세의무가 끝난다(분리과세).

2. 일부 금액에 대해 해지하면 부분적으로 해지 처리된다

예를 들어 30만 원 연금저축료를 불입 중 20만 원을 유지하고 10만 원을 감액한다면 10만 원에 대해서는 해약환급금이 발생되고, 20만 원에 대해서는 세액공제를 받을 수 있다.

3. 부득이한 사유로 인출하면 세율이 저렴해진다

연금저축 가입 중 3개월 이상의 의료비 등이 필요한 경우에 이를 인출하더라도 15%가 아닌 3~5% 정도의 세율이 적용된다. 구체적인 절차 등에 대해서는 해당 금융기관에 문의하기 바란다.

4. 돈이 필요하면 연금저축 담보대출을 받도록 한다

돈이 필요하면 연금저축을 담보로 대출을 받을 수 있으므로 이를 활용하는 것도 하나의 방법이다. 참고로 연금저축료는 납입을 일시 중지할 수도 있다.

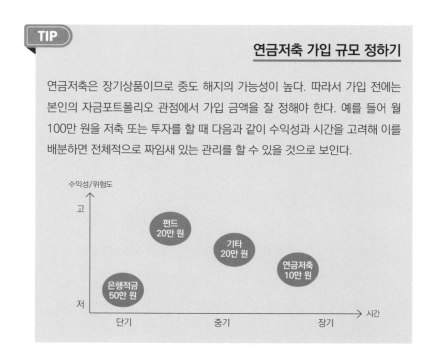

TIP

연금저축 가입 규모 정하기

연금저축은 장기상품이므로 중도 해지의 가능성이 높다. 따라서 가입 전에는 본인의 자금포트폴리오 관점에서 가입 금액을 잘 정해야 한다. 예를 들어 월 100만 원을 저축 또는 투자를 할 때 다음과 같이 수익성과 시간을 고려해 이를 배분하면 전체적으로 짜임새 있는 관리를 할 수 있을 것으로 보인다.

수익성/위험도

고

펀드
20만 원

기타
20만 원

연금저축
10만 원

은행적금
50만 원

저

단기   중기   장기   시간

잘못된 연말정산은 도리어 세금 추징을 부른다

다음은 연말정산 때 잘못 적용된 사례를 나열한 것이다. 전산으로 바로 확인되는 맞벌이 부부와 부양가족 이중공제의 경우에는 곧바로

발견될 확률이 아주 높고(따라서 이런 경우에는 발견 즉시 수정신고를 하는 게 낫다), 기타의 경우에는 과세당국의 세무조사 등을 통해 발견되므로 곧바로 발견될 확률은 아주 낮다.

- 맞벌이 부부가 각각 배우자 공제를 받은 경우
- 부양가족의 소득금액이 100만 원을 초과하는데도 부양가족 공제를 받은 경우
- 의료비 공제를 받을 때 발행처가 분명하지 않은 수기 영수증을 제출한 경우
- 교육비 중 과외비를 공제받거나 장학금을 받은 교육비를 공제받은 경우
- 대학원생인 자녀의 학자금에 대해 교육비 공제를 받은 경우
- 소득이 있는 부양가족의 보험료를 공제받은 경우
- 기부금 증서를 허위로 제출해 공제받은 경우(공제받은 기부금이 200만 원 이상이면 기부금명세를 관할 세무서장에게 제출해야 한다.)
- 신용카드로 낸 보험료를 보험료 공제와 신용카드 사용 공제 둘 다 받거나 실손보험금 수령액을 차감하지 않고 공제받은 경우 등
- 형제자매가 사용한 신용카드를 공제받은 경우
- 소득금액이 100만 원을 초과한 배우자 등의 신용카드를 공제받은 경우
- 세대주인 근로자가 취득 당시 기준시가가 5억 원(2024년 이후는 6억 원)을 초과한 주택에 대해 장기주택 저당차입금 이자 상환액 공제를 받은 경우
- 배우자의 명의로 납입한 연금저축에 대해 본인이 세액공제를 받은 경우

참고로 소득세가 누락된 경우에는 다음과 같이 조치를 취한다.

- 2024년 연말정산 → 2025년 5월 종합소득세 신고 기간에 주소지 관할 세무서에 환급신청을 한다.
- 2024년 이전의 연말정산 → 주소지 관할 세무서에 경정청구를 한다. 단, 경정청구 대상은 2025년 기준 5년 전의 것도 가능하다.

연말정산 간소화 서비스

현재 연말정산 서류를 국세청이 원천징수의무자인 회사에 자동으로 통보해 준다. 따라서 근로소득자들은 자료 제출 없이 관련 내용을 점검만 하면 된다. 구체적으로 다음과 같은 항목들이 지원 대상이 된다. 국세청 홈택스 홈페이지에서는 이러한 기능과 함께 연말정산 미리보기 서비스도 제공하므로 요긴하게 사용하기 바란다(홈택스 앱도 설치 가능).

- **보험료**: 일반 보장성 보험료, 장애인 전용 보장성 보험료
- **의료비**: 의료 기관에 지출한 금액 등
- **교육비**: 유치원 교육비, 초·중·고·대 교육비 등(단, 국외 교육비는 지원되지 않음.)
- **주택자금 공제**: 장기주택 저당차입금, 주택임차 차입금 원리금 상환액
  (단, 월세 지출액은 지원되지 않음.)
- **장기주식형저축, 퇴직연금**
- **개인연금저축·연금저축**
- **신용카드 사용 금액**: 신용카드 및 현금영수증 사용 금액
  (단, 학원 수강료 지로납부확인서는 지원되지 않음.)
- **소기업·소상공인 공제 부금**
- **기부금 등**

연말정산에 대한 오해와 진실

매년 연말이 되면 각종 매스컴에서 연말정산에 대한 기사를 쏟아 낸다. 그만큼 관심이 많다는 것이다. 하지만 모든 정보를 누구에게나 일괄적으로 적용할 수는 없기 때문에 잘 가려서 활용하는 지혜가 필요하다. 이하에서 연말정산에 대해 잘못 이해하고 있는 부분을 정리해 보고자 한다.

• 소득공제가 세액공제보다 더 유리하다

그럴 수도 있고 그렇지 않을 수도 있다. 소득공제는 과세표준에서 차감되므로 소득공제금액에 6~45%의 세율 중 본인에게 적용되는 세율을 곱한 만큼 환급이 되는 구조이며, 세액공제는 공제금액에 12~15% 등을 획일적으로 곱해 환급하는 방식이다. 일반적으로 소득이 높은 층은 소득공제 방식이 유리하다.

• 맞벌이 부부는 서로 공제를 받을 수 없다

그렇지 않다. 배우자 중 소득금액이 100만 원 이하인 경우에는 소득이 발생하지 않는 것으로 보기 때문에 이에 대해서는 소득공제를 받을 수 있다. 근로소득자는 대략 연봉 500만 원 이하, 사업자는 수입에서 비용을 차감한 이익이 100만 원 이하인 경우가 이에 해당한다.

• '소득금액 100만 원'에서 소득은 근로소득과 사업소득만을 말한다

그렇지 않다. 여기서 소득은 근로소득금액, 사업소득금액, 이자소득금액, 배당소득금액, 연금소득금액, 기타소득금액 등 종합소득금액과 퇴직소득금액과 양도소득금액 등 분류과세되는 소득금액을 말한다. 양도소득도 포함되므로 주의해야 한다.

• 동거 가족이 아니면 부모에 대한 기본공제는 받을 수 없다

그렇지 않다. 직계존속은 주민등록표상에 동거 가족으로 등재되지 아니하더라도 실제 부양을 하고 있으면 공제를 받을 수 있다. 이때 장남·장녀 또는 차남·

차녀 여부에 관계없이 실제로 부양하는 자가 부양가족 공제를 받을 수 있다.

- **소득이 있는 아버지가 있는 경우 어머니에 대한 기본공제는 자녀가 받을 수 있다**
그렇지 않다. 어머니가 아버지의 배우자 공제 대상에 해당되는 동시에 자녀의 부양가족 공제 요건에도 해당되는 경우, 배우자 공제를 우선 적용한다. 따라서 어머니에 대한 기본공제는 아버지가 우선 받게 되므로 자녀가 받지 못한다.

- **7세 이하의 자녀에 대해서는 별도의 세액공제를 받을 수 있다**
공제를 받을 수 없다. 7세 이하 아동들에 대해서는 아동수당이 지급되고 있기 때문이다. 따라서 자녀세액공제는 원칙적으로 8세 이상의 자녀들에 대해서만 적용된다(2023년부터는 8세 이상의 자녀들에 대해 적용).

자녀 연령별로 본 소득공제와 세액공제 제도

구분	지출 형태	소득공제와 세액공제
0세	임신·출산	기본공제(150만 원), 자녀세액공제(출산공제), 의료비 세액공제
1~4세	육아 비용	기본공제, 교육비 세액공제(300만 원)
5~7세	유치원비	기본공제, 자녀세액공제(8세 이상), 교육비 세액공제(300만 원)
초·중·고등학생	수업료, 사설 학원비	기본공제, 자녀세액공제, 교육비 세액공제(300만 원, 사설 학원비는 제외)
대학생(사이버대학 포함)	수업료	기본공제(20세 이하), 교육비 세액공제(900만 원)
대학원생	수업료	교육비 세액공제(900만 원, 근로자 본인에 한함.)

- **치매환자는 장애인 추가공제를 받을 수 없다**
그렇지 않다. 장애인 추가공제 대상자에는 장애인복지법상 장애인뿐 아니라 치매·당뇨 등을 앓고 있는 중증환자도 포함된다. 이 공제를 받으려면 의료 기관으로부터 소득세법에서 정한 '장애인증명서'를 교부받아 제출해야 한다.

- **주택 전세대출 원리금 상환에 따른 소득공제는 연봉 7,000만 원 이하 근로자만 받을 수 있다**

  그렇지 않다. 이 공제는 연봉의 크기와 무관하다. 다만, 차입을 금융기관이 아닌 거주자로부터 한 경우에는 연봉 5,000만 원 이하가 되어야 한다.

- **장기주택 저당차입금 이자 상환 공제는 무조건 거주해야 소득공제를 받을 수 있다**

  그렇지 않다. 세법은 주택 소유 형태별로 다음과 같은 공제 요건을 두고 있다.

구분	세대주	비세대주(세대 구성원)
1주택 소유	주택 거주 여부와 상관없이 공제한다.	본인이 실제 거주해야 공제한다.
2주택 이상 소유	과세기간 종료일 현재 2주택 이상 보유하고 있는 경우 이 공제를 적용하지 아니한다.	

- **노란우산공제는 근로자도 받을 수 있다**

  그렇지 않다. 원칙적으로 사업자만 받을 수 있다. 불입액 중 200만~500만 원(2025년 600만 원)까지 소득공제를 받을 수 있는 상품에 해당한다.

- **급식비는 교육비 세액공제를 받지 못한다**

  그렇지 않다. 초·중·고등학생의 급식비, 방과 후 학교 수강료에 대해서 교육비 세액공제를 받을 수 있다. 교육비납입영수증을 교부받거나 국세청 연말정산 간소화 서비스를 이용할 수 있다.

- **교복 구입비는 한도 없이 공제가 가능하다**

  그렇지 않다. 교복 구입비에 대해서는 1인당 연간 50만 원 한도로 교육비 세액공제를 한다. 교복 판매업자가 발급한 교육비납입영수증을 받아 근무하는 회사에 제출하는 경우 교육비 지출액으로 보아 교육비 세액공제를 적용받을 수 있다.

- **자녀의 대학원 등록금도 교육비 세액공제가 적용된다**

  그렇지 않다. 자녀에 대한 교육비는 대학교까지의 등록금에 대해서만 공제가 된다. 대학원 등록금은 본인에 한해 공제가 된다.

- **어머니의 학자금을 자녀가 내 준 경우 교육비 세액공제를 받을 수 있다**

  직계존속에 대한 교육비는 공제 대상이 아니다. 따라서 이 경우 공제를 받을 수 없다.

- **학교 다닐 때 대출받은 교육비는 공제를 받을 수 없다**

  취업 후 상환 학자금대출 등에 해당하면 교육비 세액공제를 받을 수 있다.

- **성형수술비도 의료비 세액공제 대상이 된다**

  그렇지 않다. 성형수술비에 대한 의료비 세액공제는 적용이 불가능하다. 다만, 성형수술비를 신용카드로 결제하거나 현금영수증으로 결제한 경우 신용카드 소득공제를 받을 수 있다.

- **산후조리원비는 의료비 세액공제를 받을 수 없다**

  그렇지 않다. 산후조리원 비용도 의료비 세액공제를 받을 수 있다(출산 1회당 200만 원 이내의 금액만 공제함). 참고로 간병비는 공제대상이 아니다. 이에 대한 공제를 받으려면 신용카드로 결제하여 신용카드 소득공제를 받아야 한다.

- **부모님의 병원비를 체크카드로 결제하면 신용카드 소득공제와 의료비 세액공제를 동시에 받을 수 없다**

  받을 수 있다. 다만, 의료비를 지출하는 사람이 공제를 받을 수 있음에 유의해야 한다.

- **85m² 초과 주택의 차입금 이자도 공제 대상이 된다**

  그렇다. 장기저당주택 차입금 이자 상환공제의 대상은 주택 규모와 관계없다. 다만, 취득 시 기준시가가 5억 원(2024년 6억 원) 이하여야 한다.

- 종교단체에 대한 기부금은 기부금 지출액의 15%를 세액공제로 받는다

그렇지 않다. 근로자에게 적용되는 기부금에 대한 세액공제는 근로소득금액을 기준으로 한도를 정하고 있다. 여기서 근로소득금액은 비과세소득을 제외한 과세되는 근로소득에서 근로소득공제를 차감한 금액을 말한다.

- **정치자금 10만 원을 기부하면 11만 원을 돌려받는다**

그렇지 않다. 세법이 개정되어 세액공제를 통해 10만 원 그대로를 돌려받는다. 과거에는 11만 원을 돌려받았다.

- **맞벌이의 경우 신용카드는 고소득자가 사용하는 것이 더 좋다**

그렇지 않다. 신용카드는 공제 대상자의 연봉 25%를 초과한 금액이 나와야 공제가 되므로 소득이 낮은 사람의 카드를 사용하는 것이 더 낫다. 다만, 맞벌이 부부 중 한쪽이 사업자라면 사업자카드를 사용하는 것이 세금을 더 줄일 수 있다.

- **형제자매의 신용카드도 본인이 공제받을 수 있다**

그렇지 않다. 생계를 같이하는 가족들이 사용한 신용카드는 연령 및 소득 요건을 갖춘 기본공제 대상자이면 대부분 신용카드 소득공제를 받을 수 있지만 형제자매는 공제받을 수 없다.

- **외국에서 사용한 신용카드도 소득공제를 받을 수 있다**

그렇지 않다. 외국에서 지출하는 신용카드 비용에 대해서는 공제가 되지 않는다. 신용카드 공제는 주로 국내 사업자의 매출을 양성화시키기 위해 한시적으로 도입된 것이므로 외국에서 사용한 것은 공제를 적용하지 않는다.

- **도서비·공연비를 카드로 지출하면 소득공제를 더 받을 수 있다**

그렇다. 신용카드 소득공제 한도액(7,000만 원 이하 자 300만 원, 7,000만 원 초과 자 200만 원)이 더 늘어나기 때문이다. 참고로 2025년부터 수영장이나 체력단련장 시설 이용료도 소득공제가 적용된다.

연말정산,
혼자서도 할 수 있다

이절세 대리는 근로소득에 대한 연말정산을 직접 해 볼 참이었다. 연말정산을 잘해서 환급세액을 많이 받으면 그 돈으로 세테크에 눈뜨게 해 준 야무진에게 신형 휴대전화기를 사 주기로 약속까지 해 놨다. 과연 이 대리는 연말정산 환급세액만으로 휴대전화기를 사서 야무진에게 점수를 딸 수 있을 것인가?

먼저 연말정산 때 필요한 이절세 대리의 자료는 다음과 같다.

- 총급여 : 40,000,000원(식대 1,200,000원 포함)
- 가족 현황 : 부모와 동거하고 있으나 부모는 따로 소득이 있음

(세대주는 아버지).

- 공제 자료
  - 국민연금·고용보험·건강보험료: 2,400,000원
  - 생명보험료: 1,200,000원
  - 의료비: 2,800,000원
  - 신용카드 사용액: 3,000,000원
  - 연금저축액: 3,000,000원

계산은 다음 차례대로 진행한다. 만약 이러한 연말정산 과정 자체가 생소하다면 보관하고 있는 자신의 원천징수 영수증을 꺼내 놓고 위의 자료를 해당 칸에 대입해 보는 것도 좋은 방법이다.

① 근로소득: 40,000,000원 - 1,200,000원(식대) = 38,800,000원
월 10만 원(2023년 이후 월 20만 원)까지 식대는 비과세가 된다.
② 근로소득금액: 근로소득 - 근로소득공제
38,800,000원 - 11,070,000원* = 27,730,000원
* 근로소득공제(44쪽 근로소득공제 표 참조)
7,500,000원 + (1,500만 원 초과 금액 × 15%) = 11,070,000원
③ 과세표준: 근로소득금액 - 종합소득공제
27,730,000원 - 3,900,000원* = 23,830,000원
* 종합소득공제
- 기본공제: 150만 원(본인)

- 특별소득공제: 240만 원
  - 국민연금 등 사회보험료 공제: 240만 원
  - 신용카드 공제: 0원
- 소득공제 계: 390만 원

공제 자료 중 국민연금 등 사회보험료와 신용카드 지출액은 소득공제의 대상이 된다. 이 중 사회보험료는 전액 공제가 되나, 신용카드 소득공제는 사용액(300만 원)이 이 대리의 총급여액(4,000만 원)의 25%인 1,000만 원에 미달되므로 이 공제는 받을 수 없다.

④ 산출세액: 2,314,500원(23,830,000원×15%-1,260,000원)
⑤ 결정세액: 산출세액 - 세액공제

  2,314,500원 - 1,503,600원* = 810,900원

  * 세액공제 합계: 1,503,600원

- 근로소득세액공제: 693,600원

  산출세액이 130만 원을 초과하면 '715,000원+130만 원 초과 금액의 100분의 30'을 적용하나 한도가 있다(46쪽 참조).
  - 근로소득세액공제액: 715,000원+(2,494,500원-1,300,000원)

    ×30% = 1,073,350원

  - 한도: 693,600원[=74만 원-(3,880만 원-3,300만 원)×8/1,000]

- 특별세액공제: 360,000원

  - 보험료: 120,000원(100만 원×12%)

– 의료비 : 240,000원(160만 원×15%)

의료비 세액공제는 의료비 지출액(280만 원)이 총급여의 3%(120만 원)를 초과하므로 그 초과액인 160만 원에 15%를 곱해 세액공제한다.

- 연금계좌 세액공제 : 450,000원(300만 원×15%)

⑥ 환급(또는 납부)세액 : 결정세액 – 기납부세액

= 810,900원 – 1,519,680원* = △708,780원

＊ 기납부세액 : 매월 급여가 지급될 때 원천징수한 소득세를 말한다.
   간이세액조견표(국세청 사이트에서 검색 가능)로 매월 126,640원을 뗀 금액이다.

결국 이 대리는 연말정산으로 소득세만 70만 원을 환급받게 되었다. 이 환급세액 70만 원은 이 대리의 2월 급여를 지급받을 때 함께 돌려받을 수 있다(이 외에 소득세의 10%만큼 지방소득세를 더 환급받는다).

이절세의 연봉에 맞는 적정 세금은 81만 원 정도이다. 추후 공제되는 항목이 늘어나면 그 금액에 한계세율(15%)을 곱한 만큼 세금이 줄어들 것이다. 물론 세액공제가 적용되면 공제금액에 세액공제율을 곱한 금액이 줄어들 것이다.

TIP

고액 연봉자의 연말정산법

고액 연봉자에게는 높은 한계세율이 적용되기 때문에 조금만 신경 쓰면 환급받는 세금이 많아진다. 따라서 연말정산 설계는 이런 계층에 있는 사람들에게 효과가 크다. 다음과 같은 지침을 적극 활용해 보자.

- 공제는 빠짐없이 받자. 특히 연로하신 부모님(배우자의 부모님 포함)을 기본공제 대상으로 추가하면 기본공제와 추가공제 등을 받을 수 있다.
- 기본공제 대상자 중 70세 이상인 (조)부모님 등에 대한 경로우대공제가 1인당 100만 원씩 적용된다.
- 외국에서 공부하고 있는 자녀들의 교육비도 꼭 공제받자.
- 기부를 많이 하자. 이웃에게 좋은 일도 하고 세액공제도 받을 수 있으니 일거양득이다.
- 직불카드나 체크카드를 쓰고 가족카드로 사용하자.
- 조세특례제한법에서 규정하고 있는 금융상품을 이용하자. 특히 연금저축은 노후설계 차원에서 많이 추천되는 상품이다.

법인기업 이사로 있는 김고액 씨의 연봉은 8,000만 원이다. 작년도 한계세율이 24%에 속하는 고액 연봉자이다. 올해는 추가적으로 100만 원 이상을 더 환급받고자 하는데 그러기 위해 필요한 소득공제액은 대략 400만 원(100만원÷24%)이다. 김 씨가 생각하고 있는 공제는 인적소득공제 정도이다. 구체적으로 김 씨는 어떤 조치를 취해야 할까? 먼저 연말정산 환급세액 100만 원을 추가로 받기 위해서는 다음과 같이 공제되도록 추진한다.

- 조부모님에 대한 공제 300만 원을 추가로 받는다.
- 나머지 100만 원은 경로우대공제 등으로 조정한다.

이상과 같은 연말정산 설계는 연초부터 시작하는 것이 좋다. 연말정산은 보통 다음 연도 2월 급여 지급 때 같이 실시되는데 이때 받은 원천징수 영수증을 분석하는 것으로 연말정산 설계를 시작하자. 주로 공제를 빠뜨리지 않고 했는지와 앞으로 어떤 공제를 더 받을 것인지를 분석해야 한다.
그다음 올해 받게 될 연봉과 세금이 얼마나 나올 것인지를 예측해 소득공제가 가능한 것부터 추려서 대비하는 자세가 필요하다.

맞벌이 부부의
연말정산 작전

"무진 씨! 우리 결혼하면 연말정산 때 골치 아픈 일이 생길 것 같은데 말이야. 미리 한번 대충이라도 정리해 볼까?"

"음, 글쎄. 내 생각엔 결혼한다고 해도 우리는 근로소득자니까 공제 대상에는 변동이 없을 것 같은데? 하지만 사랑스런 우리 아기가 태어난다면 누구한테 공제받을 것인지 결정해야 할 것 같고……. 아, 또 부모님 공제 여부도 궁금하네?"

"역시 아직 잘 정리가 안 된 거네? 그럼 우리 시간 나는 대로 알아보자. 요즘 같은 시대에 머리를 잘 굴리는 것도 돈 버는 거잖아."

"알았어. 오랜만에 맘에 드는 소리를 하네. 이리 와 봐. 상으로 뽀뽀 한 번 해 줄게."

"……."

다음 날 야무진은 고 세무사에게 맞벌이 부부의 연말정산 전략에 대한 설명을 들었다. 고 세무사는 알뜰한 예비신부 야무진을 위해 한 맞벌이 부부의 예를 들어 친절하게 설명해 주었다.

맞벌이 부부인 성연말 씨와 배정산 씨. 연말정산 시기가 다가오자 둘은 이런저런 대화를 나누고 있었다.

"여보! 우리 이번 연말정산 때 목돈 좀 만질 수 있을까?"

평소 재테크에 남다른 관심을 갖고 있던 아내 배정산 씨가 남편에게 먼저 말을 꺼냈다.

"사모님! 그렇게 하려면 먼저 연말정산 전략을 짜야 하지 않겠소? 물론 내가 당신보다 소득이 갑절은 많으니 무조건 내가 공제받으면 끝나겠지만……."

"뭐라고? 당신이 두 배라고? 흥, 말도 안 돼! 그래도 매달 갖고 오는 돈은 나하고 비슷하잖아."

"흠, 그랬나? 그렇다면 전략을 다시 짜야겠군. 일급 비밀 정보가 적군에게 노출되었으니……."

남편 성연말 씨가 대략 자신의 소득과 부인의 소득을 추산해 보니 본인의 소득이 조금 더 높았다.

"먼저 우리 각자의 소득에서 공제받을 수밖에 없는 것은 제외하고, 선택 가능한 것부터 정리해 보지. 우리 부모님에 대한 기본공제는 형님께서 공제받으시니까 안 되는군. 시골에 계시는 당신 부모님에게 매월 용돈을 보내 드렸으니 당신 부모님에 대한 기본공제 300만 원은 내가 받고, 5살 난 우리 외동딸에 대한 세액공제도 내가 받고……."

여기서 알 수 있듯이 남편 성 씨의 부모님에 대한 공제는 성 씨의 형이 공제받으므로 성 씨의 소득에서 중복해 받을 수 없다. 이러한 공제 순서를 정하는 것은 과세표준 확정신고서나 근로소득 공제서에 기재된 바에 따르는 것이 원칙이므로 가족 간에도 서로 확인한 후 신청해야 한다.

"그러면 내가 받을 수 있는 것은 아무것도 없네?"

"아니, 그렇지는 않지. 남편인 내가 공제를 받은 후의 금액이 당신 것과 일치하면 그 뒤의 다른 항목 공제는 나나 당신 중 아무나 받으면 돼. 이렇게 임의로 공제할 수 있는 항목은 기본공제인 부양가족 공제나 추가공제 등이 있다는 것을 기억하자고."

남편 성 씨는 부부의 소득 상황을 보아 가며 공제 내용을 배우자 양쪽에 적절히 배분하면 세금을 줄일 수 있는 경우를 이야기하고 있다. 구체적으로 나누어 살펴보자.

첫째, 부양가족인 자녀에 대한 기본공제는 부부 어느 쪽이라도 공제가 가능하다. 부부 모두 자녀에 대한 양육 책임이 있기 때문에 이를 획일적으로 정하지 않는 것이다. 다만 자녀에 대한 보험료나 교육비, 그리고 의료비 공제는 기본공제를 받은 쪽에서 받도록 규정이 바뀌었다.

둘째, 추가공제 중 경로우대자나 장애인 공제는 기본공제를 받은 사람이 같이 받아야 한다. 예를 들어 남편이 부모에 대한 부양가족 공제를 받았다면 부모에 대한 경로우대자 추가공제도 남편의 소득에서만 공제받을 수 있다.

셋째, 의료비 지출액이 적은 경우에는 급여가 적은 쪽에서 기본 공제와 의료비 공제를 받는 것이 유리할 수 있다. 예를 들어 남편은 3,000만 원, 부인은 2,000만 원의 급여를 받는다고 하자. 이 부부의 의료비 지출액이 200만 원일 때, 급여의 3%를 초과한 의료비 지출액을 계산하면 남편은 110만 원(200만 원 - 3,000만 원의 3%), 부인은 140만 원(200만 원 - 2,000만 원의 3%)이 나온다.

"그러면 근로자가 아닌 사람들은 어떻게 계산을 하지?"

"음, 맞벌이 중 한쪽이 사업자이고 다른 쪽이 근로소득자인 경우에는 기본공제나 추가공제 중 사업자와 근로자에게 공통적으로 적용할 수 있는 것(부양가족에 대한 기본공제 등)만 위에서 본 것처럼 소득이 높은 쪽에서 공제받을 수 있어. 그 밖의 특별공제는 원칙적으로 근로자를 위해서 마련된 제도니까 근로자만 공제받을 수 있고."

"그러면 사업자는 특별공제를 거의 못 받는다는 결론이 나오네?"

"맞아. 근로자는 유리 지갑처럼 투명하게 세금이 관리되는 데 반해, 사업자는 자기 스스로 소득세를 신고하니 소득신고를 제대로 하지 않을 확률이 근로자보다 높다고 보기 때문이지. 따라서 근로소득자와 사업자 간의 형평성을 고려해서 특별공제를 적용해."

아내 배정산 씨는 남편 성연말 씨와 이야기를 나누면서 맞벌이의 종류에 따라 공제되는 내용이 각각 다르다는 것을 알았다. 더불어 자

신들의 소득공제 중에서 선택 가능한 것들은 소득이 더 많은 남편 소득에서 먼저 공제하기로 하고 연말정산 계획을 마무리 지었다.

여기까지 설명해 준 고 세무사는 야무진에게 맞벌이 부부의 절세 전략에 대한 과제를 내 주었다. 즉 누구 앞으로 공제받는 것이 더 유리한지 생각해 보라는 것이다.

① 부부가 모두 근로소득자인 경우

부부가 모두 연간 근로소득이 500만 원(월 평균 40만 원 정도)을 초과한 경우에는 배우자 공제가 적용되지 않는다(소득금액이 100만 원을 초과하기 때문이다).

이러한 상황이라면 부양가족에 대한 기본공제, 추가공제, 보험료·교육비·의료비 공제 등은 급여가 더 많은 쪽에서 공제받는다. 급여가 많은 쪽에서 공제받아야 더 많은 세금을 돌려받을 수 있기 때문이다. 이는 누진세율의 특성 등을 이용한 절세 전략이다.

② 한쪽은 사업자, 다른 한쪽은 근로소득자인 경우

부부가 사업자와 근로소득자인 경우, 사업자는 인적공제 중 기본공제와 추가공제 정도만 받게 된다. 따라서 모두 근로소득자인 부부에 비해서 공제받을 수 있는 항목보다 크게 축소된다. 다만, 사업자가 있는 경우라도 선택 가능한 공제는 ①의 경우처럼 소득이 많은 쪽에서 받으면 된다. 다만, 자녀나 부모 등에게 특별공제액이 많다면 근로소득자인 배우자 쪽에서 공제를 적용해야 더 많이 환급받을 수 있다.

맞벌이 부부와 공제 적용법

맞벌이 부부는 다음과 같은 기준에 따라 공제를 받을 수 있다.

공제 대상		배우자 A	배우자 B	비고
기본공제	배우자	서로 공제 불가		소득금액이 100만 원 이하이면 공제 가능
	부양가족	선택(A나 B)		직계존비속 등에 대한 공제는 선택 가능
추가공제	경로우대자 장애인	위 기본공제를 받은 A나 B		위의 기본공제를 적용받은 사람이 함께 공제를 받음.
	부녀자	선택 불가		여성 배우자만 공제
	자녀*	선택(A나 B)		출산 및 8세 이상 자가 공제 대상임.
특별공제	보험료	지출자	지출자	• 배우자를 위해 지출: 공제 불가 • 자녀를 위해 지출: 지출자가 공제
	교육비	지출자	지출자	• 자녀: 기본공제를 받은 배우자가 공제를 받음. • 직계존속: 공제 불가 • 배우자: 지출자가 공제 가능
	의료비	지출자	지출자	• 자녀·직계존속: 기본공제를 받은 배우자가 공제를 받음. • 배우자: 지출자가 공제받음.
	주택자금	세대주로서 지출자		이자 상환 공제는 다른 세대원도 공제 가능
	기부금	지출자	지출자	–
	신용카드	지출자	지출자	부양가족이 쓴 것은 A나 B 중 선택 가능

* 자녀양육비, 보험료와 교육비, 의료비, 기부금은 소득공제가 아닌 세액공제로 적용된다.

저소득층 가구가 알아 두면 좋을 제도들

소득이 낮은 층의 가구가 알아 두면 좋을 자녀장려금과 근로장려금 제도에 대해 알아보자. 이 두 제도는 모든 근로소득자와 사업자를 대상으로 적용하며, 중복 신청이 가능하다(신청 방법 등에 대한 자세한 내용은 국세청 홈페이지 참조).

① 자녀장려금 제도

자녀장려금은 18세 미만의 자녀가 있는 경우 해당 자녀 1명당 최대 100만 원을 지급한다(연말정산 시 자녀세액공제와 중복 적용 가능). 자녀에 대한 양육비를 경감해 주기 위해 마련되었다. 단, 이 제도를 적용받기 위해서는 세법에서 정한 요건을 충족해야 하는데, 우선 부부의 총소득이 연간 7,000만 원(재산은 2억 4,000만 원 미만)에 미달해야 한다.

② 근로장려금 제도

이는 저소득층 가구에 대해 매년 165만~330만 원 내에서 근로장려금을 지원하는 제도를 말한다. 이 장려금을 수급하기 위해서는 가구원 구성 형태별로 다음의 총소득 기준금액 미만에 해당되어야 한다. 여기서 '총소득'은 근로소득자의 경우 총급여를 말한다.

가구원 구성	단독 가구	홀벌이 가족 가구	맞벌이 가족 가구
총소득 기준금액	2,200만 원	3,200만 원	3,800만 원 (2025년 4,400만 원)

- 단독 가구: 배우자, 부양 자녀, 70세 이상 직계존속이 없는 가구
- 홀벌이 가구: 배우자의 총급여가 300만 원 미만이거나 부양 자녀 또는 70세 이상 직계존속이 있는 가구
- 맞벌이 가구: 전년도 연간 거주자의 배우자가 총급여액 등이 300만 원 이상인 가구

퇴직 후에도 연말정산을
챙기면 돈이 들어온다

"이 대리! 내가 만약 지금 회사를 그만두면 말야, 어떻게 사느냐에 따라 연말정산도 달라진다는 걸 혹시 알아?"

같은 부서에 근무하고 있는 재테크의 달인 김달수 과장이 느닷없이 이 대리에게 던진 질문이었다. 순간 이절세 대리는 갑자기 머리가 핑 돌았다.

"아뇨, 평상시처럼 하는 거 아닌가요?"

"아냐. 다르지. 뭐가 다른지 궁금하다면 이 대리와 결혼할 사람한테 한번 물어봐."

"네?"

'김달수 과장이 무엇을 말하는 걸까?' 궁금함에 잠 못 이루던 이 대리는 결국 그날 밤 책을 뒤져 가며 다음과 같은 몇 가지를 알아냈다.

중도 퇴사자에 대한 연말정산은 어떤 과정을 거칠까? 먼저 중도에 퇴사한 사람이 퇴사 이후 어떤 일에 종사하는지에 따라 그 내용이 달라진다. 즉 중도 퇴사한 사람이 다른 회사로 가는 경우, 사업을 하는 경우, 실직 상태로 머무는 경우 등 각각에 따라 연말정산의 내용이 달라진다는 뜻이다.

다른 회사로 간 경우

중도에 퇴사하고 같은 해 다른 회사에 취업한 경우에는 종전 회사에서 받은 근로소득 원천징수 영수증을 지금 다니고 있는 회사에 제출해야 한다. 왜냐하면 두 회사에서 받은 급여를 합산해 정산하기 때문이다.

만약 이를 연말정산 때 누락한 경우에는 수정신고를 해야 한다. 수정신고를 하지 않으면 가산세와 함께 본래의 세금이 추징되기 때문이다.

사업을 하는 경우

중도에 퇴사하고 그해에 사업을 시작했다면 근로소득과 사업소득이 공존한다. 따라서 이러한 경우에는 회사에서 근무한 기간 동안의 급여에 대해 대략적인 연말정산을 하게 되며 추후 5월 경의 종합소득

신고 때 두 소득을 합산해 신고하게 된다.

한편 회사를 나올 때는 특별공제를 거의 받지 않으므로 종합신고를 할 때 특별공제 서류를 제출하면 공제받을 수 있다. 이때 업무는 본인이 직접 수행하거나 회사나 세무 대리인에게 위임을 해 처리할 수 있다.

실직 상태에 있는 경우

중도 퇴사한 경우 그 이후로도 실직 상태가 계속 이어진다면 일단 퇴사 시 약식 정산이 되므로 그때 공제받지 못한 특별공제는 다음 해 5월 중에 추가로 신청해 환급받을 수 있다. 신청은 주소지가 있는 관할 세무서에 하면 된다.

Q. 손실직 씨는 올 봄에 퇴사한 후 연말까지 직장을 구하지 못했다. 손 씨에게는 중간 연말정산 때 납부한 세금이 100만 원 있었는데, 이 100만 원을 환급받기 위해 손 씨가 취할 수 있는 방법은 무엇일까?

A. 손 씨는 다음 해 5월 중에 자신이 거주하는 주소지 관할 세무서에서 특별공제 서류를 제출해 공제받을 수 있다. 물론 특별공제 범위는 자신이 근로자 신분이었을 때 발생한 것을 기준으로 한다.

예를 들어 신용카드 공제를 보면 4월에 퇴직한 경우 4월까지 자신이 사용한 것에 대해서만 공제(연금저축은 모두 공제)받을 수 있다.

내 집 갖기 전에
꼭 알아야 할 것들

집 사기 전에
점검해야 할 것들

"오빠, 요즘 대출이나 세제 등이 너무 복잡해졌어. 우리도 열심히 하고는 있지만 쉽게 따라잡기가 힘든 것 같아."

야무진이 이절세와 얘기를 나누고 있다.

"맞아. 법이 너무 자주 바뀌니 일반인들이 따라잡지를 못해서 손해를 보는 경우가 많더라고."

"그럼, 우리 이렇게 해 보자. 우선 집을 사기 전에 뭘 알아야 하는지⋯ 그래야 우리 같은 초보자들이 시행착오를 덜 겪고 재테크에 성공하지 않을까?"

둘은 초보자들이 집을 사기 전에 알아야 할 것들을 정리하기 시작했다.

첫째, 주거비를 고려하자.

현재 주거 상태가 월세인지 전세인지에 따라 주거비가 다를 수 있다. 일반적으로 전세보다는 월세의 주거비가 높다고 알려져 있다. 따라서 주거비가 본인의 소득에서 차지하는 비중이 높은 경우에는 월세에서 전세 또는 내 집, 전세에서 내 집 등의 순서로 주거 형태를 변경할 수 있다. 일반적으로 월세가 전세 등에 비해 지출이 더 많다.

참고로 월세나 전세에서 살겠노라고 결정을 하였다면, 이때에는 집주인이 주택임대사업자등록이 되어 있는지 살펴보는 것도 좋다. 이들은 마음대로 월세를 인상할 수 없기 때문이다. 정부에서 주택임대사업자들을 대상으로 임대차계약을 맺을 때마다 종전 임대료의 5% 이상을 인상하지 못하도록 통제하고 있다.

참고로 주거비에 대한 세제 혜택은 아래와 같다(2025년 기준).

구분	월세	전세	내 집 마련
혜택	월세 지출액×15~17% 세액공제	대출원리금 상환액×40% 소득공제(한도: 400만 원)	대출이자 상환액×100% (한도: 600만~2,000만 원)
대상	연봉 8,000만 원 이하 무주택 근로자	무주택 근로자	무주택 근로자(세대원)

둘째, 집을 사기로 했다면 어느 지역에서 얼마짜리 집을 살 것인지 정해야 한다.

우선 지역은 직장과 가까운 곳을 선호하겠지만 가격이 문제가 될 수 있다. 이러한 점을 충분히 고려할 필요가 있다. 최근에는 무주택자들을 대상으로 신규 분양 주택의 75%를 우선 공급하는 제도가 적용

되므로 본인의 청약가점을 확인해 보고 이에 대한 준비를 해 두는 것
도 필요하다. 일반적으로 높은 가점을 받으려면 무주택 기간과 청약
저축 기간, 부양가족 수 등이 길거나 많아야 한다. 수도권의 경우에
는 서울과 1기 신도시(일산, 분당 등) 사이에 3기 신도시가 도처에 대규
모로 들어설 예정이다. 분양가도 저렴하게 책정될 가능성이 높으므로
이에 대해 관심을 두는 것도 나쁘지 않을 것으로 보인다.

셋째, 자금조달 방법을 포함해 자금계획을 세워야 한다.

일단 주택을 구입하기로 마음을 먹었다면 자금계획을 치밀히 세워
야 한다. 대출이 원하는 만큼 잘 나오지 않을 가능성이 높기 때문이다.

우선 필요한 자금 중에서 본인이 조달 가능한 금액을 파악한다. 이
후 부족한 자금은 대출이나 가족 등의 도움을 받도록 한다. 다만, 이러
한 자금조달과 관련해서는 자금출처조사를 받을 수 있다는 점에 유의
해야 한다. 뒤의 해당 부분을 참조하자.

넷째, 명의도 잘 정해야 한다.

현행의 세제는 1세대가 보유한 주택 수가 2주택 이상이면 최근 금
리 인상에 따른 이자는 물론이고 취득세, 보유세, 양도소득세 등이 많
이 나올 수 있다. 따라서 취득 전에 이러한 문제를 충분히 고려할 필
요가 있다. 한편 실제 집을 취득할 때에는 단독명의로 할 것인지 공동
명의로 할 것인지도 점검하는 것이 좋다. 실무에서 보면 1주택자의 경
우에는 부부간 공동명의를 하면 당장에는 실익이 없을 수 있지만, 나

중에 2주택 이상이면 명의 분산에 따른 효과를 보는 경우가 많다. 단, 2주택 이상의 경우 공동명의가 실제 실익이 있는지 미리 점검할 필요가 있다. 초고가주택은 오히려 불리한 경우가 있기 때문이다.

다섯째, 앞으로 부닥칠 세제 제도에 대해서도 알아 두는 것이 좋다.

집을 취득하게 되면 취득가액의 1~12% 내에서 취득세가 부과된다. 그리고 매년 6월 1일을 기준으로 재산세 같은 보유세가 발생하며, 이를 양도할 때에는 양도소득세가 발생한다. 이 중 양도소득세가 중요한데, 세법은 아래와 같은 요건을 충족하면 비과세를 해 주고 있다.

구분	보유 기간	거주 기간
조정대상지역 내의 집	2년 이상	2년 이상 (2017년 8월 3일 이후 취득분에 한함.)
조정대상지역 외의 집	2년 이상	−

조정대상지역은 서울 강남·서초·송파·용산구 4곳을 말하며 주택가격이 다른 지역에 비해 많이 올랐던 지역을 말한다(이에 대한 자세한 내용은 '대한민국 전자관보'에서 확인 가능함). 이 지역에 한해 거주 기간 요건 2년이 신설되었다. 다만, 무조건 거주 요건을 적용하는 것이 아니라 2017년 8월 3일 이후에 취득한 것만 적용한다. 따라서 그 전에 취득한 주택들은 거주한 적이 없더라도 비과세를 받을 수 있다.

물론 이날 이후에 새롭게 지정된 경우에는 지정일 후에 취득한 주택들은 이러한 거주 요건이 적용되며, 취득 당시에 조정대상지역에 해당되었으나 이후 해제된 경우에도 이 요건이 적용된다(이 외 토지거래허가구역 내의 주택에 대해서는 타법에서 2년 실거주 의무를 두고 있다). 한편 2018년 4월 1일 이후부터 다주택자가 조정대상지역에 있는 주택을 양도하면 양도소득세 중과세가 적용된다는 점에도 유의해야 한다. 중과세가 적용되면 장기보유 특별공제를 적용받지 못하는 한편 세율은 기본세율에 20~30%p가 가산되기 때문이다(단, 2년 이상 보유 주택은 2년간 한시적 중과 배제하고 있음). 참고로 조정대상지역에서 해제된 주택을 양도하면 중과세를 적용하지 않는다. 양도소득세 중과세는 양도일을 기준으로 적용하기 때문이다. 앞의 거주 요건과 차이가 남에 유의하자.

TIP

현행 부동산 세법

2024년 12월 현재 적용되고 있는 부동산 세법을 살펴보자.

구분	현행	비고
취득세	•1주택자(일시적 2주택): 1~3% •2주택자: 1~3%, 8%(조정대상지역) •3주택자: 8%, 12%(조정대상지역) •4주택 이상 자: 12%(지역 불문)	2025년도에 현행의 세제가 적용될 것으로 전망됨(아래도 동일).
종부세	•전국 3주택 이상 자 중 과표 12억 원 초과 시: 2.0~5.0% •위 외: 0.5~2.7%	–
양도세	•1세대 1주택 비과세: 2년 보유(거주) •일시적 2주택 비과세: 3년 내 종전 주택 처분 •다주택 중과세 적용 배제: 비조정대상지역 내 주택, 조정대상지역 2년 이상 보유한 주택(한시적) •주택 세율: 70%, 60%, 6~45%	–

대출 얼마나
받을 수 있을까?

"오빠, 우리가 정리한 것들 중에서 가장 중요한 게 뭐라고 생각해?"

"음, 그야. 세금 아닐까?"

"땡."

야무진이 고소하다는 듯 큰소리를 쳤다.

"아니 왜? 내가 아는 사람들은 모두 세금 때문에 못 살겠다고 그러던데……."

"잘 생각해 봐. 세금은 재산이 어느 정도 형성된 뒤에 발생하는 거잖아. 지금 사회 초년생이나 이제 막 내 집 마련을 앞두고 있는 사람들은 그보다 내가 모은 자금으로 어떤 집을 살 것인가가 먼저 아니겠어?"

"빙고!"

이절세는 야무진의 말에 동감했다. 사실 모은 돈만 있다면 집 사는 거야 식은 죽 먹기가 아니겠는가?

자금조달 방법부터 살펴보자

집 등 부동산을 취득할 때 자금조달 방법은 다양하다. 우선 취득에 필요한 자금 규모가 대략적으로 결정되었다면 자금조달 계획을 어떤 식으로 세울 것인지 알아보자.

① 자기자금

자기자금은 본인의 소득으로 충당하는 것을 말한다. 월급생활자라면 근로소득이나 퇴직소득, 사업자라면 사업소득 등이 된다. 이러한 자금은 세법상 문제가 없는 경우가 일반적이나 국세청에 미신고된 소득이 원천이 된 경우에는 세금추징 문제가 발생한다. 다만, 세법은 5~7년 정도의 국세부과 제척기간을 두어 이 기간을 벗어나면 문제 삼지 않는다.

② 증여자금

부모 등으로부터 무상으로 증여를 받은 자금도 자금조달의 한 방법이 된다. 그런데 이러한 증여자금에 대해서는 증여세 신고를 하는 것이 원칙이나 무신고를 하는 경우가 있다. 이에 대해서는 추징 문제가 있다. 증여세에 대한 국세부과 제척기간은 15년이 될 수 있다. 따라서 증여받은 금액이 큰 경우에는 주의할 필요가 있다. 참고로 아래의 금액 이하에 대해서는 증여세가 부과되지 않는다.

구분	증여세 비과세 한도	비고
배우자로부터 증여받는 경우	6억 원	최종일로부터 소급하여 10년 동안의 금액을 합해 판단 (2024년 혼인·출산 증여공제 1억 원 추가)
직계존비속으로부터 증여받는 경우	5,000만 원 (미성년자 2,000만 원)	
친족으로부터 증여받는 경우	1,000만 원	

③ 타인자금

타인자금은 전세보증금을 인수받거나 대출을 받아 충당하는 것을 말한다. 이러한 타인자금은 전세계약서나 금융기관에서 발급하는 대출서류로 입증이 가능하기 때문에 세법상 문제는 별로 없다. 다만, 직계존비속으로부터 차입하는 경우에는 이에 대한 입증의 문제가 발생할 수 있다. 투기과열지구 내에서 주택 등을 거래하면 자금조달계획서를 제출하는데 이를 통해 언제든지 자금출처에 대한 조사를 할 수 있도록 제도가 정비되어 있다(조정대상지역 및 비규제지역 중 6억 원 이상의 거래에도 적용).

무주택자부터 유주택자까지의 대출 관리법

무주택자나 유주택자가 주택을 구입할 때 주택담보대출(주담대)을 받는 경우가 많다. 그런데 담보대출은 무한정 받을 수 없고 주택 수와 주택 가격, 소득 능력 등에 따라 도출된 비율 내에서 받을 수 있다. 따라서 독자들이 주담대를 활용할 때는 미리 은행 등을 통해 대출 조건 등을 확인해야 한다. 아래에서는 주로 실수요자(무주택자와 처분조건부 1주택자)를 중심으로 대출 제도에 대해 알아보자.

① LTV 제도

LTV(Loan To Value ratio)는 담보인정비율로 주택의 시가 대비 대출이 차지하는 비율을 말한다. 예를 들어 주택의 시가가 5억 원이고 이 비율이 50%라면 2억 5,000만 원이 대출 한도가 된다.

현행 LTV 제도는 주택 수 등에 따라 비규제지역은 60~70%, 규제지역은 30~50% 내에서 적용되고 있다. 참고로 무주택자와 처분조건부로 신규 주택을 취득한 1주택자들에 대해서는 이 비율이 50%로 단일화되었다(구체적인 것은 은행 문의). 여기서 처분조건부는 1주택자가 규제지역에서 새로운 주택을 구입할 때 일정 기간(3년) 내에 기존 주택을 처분하는 조건으로 받는 대출을 말한다.

구분	종전	현행
무주택자와 1주택자(처분조건부)	• 비규제지역: 70% • 규제지역: 20~50%	• 좌동 • 50%(주택 가격 무관)
위 외 다주택자	• 비규제지역: 60% • 규제지역: 0%	• 좌동 • 30%
생애 첫 주택 취득자	규제지역 불문 80%	–

참고로 위에서 규제지역은 투기과열지구 또는 조정대상지역으로 지정된 지역을 말한다('대한민국 전자관보'에서 확인 가능).

② DSR 제도

2018년 10월 31일에 DSR(Debt Service Ratio)이라는 제도가 도입되었다. 이는 신용대출을 포함한 원리금 상환액을 연간 소득으로 나눈 비율을 말한다. 따라서 소득이 얼마 안 되는 경우에는 이 비율이 높게 나와 대출 한도가 축소되는 효과가 발생한다. 예를 들어 이 비율이 40%라면 연봉 5,000만 원인 직장인은 원금과 이자를 합해 연간 최대 2,000만 원까지만 갚을 수 있도록 대출 규모가 정해진다. 주담대와 신용대출 등을 합한 총대출액이 1억 원 초과 시 40% 이내로 제한되는 것이 원칙이다(기타는 70% 선). 자세한 것은 은행을 통해 확인하기 바란다.

③ 고가주택 대출 금지 제도

위에서 본 것처럼 본인의 상황에 따라 주담대의 내용이 달라진다. 그런데 규제지역 내에서 주택 가격이 15억 원을 초과하는 경우에는 무주택자도 대출을 받을 수 없다. 초고가주택에 대한 대출 규제가 시행되고 있기 때문이다. 하지만 2022년 하반기 이후에 무주택자와 1주택자에 대해서는 이에 대한 대출이 허용되었다.

규제지역 내 15억 원 초과 주택 주담대 허용 여부

구분	종전	현행
무주택자와 1주택자(처분조건부)	대출 금지	대출 허용
위 외 다주택자	대출 금지	좌동

이 외에도 생활안정자금, 임차보증금 반환 목적 주담대 등 기존 보유 주택을 통한 대출 규제 제도도 개선될 전망이다.

집 사면
꼭 거주해야 할까?

"와우! 이렇게 하나씩 보니까 쉽게 정리가 되네."

야무진이 이절세를 향해 환한 미소를 지으며 말했다.

"이렇게 하다 보면 못할 것도 없겠어."

"맞아. 그런데 오빠, 하나 물어볼게. 지금 서울 같은 지역에서 집을 사면 거주를 해야 하잖아. 그런데 사실 주위에서 보면 전세 끼고 집을 사 놓은 사람들이 많더라고. 뭐 나중에 살려고 하는 경우도 있고 아니면 투자 목적으로 사 두는 경우도 있겠지. 그런데 문제는……."

야무진이 숨이 찼는지 잠시 숨을 골랐다.

"요즘 정부에서 거주 요건을 강화시켜서 굉장히 혼란스럽게 느껴지는 것 같아. 그래서 정리가 필요할 것 같은데……."

야무진의 의견에 이절세도 공감했다.

거주 요건은 무엇을 의미할까?

거주 요건은 세법을 적용할 때 해당 집에서 직접 거주해야 세금 혜택을 준다는 것을 의미한다. 이때 거주는 주소만 되어 있는 것이 아니라 실제 거주해야 함을 의미한다. 만약 주소만 되어 있고 실제 거주하지 않으면 원칙적으로 거주 요건을 지키지 못하는 것에 해당한다.

그렇다면 거주는 누가 해야 하는 것일까? 일단 세대가 분리되지 않는 한 가족들이 모두 거주해야 한다. 다만, 직장이나 학업, 병역 등의 문제로 부득이하게 거주하지 못한 경우에도 거주한 것으로 인정한다.

거주를 해야 유리한 경우

거주는 강제적으로 하는 것이 아니다. 본인의 형편에 따라 하면 된다. 다만, 세법상의 혜택을 받을 때 이 요건이 필요할 뿐이다.

① 1세대 1주택에 대한 비과세를 적용할 때

1세대가 1주택에 대한 비과세를 받을 때 거주 요건이 필요하다. 다만, 모든 지역에 대해 적용되는 것이 아니라 서울 강남구 등 조정대상지역 내의 주택에 대해서만 이 요건이 적용된다. 물론 이 지역의 주택들이라도 2017년 8월 2일 이전에 취득한 주택들에 대해서는 이 요건을 적용하지 않는다. 만약 조정대상지역에서 해제된 경우 그 이후에 취득한 주택들은 거주 요건이 적용되지 않으나, 해제 전에 취득한 경우에는 여전히 이 요건이 적용됨에 유의해야 한다(자세한 것은 『부동산편』 참조).

한편 1주택자라도 고가주택에 대해서는 과세가 되는데, 이때 과세되는 양도차익에 대해서는 장기보유 특별공제가 최대 80%가 적용된다. 하지만 2020년은 2년 이상 거주, 2021년 이후는 10년 이상 거주해야 최대 80%가 적용된다. 따라서 양도차익이 큰 경우에는 거주하지 않으면 손해가 발생할 가능성이 높다.

구분	조정대상지역
지역	서울 강남·서초·송파·용산구만 지정되어 있음. 자세한 내용은 '대한민국 전자관보'에서 확인 가능함.

② 주택임대사업자가 거주하고 있는 주택에 대해 비과세를 받고 싶을 때

위 ①은 주로 실수요자인 1세대 1주택에 대해 적용되는 비과세 규정에 해당한다. 따라서 투자수요자인 다주택자들은 이러한 비과세 혜택을 받을 수 없다. 하지만 정부는 주택임대업 활성화를 위해 아래와 같은 요건을 충족한 경우 본인이 거주한 주택에 대해서는 비과세를 적용하고 있다.

구분	가액	임대 기간	거주 기간
임대주택	임대 개시일 당시 기준시가 6억 원(수도권 밖은 3억 원) 이하	5~10년 이상	–
거주 주택	–	–	2년 이상(전국) ※ 등록 전의 기간도 인정

주택임대사업자에 대한 이러한 혜택은 상당히 큰 메리트가 되고 있다. 다만, 임대주택사업자들이 2019년 2월 12일 이후 신규로 취득한 거주용 주택은 2년 거주 시 비과세를 받을 수 있지만, 생애 1회만 비과세를 받을 수 있음에 유의해야 한다. 한편 최근 정부는 일반인들이 임대료를 5% 이내에서 올리면 비과세와 장기보유 특별공제 적용 시 필요한 '2년' 거주 요건을 면제하기로 했다(상생임대주택 제도를 말하며 저자의 카페에서 확인 가능).

거주해야 함에도 불구하고 거주하지 않을 때 예상되는 불이익들

이 경우에는 세금이 부과된다. 즉 거주 요건이 적용되는 지역에서 2년 이상 거주하면 세금이 없을 수 있지만 이를 충족하지 못하면 과세가 되기 때문에 손실이 발생한다. 이를 정리하면 다음과 같다.

구분	거주 요건 적용 지역	거주 요건 충족 시	거주 요건 불충족 시
① 1세대 1주택 (일시적 2주택 포함)	조정대상지역	비과세	과세
② 주택임대사업자	전국	비과세	과세(중과세 가능)

그렇다면 얼마만큼의 손해가 발생할지 위 두 가지 유형에 대해 예를 들어 알아보자.

먼저 ①의 경우 양도차익 1억 원이 발생한 경우 비과세를 받는 것과 과세되는 경우의 차이는 아래와 같다. 과세 시 장기보유 특별공제는 10%를 받는다고 하자.

구분	비과세	과세
양도차익		1억 원
− 장기보유 특별공제		1,000만 원
= 양도소득금액		9,000만 원
×세율		35%
− 누진공제		1,544만 원
= 산출세액	0원	1,606만 원

다음으로 ②의 경우에는 조금 더 세금이 증가될 수 있다. 중과세가 적용될 수 있기 때문이다. 단, 중과세가 적용되는 경우 장기보유 특별공제는 받을 수 없고 세율은 55%가 적용된다고 하자.

구분	비과세	과세	
		일반과세	중과세
양도차익		1억 원	1억 원
− 장기보유 특별공제		1,000만 원	0원
= 양도소득금액		9,000만 원	1억 원
×세율		35%	55%
− 누진공제		1,544만 원	1,544만 원
= 산출세액	0원	1,606만 원	3,956만 원

TIP

양도소득세 중과세 한시적 적용 배제

2022년 5월 10일부터 2025년 5월 9일까지 2년 이상 보유한 주택에 한해 양도소득세 중과세 제도가 한시적으로 적용되지 않고 있다. 이 제도는 2025년 중에 중과세 한시적 유예 기간이 늘어날 가능성이 크다.

집 살 때 공동명의가 진짜 유리할까?

"오빠, 또 하나 물어볼게. 공동명의를 하면 좋다고 하던데, 맞아?"

"당연하지. 재산을 공동으로 소유하니까 각종 세금이 절감되는 거 아니겠어? 취득세도 반으로, 재산세도 반으로, 그리고 양도소득세도 반으로……."

"땡!"

야무진이 깔깔대면서 또 크게 웃었다.

야무진은 왜 그랬을까?

명의에 따라 세금이 달라질까?

일반적으로 단독명의보다는 공동명의가 세금이 줄어드는 경우가 많다. 임대소득세나 양도소득세가 누진세율로 과세되는 상황에서 소득이 분산되면 세금이 줄어들기 때문이다. 우리나라의 세법은 부부나 가족들의 소득을 합산해 과세하는 방식이 아니라 각자가 번 소득에 대해 과세하는 방식을 취하고 있다. 예를 들어 집을 임대 또는 양도해 발생한 소득이 2,000만 원이라고 하자. 이를 한 사람이 과세 받는 것을 기준으로 하면 2,000만 원 중 1,400만 원까지는 6%, 나머지 600만 원은 15%가 적용된다. 따라서 이 경우 174만 원(84만 원+90만 원)이 도출된다. 그런데 이 소득을 두 사람이 똑같이 갖게 되면 세금은 120만 원(1,000만 원×6%×2명)이 된다. 이처럼 과세되는 상황에서 누진세율이 적용되면 세금은 떨어지게 되어 있다. 그렇다면 앞에서 야무진은 왜 '땡'이라고 했을까?

그 이유는 바로 부부가 1세대 1주택을 보유한 경우에는 일반적으로 이러한 효과가 발생하지 않기 때문이다.

예를 들어 어떤 부부가 6억 원에 집을 취득했다고 하자. 물론 이들은 이 집에서 거주하고 5년 뒤에 팔려고 한다. 이 경우 단독명의를 한 경우와 공동명의를 한 경우의 세금 차이를 비교해 보자. 5년 뒤에 처분가액은 12억 원 이하가 된다고 하자.

구분	단독명의	공동명의
취득세	취득가액×1%	좌동
재산세	법정산식에 따라 부과	좌동
종부세	해당 사항 없음.	좌동
임대소득세	해당 사항 없음.	좌동
양도소득세	비과세	좌동

위의 내용을 보면 1주택을 보유한 상황에서는 단독명의나 공동명의나 과세 내용은 같다. 따라서 이 경우에는 공동명의를 했더라도 실익은 없다. 다만, 위의 주택을 처분할 때 12억 원(2021. 12. 8. 개정)이 넘는 고가주택에 해당하는 경우에는 공동명의가 다소 유리할 수 있다.

예를 들어 처분할 때 양도가액이 13억 원이 되었고 과세표준을 계산한 결과 2,000만 원이 되었다면 앞에서 본 것처럼 소득 분산이 이루어지므로 공동명의가 다소 유리할 수 있다.

2주택 이상인 경우에는 공동명의가 유리할 수 있다

앞과는 달리 1세대가 2주택 이상을 보유한 경우에는 공동명의가 유리할 가능성이 높다. 우선 어떤 세금이 유리해질지 알아보자.

구분	단독명의	공동명의
취득세	취득가액×1~12%	좌동
재산세	법정산식에 따라 부과	좌동
종부세	기준시가−9억 원 공제	기준시가−18억 원 공제
임대소득세	합산한 주택임대소득이 2,000만 원 초과 시 종합과세	개인별로 2,000만 원 초과 시 종합과세 (4,000만 원 이하는 분리과세 가능)
양도소득세	단독명의자의 양도소득에 대해 과세	개인별 과세로 인해 양도소득세가 감소

2주택 이상의 경우에는 종부세와 임대소득세 그리고 양도소득세 측면에서 공동명의가 유리할 수 있다. 이들의 세금은 각 개인이 보유한 재산이나 각자가 벌어들인 소득별로 과세가 되기 때문이다.

먼저 종부세의 경우를 보자.

종부세는 매년 6월 1일 기준으로 과세되는 국세에 해당하는데, 일단 개인이 보유한 주택의 기준시가 합계액에서 9억 원을 차감한 후 그 초과된 금액에 대해 과세하는 세금을 말한다. 따라서 한 사람이 2주택 이상을 보유한 경우에는 공제 혜택을 9억 원밖에 받을 수 없다. 하지만 이를 부부가 분산하여 보유하고 있거나 공동명의로 가지고 있다면 공제 금액이 총 18억 원이 되어 명의 분산 효과가 발생한다(2023년에 기본공제액이 9억 원으로 인상돼 단독명의보다는 공동명의가 더더욱 유리할 가능성이 크므로 이런 부분을 감안할 필요가 있음).

둘째, 임대소득세의 경우를 보자.

주택에 대한 임대소득세 과세 방식은 일단 개인별로 2,000만 원 이하의 소득이 발생하면 주택임대소득만 분리하여 14%의 세율로 과세(종합과세도 가능)하며, 이를 초과하는 경우에는 근로소득 등과 합산하여 6~45%로 종합과세를 한다.

구분	단독명의	공동명의
분리과세	개인별로 2,000만 원 이하 시	좌동
종합과세	개인별로 2,000만 원 초과 시	좌동

참고로 임대소득과 관계되는 것이 바로 건강보험료인데 2019년 이후부터는 건강보험료가 부과되는 것이 원칙이므로 이러한 것도 고려 대상이 된다. 다만, 연간 2,000만 원 이하의 소득이 발생한 상태에서 임대등록이 되었다면 건강보험료의 40~80%가 감면된다.

셋째, 양도소득세의 경우를 보자.
양도소득세도 개인별로 과세가 되므로 단독명의보다는 공동명의가 유리한 경우가 일반적이다.

앞으로 어떻게 해야 할까?

위에서 공동명의가 유리한 경우도 있고 유리하지 않은 경우도 있음을 알 수 있었다. 하지만 살다 보면 1주택자가 2주택자가 될 수도 있다. 따라서 초고가주택을 제외하고는 처음부터 공동명의로 주택을 소유하는 것이 좋을 수 있다. 그런데 이때 두 가지 정도는 주의하자.

첫째, 처음 집을 취득할 때는 증여세 문제가 있는지 검토해야 한다.
소득이 없는 배우자가 취득한 지분에 해당하는 금액은 증여에 해당한다. 물론 배우자 사이의 증여는 10년간 6억 원까지 증여세가 없으므로 안심해도 된다. 하지만 고가주택을 사거나 증여가 빈번하게 되면 10년간 증여한 금액을 합산하여 이를 따지게 되므로 주의해야 한다. 참고로 부채가 있는 상태에서 증여금액을 정할 때에는 이 부채를 뺀 나머지 금액을 기준으로 하나, 소득이 없는 경우에는 이를 인정받기가 힘들다는 점에 유의할 필요가 있다.

둘째, 만약 이미 보유한 집을 가지고 있는 경우에는 애써 가며 공동명의로 만들 필요는 없다.

왜냐하면 취득세만 나가기 때문이다. 물론 증여세도 나올 수 있지만, 배우자간 6억 원 이하까지는 면제가 되기 때문에 취득세 정도만 부담하면 된다. 그렇다면 취득세는 얼마나 나올까? 일단 증여는 무상취득에 해당하는데, 현행 지방세법에서는 정부가 정한 기준시가(2023년 이후는 시가)에 대해 3.5%(단, 2020. 8. 12. 이후 다주택자가 조정대상지역 내의 기준시가 3억 원 이상의 주택 증여 시 12% 적용)의 세율을 적용한다. 기준시가가 3억 원이라면 취득세가 1,050만 원(12% 적용 시 3,600만 원) 정도 나온다는 것이다. 이러한 이유 때문에 가급적 명의는 이전하지 말라는 것이다.

여기서 잠깐!

이렇듯 한번 정해진 명의를 바꾸면 돈이 들어간다. 그런데 신문이나 인터넷 등을 통해 배우자에게 부동산을 증여한 다음 10년(2022년 이전 증여분은 5년) 후 양도하면 절세할 수 있다고 하는 경우를 보았을 것이다. 이는 무엇을 의미하는가?

이 문제는 앞에서 본 것과는 다른 내용이다. 예를 들어 살펴보자.

어떤 사람이 2000년에 1억 원에 산 집이 현재 5억 원이 간다고 하자. 그리고 이 집을 처분하면 양도소득세가 나오는 상황이라고 가정하자.

이 경우 양도차익이 4억 원 발생하였기 때문에 세금이 1억 원 이상 나올 가능성이 있다. 그 결과 이러한 상황에서 대부분의 소유자들은 매매를 꺼리게 된다. 그런데 이때 이 집의 가격을 감정평가 등으로 구해 이를 기준으로 증여세 신고를 한 다음 10년(2022년 이전 증여분은 5년) 후에 양도하면 세금을 대폭 줄일 수 있다. 만약 10년 후 양도할 때의 가액이 6억 원이라면 증여할 때 신고한 5억 원과의 차이인 1억 원에 대해서만 과세가 되기 때문이다. 다만, 이러한 행위를 할 때에는 다양한 세무상 쟁점들이 발생하므로 미리 세무 전문가들과 함께 상의하는 것이 좋다.

TIP **부동산 세금 시나리오**

정부는 부동산 시장을 규율하기 위해 다양한 대책을 발표했는데, 이를 시간적인 흐름별로 살펴보면 다음과 같다.

- 2017년 8월 3일: 조정대상지역 2년 거주 요건 적용(8·2대책)

- 2018년 4월 1일: 양도소득세 중과세 시행(8·2대책)

- 2018년 9월 14일: 조정대상지역 신규취득임대사업자 세제 혜택 배제, 일시적 2주택 중복 보유 기간 단축(9·13대책)
→ 2018년 9월 14일 이후 조정대상지역 내에서 주택을 취득해 임대하는 경우 이에 대해서는 각종 세제 혜택을 부여하지 않는다.

- 2019년 2월 12일: 주택임대사업자 최초 거주 주택만 비과세 허용, 모든 임대세제 혜택(국세)에 임대료 5% 상한율 적용(2019년 초 소득세법 시행령 개정)

- 2019년 12월 17일 : 조정대상지역 간 일시적 2주택 전입 의무 도입 및 처분 기한 단축(1년, 최대 2년), 10년 이상 보유한 주택에 대한 양도소득세 중과세 적용 배제(2020. 6. 30. 종료), 임대사업자의 거주 요건 적용 배제(12·16대책)
→ 일시적 2주택의 경우 2022년 5월 10일 이후 양도분부터는 2년(2023년 1월 12일 이후 양도는 3년) 내에 양도하면 된다. 그리고 전입 의무는 폐지되었다.

- 2020년 8월 12일 : 다주택자에 대한 취득세 12% 인상(7·10대책)

- 2021년 1월 1일 : 비과세 보유 기간 기산일 최종 1주택만 보유한 날로부터 기산(2019년 초 소득세법 시행령 개정)
→ 2022년 5월 10일 이후부터 이 제도는 적용되지 않는다.

- 2021년 1월 1일 : 고가주택 장기보유 특별공제 시 거주 기간 요건 도입, 분양 권 비과세·중과세 판단 시 주택 수에 포함
→ 고가주택에 대한 장기보유 특별공제율이 보유 기간과 거주 기간으로 이원화되어 80%까지 적용된다. 그리고 분양권도 비과세·중과세 판단 시 주택 수에 포함된다.

- 2021년 6월 1일 : 주택 중과세율 및 주택·분양권·입주권 단기양도세율 상 향, 종부세 대폭 강화(7·10대책)
→ 주택 중과세율 10~20%p를 20~30%p로 인상하고, 주택 등 단기양도세율은 70%, 60% 등으로 인상한다. 이 외 다주택자에 대한 종부세도 2배 이상 인상한다.

- 2022년 1월 1일 : 고가주택 9억 원에서 12억 원으로 기준 인상, 고가 상가주 택 중 상가 부분은 무조건 양도소득세 과세 등
→ 2년 이상 보유한 주택에 한해 2022년 5월 10일부터 2년간 한시적으로 중과세 제도 가 적용되지 않는다.

- 2022년 5월 10일: 2년 보유 기간 재계산 제도 폐지, 규제지역 내 일시적 2주택 처분 기한 1년에서 2년으로 연장 및 전입 의무 삭제. 이 외 2년 이상 보유한 주택 한시적 중과 폐지
→ 2023년 1월 12일부터 규제지역 내의 일시적 2주택에 대한 처분 기한이 취득세와 종부세 그리고 양도세에서 3년으로 통일되었다.

- 2024년 12월 현재: 현 정부의 세제 정책은 아래와 같이 적용되고 있음

구분	종전	현행
1. 취득세	• 일반: 1~3% • 중과: 8~12%	• 일반: 좌동 • 중과: 좌동
2. 종부세	• 공정시장비율: 60% • 일반: 0.6~3.0% • 중과: 1.2~6.0% • 세 부담 상한율: 일반 150%, 　　　　　　　　중과 300%	• 공정시장비율: 좌동 • 일반: 인하(0.5~2.7%) • 중과: 2~5%(3주택, 과표 12억 원 　　　　초과 시) • 세 부담 상한율: 150% 통합
3. 임대 소득세	1주택 비과세 기준금액: 9억 원	12억 원
4. 양도세 비과세	• 1세대 1주택: 2년 및 2년 거주* • 일시적 2주택: 위 + 2~3년 내 처분 • 고가주택 장특공제: 80%	• 1세대 1주택: 좌동 • 일시적 2주택: 위 + 3년 내 처분 　　　　　　　　(2023. 1. 12 이후) • 고가주택 장특공제: 좌동
5. 양도세 중과세	• 주택: +20~30%p • 토지: +10%p	• 주택: 한시적 폐지(2022. 5. 10.~ 　　　2025. 5. 9. 영구적 폐지 추진) • 토지: 좌동
6. 주임사 제도	아파트 등록 불허	좌동(6년 단기 임대 도입 예정)
7. 부동산 법인	• 취득세: 12% • 종부세: 3~6% • 법인세: 추가 법인세 20%	• 취득세: 좌동 • 종부세: 2.7~5.0%(3주택 이상) • 법인세: 좌동
8. 부동산 매매업	• 중과 주택, 분양권: 비교과세 • 중과 토지: 비교과세	• 주택 중과 폐지 시: 일반과세 • 분양권, 중과 토지: 비교과세

* 상생 임대차계약을 맺으면 2년 거주 요건을 면제받을 수 있다(소득세법 시행령 제155조 의3 참조).

chapter 04

부동산
취득·보유할 때
세금을 팍팍 줄여라

매매계약서 한 장으로
취득세와 양도소득세 줄이기

초등학교 때부터 이절세와 친하게 지냈던 김깐깐은 현재 서울 마포구 대흥동에 살고 있다. 김깐깐은 몇 해 전 결혼해서 두 아이의 아빠다. 그는 한창 자라는 아이들을 위해 좀 더 큰 집으로 옮기기로 결심하고 이번 기회에 아예 내 집을 마련하기로 마음먹었다. 전세금에 그동안 열심히 저축한 돈을 보태고, 부족한 부분은 은행 대출을 이용하기로 했다.

김깐깐은 인터넷 검색과 현황 조사를 통해 동작구 신대방동에 있는 아파트 1채를 구입했다. 이제 취득세를 내야 하는데 어떻게 합법적으로 세금 부담을 줄일지 김깐깐은 고민이 아닐 수 없었다.

아파트를 신규로 분양받은 경우에는 취득세를 아낄 수 있는 방법이 극히 제한되어 있다. 이 경우 절세의 관건은 분양가를 낮추는 것인데 이는 사전에 결정되는 것이므로 수요자인 개인이 분양가를 조절한다는 것은 사실 불가능하다. 이 외 수용이나 공매, 판결, 법인회사 장부에 의해 확인되는 경우도 마찬가지이다.

그렇지만 김깐깐처럼 중고 아파트를 사거나 개인이 분양하는 빌라주택을 구입하는 경우에는 어떻게 마음먹느냐에 따라 세금 차이가 날수 있다. 요즘 주택 취득세 과세 내용이 상당히 많이 바뀌었기 때문이다. 가령 집값이 3억 원이고 세율이 1.1%라면 330만 원이 취득세로 지출된다. 그런데 이 구입 가격을 시세가 아닌 기준시가를 사용할 수만 있다면 세금을 줄일 수 있다. 이게 가능할까?

취득세 줄이는 방법을 찾아라

김깐깐은 공인중개사가 소개해 준 법무사를 찾기 전에 스스로의 힘으로 등기를 해 볼까 싶어 등기 업무에 대해 잘 알고 있는 친구 이절세를 찾았다.

"부동산 등기를 내 손으로 직접 해 보려고 하는데 말이야. 괜찮은 법무사를 소개받기는 했지만 혼자 할 수 있게 도와주는 인터넷 사이트도 있고 하니까 이번 기회에 해 보고 싶은데 잘될까?"

"혼자 등기를 하려면 시간이 필요할 텐데. 어차피 부동산 등기 업무는 한 번에 끝나는 거니까 차라리 전문가에게 의뢰하고 넌 그 시간에 다른 일을 하는 게 나을 거야."

"일리가 있는 말이야. 난 나대로 다른 일을 하고 있으니 역시 등기 업무는 전문가인 법무사한테 맡겨야겠군. 그런데 등기를 할 때 취득세와 수수료는 얼마나 발생할까?"

"일단 통상 매매의 경우에는 거래가의 1~12%대에서 세금이 부과되고, 이 외에 중개수수료나 채권할인비용 등이 발생하지."

"아니 취득세가 12%까지 나올 수 있구나. 그나저나 중개수수료는 알겠는데 채권할인비용은 또 뭐야?"

"으응, 원래 집을 사는 사람들은 국민주택채권을 구입해야 하는데 이 구입대금은 5년 후에 상환받을 수 있어. 물론 5년 후 원금에 쥐꼬리만 한 이자를 붙여 정부가 되돌려 주지. 하지만 5년 후를 기다릴 수 없는 사람들은 그 자리에서 은행에 팔아 버려. 이 과정에서 생기는 손실이 바로 채권할인비용이야. 대략 채권 구입액의 10~12% 정도가 비용으로 빠진다고 하더군. 자세한 건 은행 홈페이지를 방문하면 알 수 있을 거야."

"이야, 정말 쉬운 듯하면서 복잡하구나. 너는 아직 집도 없는 놈이 언제 그렇게 공부해 두었냐?"

"무슨 소리! 요즘 같은 세테크의 시대를 살아가려면 이 정도는 기본이야, 기본!"

위에서 이절세가 김깐깐에게 들려준 취득세는 2020년 8월 12일 이후부터 다음과 같이 적용되고 있다. 다주택자와 법인에 대한 취득세율이 최대 12%까지 인상되었음을 확인하기 바란다.

최근 개정된 취득세율

구분		취득세율	
개인 취득	1주택 (일시적 2주택* 포함)	주택 가액에 따라 1~3%(1.1~3.5%)**	
	2주택	조정대상지역 8%*	비조정대상지역 1~3%*
	3주택	조정대상지역 12%	비조정대상지역 8%
	4주택 이상		비조정대상지역 12%
법인 취득		12%	
증여		2주택자의 조정대상지역 내 기준시가 3억 원 이상인 주택 수증 시: 12%(그 외 3.5%)	

* 1주택자가 조정대상지역 내의 주택을 취득해 2주택자가 된 경우 세율이 8%까지 올라갈 수 있으나, 종전 주택을 3년 내 처분 시 1~3%가 적용된다(조정대상지역 내 일시적 2주택의 경우 3년 내에 종전 주택을 처분하면 된다. 2023년 1월 12일 개정). 다만, 비조정대상지역은 처분 기한 없이 1~3%의 특례가 주어진다.

** 취득가액 6억 원 이하는 1%, 6억~9억 원 이하는 2~3% 미만(산식 적용), 9억 원 초과는 3%가 적용된다. 한편 전용면적이 85m² 초과 시 농특세 0.2%, 지방교육세는 취득세율x1/2x20%로 부과된다. 따라서 9억 원 초과분은 3.5%[3%+0.2%+(3%x1/2)x20%]가 된다. 다만, 중과세가 적용되면 전용면적 85m² 초과 시 농특세는 0.6%(8% 중과), 1%(12% 중과), 지방교육세는 0.4%가 적용된다.

"그래, 너 잘났다! 잘난 김에 세금이나 비용을 합법적으로 낮출 수 있는 방법이 있으면 좀 가르쳐 주라."

"글쎄다. 지금은 법이 많이 바뀌어서 절세하기가 힘들게 됐어. 잘 들어 봐. 얼마 전까지만 해도 우리나라 어디를 가더라도 검인계약서에 기재된 금액은 매매가와 지방세법상 시가표준액(아파트는 기준시가,

단독주택은 공시된 주택 가격) 사이에서 결정된 것이 대부분이었어. 법이 좀 애매모호해서 말이야. 시가표준액 이상으로 신고만 하면 실제 매매가 아니더라도 무사통과였지. 하지만 지금은 검인계약서 제도가 없어졌어. 부동산을 취득하면 무조건 실거래가로 신고하는 제도가 도입되었기 때문이야."

"어, 그래? 지금은 안 된다고 하니 조금은 애석하군. 진즉 집을 살 걸 그랬나?"

"에이, 이 사람아. 제값 주고 산다고 생각하면 속 편하니까 그렇게 생각하라고."

양도소득세를 신고할 때는 매매계약서로 하라

김깐깐은 이절세와 함께 취득세를 줄일 방법을 고민했지만 뾰족한 방법이 없어 다소 의기소침했다. 그러던 중 한 가지 궁금한 사항이 떠올랐다.

"절세야! 나중에 내가 집을 팔 때 취득금액은 매매계약서로 입증하면 되잖아? 그런데 전에 샀던 사람들은 어떻게 해야 돼? 우리 아버지가 그렇게 하신 것 같던데."

"지금이야 매매계약서 한 장만 있으면 되니까 문제가 없겠지만 그전에 부동산을 산 사람들은 공인중개사 등이 작성한 매매계약서로 하면 돼. 양도소득세를 계산할 때는 검인계약서가 필요 없거든."

"그런데 매매계약서가 실제 거래가액보다 낮다고 하더라고. 그렇게 되면 나중에 집을 팔 때 세금이 왕창 많아지는 것은 아닐까?"

"물론 그럴 수 있겠지. 하지만 비과세 혜택도 있으니까 하나하나씩 따져 보면서 대책을 강구해야 할 거야. 그래서 지금도 부동산을 살 때는 상대방이 값을 깎아 주는 대신 취득가액을 낮추어서 계약하자고 하면 뒷일을 생각해서 응하지 않는 것이 필요할 거야."

"부동산 실거래가 신고 제도 때문이겠구나?"

"맞아. 그런 영향도 무시하지 못하지. 알다시피 이 제도는 부동산을 사고파는 사람들이 그 계약 내용을 계약일로부터 30일* 내 관할 시·군·구청에 신고하는 제도지. 이렇게 되면 취득과 관련된 정보들이 구청 등에 모이게 되므로 파급효과가 커질 거야. 당장 취득세와 양도소득세 등 모든 부동산 거래와 관련된 세금들이 실거래가로 과세될 것이고……."

"오호, 그렇구나. 역시 오늘 절세 널 찾아온 건 잘한 일 같다. 내 특별히 술 한잔 살게. 같이 나가자."

"그래? 듣던 중 반가운 소리구나. 지갑은 두둑하겠지? 각오해!"

얼마 뒤 김 씨는 법무사에게 등기를 의뢰해 등기필증과 영수증을 받았으며 60일 내에 내야 하는 취득세 고지서도 받을 수 있었다.

---

* 투기과열지구로 지정된 지역(2020년 3월 이후 조정대상지역 및 비규제지역으로 확대)에서 주택을 거래하면 계약일로부터 30일 내에 주택 거래 내역을 관할 시·군·구청에 신고해야 한다. 이때 자금조달계획서 등이 제출되므로 자금출처조사에 대비해야 한다. 이에 대한 자세한 내용은 「chapter 07 자금출처조사 대처법과 금융실명제에 대처하는 자금 거래법」을 참조하기 바란다.

취득세를
한 푼도 안 내는 집이 있다고?

"어이, 김깐깐 씨. 집 장만했다면서요? 축하해요."

"아, 어떻게 아셨어요? 거 참 별일도 아닌데, 부끄럽습니다."

"이 사람아. 뭐가 부끄럽나? 젊은 사람이 장한 일 한 거지. 그나저나 세금 관리 잘하게. 취득세 이딴 거 한 푼도 안 내도 되는 집도 있다는데 자네만 세금 왕창 내면 속상하지 않겠나?"

김깐깐의 직장 상사인 유덕팔 부장은 단 한 푼의 세금도 안 내도 된다는 놀라운 말을 남긴 채 유유히 사라졌다. 두 눈이 휘둥그레진 김깐깐은 유 부장의 뒷모습만 멍하니 바라보았다.

'집을 사면 취득세를 깎아 준다는 소린 예전에 들은 것도 같은

데……. 한 푼도 안 내는 집이 있다니 이게 무슨 소린가?'

답답한 마음에 김깐깐은 유덕팔 부장이 거짓말처럼 던진 말의 진실을 직접 나서서 풀어 보기로 했다.

세금 없는 집 1 : 신규로 분양받은 소형 주택과 생애 첫 주택

무주택자가 아파트나 연립주택 같은 소형 공동주택을 최초로 분양받아 취득한 경우 취득세를 면제받을 수 있다. 간단하게 말해 취득세를 한 푼도 내지 않기 위해서는 무주택 상태에서 소형 다세대주택을 분양받아야 한다는 것이다(이 외 전용면적 60m² 이하 다세대주택·주거용 오피스텔을 신규 분양받아 임대주택으로 등록하는 경우에는 취득세를 100% 감면함).

그런데 여기서 말하는 소형 공동주택이란 40m²(12평)·1억 원 이하 규모를 뜻한다. 그리고 40m²(12평) 이하인 기존 주택의 경우에도 취득가액이 1억 원 이하에 해당하면 역시 취득세를 전액 면제받을 수 있다(지방세특례제한법 제33조). 도시형 생활주택에서 많이 볼 수 있는 원룸형 주택을 취득하면 취득세 없이 주택을 취득할 수 있다. 따라서 위에서 말한 주택이 아닌 주택들은 취득세를 감면받기가 사실상 쉽지가 않은 것이 현실이다(생애 첫 주택에 대해서는 200만~300만 원의 취득세를 감면함. 자세한 내용은 지방세특례제한법 제35조의3 참조).

그렇다면 앞의 면적을 벗어난 주택을 취득하면 세금은 얼마를 내야 할까? 주택 가격이 6억 원 이하이면 1%의 세율이 적용된다. 이 세율

신규 분양 소형 주택과
무주택자가 받은 상속 주택,
짜잔~ 우리 둘은
세금이 없대요!

은 종전보다 훨씬 파격적이다. 종전의 경우에는 보통 2%가 적용되었기 때문이다.

세금 없는 집 2 : 무주택자가 받은 상속 주택

얼마 안 되는 상속재산에 대해서는 등기 이전이나 취득세 신고를 게을리하는 경향이 있다. 먹고살기도 바쁜데 언제 등기 이전하러 다니고 취득세까지 낸단 말인가!

그래도 상속재산이 생겼을 때 챙겨야 하는 취득세는 알고 넘어가자. 무주택자가 받는 1주택에 대해서는 취득세가 거의 없다(원래 상속 주택 취득세율은 2.8%이나 무주택자는 0.8%만 과세함). 만약 주택이 있는 상태에서 다른 주택을 상속받을 경우에는 당연히 취득세를 2.8% 모두 내야 한다. 따라서 상속 주택에 대한 취득세 경감은 무주택자가 상속받은 경우에만 해당한다.

"아, 무주택자가 집을 물려받으면 세금을 많이 안 내도 되는구나!"

상속이라는 말을 들을 때마다 늘 언론을 떠들썩하게 하는 재벌들의 억대 상속을 떠올리며 '저것들한테는 세금도 법대로 팡팡 때려 줘야한다니까!'라던 김 씨. 비록 이번에 산 집은 다른 사람에게 물려받은 집이 아니기 때문에 취득세를 다 내야 했지만 모르던 사실을 알게 되니 저절로 발걸음이 씩씩해짐을 느꼈다.

※ **저자 주**
우리나라 대부분 가정의 주거 형태는 월세, 전세, 자가 중에서 하나가 된다. 이 중 월세의 주거비가 가장 높은 것으로 분석되고 있다. 따라서 월세 거주자들은 가급적 저렴한 대출 등을 활용해 전세로 이동을 하고, 전세 거주자들은 전세로 머물 것인가 자가 주택을 마련할 것인가에 대한 의사 결정을 정교히 진행할 필요가 있다. 이러한 노력을 게을리하면 재테크 측면에서 실패할 가능성이 높다.

집을 취득하면 이런 것들을 챙겨야 한다

첫째, 취득세 과세 방법을 점검하자.

취득세는 취득 유형에 따라 과세표준과 세율이 다르다. 일반적으로 분양을 받은 경우나 유상 주택 매매의 경우에는 실거래가의 1~3%(다주택자는 12% 중과세)*가 된다. 또 증여의 경우에는 기준시가의 3.5~12%가 된다.

* 취득세율 일부 변경: 2020년 1월 이후부터 6억 원 초과~9억 원 이하의 구간에 해당하는 주택에 대한 세율이 아래와 같이 적용된다. 나머지 구간은 현행과 같다.

Y=X×(2/3억 원)-3(여기서 X는 취득가액으로 억 단위, Y는 세율을 말한다. 소수점 다섯째 자리에서 반올림)

예를 들어 취득가액(X)이 7억 5,000만 원인 경우 '7.5억 원×(2/3억 원)-3'로 계산하면 세율(Y)은 2%가 된다. 한편 2020년 8월 12일 이후부터 2주택 이상 자가 추가로 주택을 취득하면 8~12%의 취득세를 부과한다. 이때 주택 수에는 분양권, 입주권, 주거용 오피스텔이 포함됨에 유의해야 한다.

둘째, 부동산 중개수수료(인터넷 검색을 통해 법정 수수료 확인이 가능하다)나 등기 수수료가 과다하게 책정되지는 않았는지 꼼꼼히 살펴보자.

셋째, 부동산 매매계약서는 사실대로 받아 두자.
현재 부동산 실거래가 신고 제도가 운영되고 있다. 그런데 이때 신고금액이 관할 시·군·구청이 파악한 금액에서 10% 이상 차이가 나는 경우에는 부적격 판정을 받게 된다. 그렇게 되면 불필요한 세무간섭을 받게 되고 허위신고 등이 확인되면 취득세의 1.5배까지 과태료를 물 수 있다. 그리고 만일 낮은 금액으로 적어 주고 나중에 신고를 하게 되면 양도소득세를 왕창 물 수가 있다. 따라서 허위 계약서 작성은 하지 않는 것이 좋다.

넷째, 취득 당시의 영수증은 잘 보관하고 그 내역도 꼼꼼히 확인해 보자. 주택 취득과 관련된 영수증에는 부동산 중개수수료와 취득세 등의 영수증, 등기수수료, 금융기관을 통해 발생한 채권매각 손실금액 등이 있다.

다섯째, 주택에 들어가는 인테리어 비용 중 자본적 지출(새시, 발코니 확장 공사 등)은 필요경비로 인정된다. 따라서 정확한 근거(계약서+영수증 등)를 남겨 추후 입증에 대비하자.

※ 저자 주
2020년 8월 12일부터 다주택자에 대한 취득세율이 크게 증가되었으므로 다주택 보유 세대는 주택을 취득하기 전에 취득세율부터 확인해야 한다. 물론 실수요자들은 취득세율 1~3%가 적용되나, 1주택자가 조정대상지역 내의 주택을 취득해 일시적 2주택인 된 경우에는 종전 주택을 3년 내에 양도해야 1~3%를 적용받을 수 있다는 점에 유의해야 한다. 이때 종전 주택에 대한 양도소득세를 비과세 받을 수 있는지도 아울러 점검하는 것이 좋을 것으로 보인다. 참고로 새 정부의 취득세 과세 방침이 일부 달라질 것으로 보인다. 향후 개정되는 내용은 별도로 확인하기 바란다.

나도 종부세
과세 대상일까?

2020년 7월 10일! 정부에서 다주택자들을 대상으로 초강력 대책을 발표한 날이다. 저금리 바람을 타고 주택 시장이 과열 현상을 빚자 종부세를 강화하는 한편 양도소득세를 대폭 올렸다. 그 결과 다주택자들이 곤욕을 치르기도 했다. 이 중 종부세 부담이 상당히 커졌기 때문이다. 하지만 2022년 5월 10일에 등장한 새 정부에서는 종부세를 2020년 수준으로 과세하는 식으로 세법을 개정하였다. 다만, 한 개인이 전국적으로 3주택 이상 보유하고 해당 주택들의 과세표준이 12억 원(기준시가 기준 24억 원 정도)을 초과하면 중과세율이 적용된다는 점에 유의해야 한다(따라서 과표가 12억 원에 미달하면 다주택자도 일반세율이 적용된다). 일단 보유세 구조부터 살펴보자.

구분		2020년	2023년 이후
재산세	과세단위	물건별 과세	좌동(2024년 1주택자 공정시장가액비율: 43~45%)
	과세표준	공시가격×공정시장가액비율(60%)	
	세율	0.1~0.4%	
	세 부담 상한율	105~130%	
종부세	과세단위	개인별 합산	좌동
	과세표준	공시가격－6억 원(1주택자 9억 원)×공정시장가액비율(90%)	좌동(9억 원, 1주택자 12억 원, 공정시장가액비율 60%)
	세율	0.5~2.7%(조정대상지역 2주택자와 3주택 이상 자는 0.6~3.2%)	좌동(3주택 이상 & 과표 12억 원 초과분 2.0~5.0%)
	1주택자 감면	고령자 세액공제: 60세 10%, 65세 20%, 70세 이상 30%	20%, 30%, 40%
		장기보유 세액공제: 5년 이상 20%, 10년 이상 40%, 15년 이상 50%	좌동
	세 부담 상한율	150%(조정대상지역 2주택자 200%, 3주택 이상 자는 300%)	150%로 단일화

위의 내용 중 눈여겨볼 대목은 다주택자에 대한 종부세 세율 인상과 세 부담 상한율 인상이다. 종부세 세율이 종전 0.6~3.2%에서 1.2~6.0%까지 인상된 한편, 전년도에 낸 보유세 대비 최대 3배까지 종부세를 인상할 수 있도록 했기 때문이다. 하지만 2022년 5월 들어선 새 정부는 2023년부터 3주택 이상 자 중 과세표준 12억 원 초과 시에만 2.0~5.0%로 중과세하고 세 부담 상한율은 150%로 단일화하였다. 이로 인해 대다수 주택 소유자의 종부세 부담이 크게 줄어들게 되었다.

이하에서는 보유세의 과세 원리를 살펴보고 그에 대한 대응법을 찾아보자.

원래 보유세는 토지나 건물을 보유하기만 하면 내야 하는 세금이다. 보유세에는 대표적으로 재산세와 종부세가 있다. 재산세는 지방자치단체가 종부세는 중앙정부가 부과하는 세금이다.

이 둘의 세금은 매년 6월 1일 소유자가 내야 한다. 만일 A가 7월 1일에 양도한 경우라도 6월 1일 현재 소유권이 있는 A가 이런 세금들을 내야 한다. 그렇다면 보유세는 부동산을 가지고 있다면 무조건 내야 하는가?

이를 해결하기 위해서는 재산세와 종부세의 과세 방법을 더 알아볼 필요가 있다.

보유세를 이기려면 과세 방법을 알아야 한다

첫째, 과세 대상을 알아보자

재산세는 국내에 소재하는 건물과 토지 그리고 선박 및 항공기가 과세 대상이다. 하지만 종부세는 재산세 과세 대상 중 주택 그리고 토지에 대해서만 과세하며 그 범위를 다음과 같이 한정하고 있다.

- 건물 : 아파트, 주거용 오피스텔, 단독주택(이 외 상가빌딩, 공장, 별장은 제외)이 과세 대상이다.
- 토지 : 종합합산 토지(나대지와 임야 등), 별도합산 토지(상가 부속 토지 등)만 종부세의 과세 대상이 되며 농지, 과수원, 골프장, 기준면적 이내의 공장 용지 등은 제외한다.

- 기타 : 재건축입주권, 일정한 요건을 충족한 임대사업용 주택과 기숙사 등도 과세 대상에서 제외한다.

둘째, 과세 방식을 살펴보자

우선 재산세는 과세물건별로 '공시가격 × 공정시장가액비율'인 과세표준에 재산세율을 곱해 계산한다. 여기서 공시가격은 아파트는 기준시가, 토지는 개별공시지가, 단독주택은 개별주택가격을 말한다. 실무상 기준시가로 불러도 상관없다. 또 공정시장가액비율은 일종의 과표 현실화 장치로 주택은 40~80% 사이에서 정부가 매년 결정(2024년 60%, 2024년 특례 1주택은 43~45%)한다.

재산세율은 과세물건별로 다양한데 주택의 경우에는 과세표준이 6,000만 원 이하까지는 0.1%, 6,000만~1억 5,000원 이하는 0.15%(누진공제액 3만 원), 1억 5,000만~3억 원 이하는 0.25%(누진공제액 18만 원), 3억 원 초과는 0.4%(누진공제액 63만 원)이다.

종부세는 과세물건별로 '공시가격 – 종부세 과세 기준금액'에 공정시장가액비율(2024년은 60%)을 곱한 과세표준에 종부세율을 곱해 계산한다. 여기서 종부세 과세 기준금액은 주택과 종합합산 토지(나대지 등)는 개인별로 합산한 기준시가가 각각 9억 원(단독명의 1주택자는 12억 원 공제)과 5억 원, 별도합산 토지(상가 부속 토지 등)는 80억 원을 말한다. 따라서 주택의 경우 기준시가가 9억 원(또는 1세대 1주택 단독명의는 12억 원)을 넘어야 종부세가 과세된다.

한편 종부세 세율은 과세표준이 3억 원 이하까지는 0.5%, 3억~6억 원 이하까지는 0.7% 등 6단계 누진세율로 되어 있다. 다만, 개인이 전국에 걸쳐 3주택 이상을 보유하고 있으면서 과세표준이 12억 원을 초과하면 중과세율(2.0~5.0%)이 적용된다.

셋째, 세 부담 상한 제도를 알아보자

보유세 과세 방식이 종전에는 기준시가와 관계없이 결정되었으나, 최근에는 기준시가에 연동하고 과세 구조가 대폭 바뀌게 됨에 따라 세금이 큰 폭으로 증가될 가능성이 있다. 그리하여 보유세 납부액의 증가를 제한하기 위해 세 부담 상한 제도를 도입했다. 예를 들어 전년도에 낸 재산세가 10만 원이고 올해의 재산세 상한율이 130%라면 올해는 13만 원(10만 원×130%)을 한도로 납부하면 된다는 것이다. 참고로 재산세의 상한율은 130%이나 6억 원 이하가 되는 주택은 105~110%로 낮다. 종부세는 주택과 토지를 불문하고 150%가 된다.

재산세와 종부세의 대응 방법은 무얼까?

그렇다면 이제 재산세와 종부세의 대응 방법에는 어떤 것이 있는지 알아보자. 우선 재산세의 경우에는 큰 문제가 없다. 재산세는 국민의 기초생활과 직결되는 것인 만큼 아주 낮은 수준에서 세금이 부과된다. 특히 기준시가가 6억 원(또는 1세대 1주택자)이 안 된 주택들은 과세 구조상 그리고 지방자치단체에서 감면을 적용하는 경우가 많으므로 세 부담이 그리 크지 않다.

하지만 종부세의 경우에는 얘기가 다르다. 기준시가가 인상되거나 신규로 주택이나 나대지 등을 구입하는 경우에는 종부세 부담이 상당할 수 있다. 따라서 부동산을 많이 보유한 사람들은 보유세가 얼마나 될지 미리 알아보고 세금 부담 능력을 따져 보아야 한다(단, 2024년 종부세도 2020년과 같은 수준에서 나올 것으로 보인다. 종부세율, 세 부담 상한율 등이 전반적으로 인하되었기 때문이다).

그 결과 부동산이 많아 보유세가 과중하다고 느낀다면 처분이나 증여* 등의 방법을 통해 재산을 슬림화시킬 필요가 있다.

* 1세대 2주택 이상을 보유한 상태에서 조정대상지역 내의 시가표준액(기준시가) 3억 원 이상인 주택을 증여하면 취득세율이 3.5%에서 12%로 인상된다(또한 2023년 이후 증여분부터는 시가로 취득세가 부과된다). 참고로 2020년 8월 18일 이후부터 아파트는 무조건 임대등록을 할 수 없다.

TIP
재산세와 종부세 절세법 정리

먼저, 재산세에 대한 절세 방법을 찾아보자.

① 개인간 매매를 할 때
매도자 입장에서 재산세를 내지 않으려면 6월 1일 전에 잔금을 받도록 한다. 매수자는 6월 1일 후에 잔금을 치르면 재산세를 내지 않아도 된다.

② 신축 건물에 대한 준공을 앞두고 있을 때
준공 시점을 6월 1일 후에 맞추면 건축물이 완공되지 않았으므로 재산세를 내지 않아도 된다.

다음으로, 종부세는 아래와 같이 정리할 수 있다. 참고로 2023년 이후부터 종부세 기본공제액이 9억 원으로 인상되고 추가공제는 3억 원이 적용되고 있다(단독명의 12억 원, 공동명의 18억 원). 이러한 점에 착안해 아래의 내용을 살펴보자.

① **주택이 1채 있는 경우**

• **기준시가가 12억 원 이하인 경우**

단독명의와 공동명의는 무차별하다. 단독명의는 12억 원까지 비과세, 공동명의의 경우에는 18억 원까지 비과세되기 때문이다. 따라서 이 경우 종부세를 감소시키기 위한 공동명의로의 전환은 불필요하다.

• **기준시가가 12억~18억 원 이하인 경우**

공동명의가 유리할 수 있다. 공동명의는 18억 원까지 종부세가 비과세되기 때문이다.

• **기준시가가 18억 원을 초과하는 경우**

분석을 통해 공동명의가 유리한지 우열을 가릴 필요가 있다. 단독명의를 하는 경우 장기보유 세액공제 등을 받을 수 있으나 공동명의는 받을 수 없기 때문이다. 단, 2021년부터 1주택 공동명의자는 단독명의 과세 방식(12억 원 공제와 80% 세액공제)과 공동명의 과세 방식(18억 원 공제와 세액공제 적용 배제) 중 유리한 것을 선택할 수 있으므로 1주택자는 공동명의가 이래저래 유리하다.

② **주택이 2채 이상이 있는 경우**

먼저 종부세를 예측해 보고 감당이 안되는 경우에는 주택 수를 조절해야 한다. 다만, 2023년부터 3주택 이상 자에 대해서만 중과세가 적용되고, 세 부담 상한율도 150%가 적용되어 이에 대한 부담이 미미할 것으로 예상된다.

→ 현행 종부세법은 일시적 2주택자에 대한 종부세 중과세를 적용 제외하는 배려 장치가 없다. 이에 새 정부에서는 2022년부터 일시적 2주택, 지방의 저가주택, 상속 주택 등을 주택 수에서 차감할 수 있도록 세법을 개정하였다(종합부동산세법 제8조 제4항 등 참조).

임대수익을
최대로 끌어올리는
절세 전략

임대소득 과세가
핵심이다

고 세무사가 아침마다 사무실로 배달되는 경제신문의 한 면을 유심히 보고 있다.

그 면은 주택임대소득에 대한 과세 내용으로 꽉 차 있었다.

'음, 올해부터는 주택임대소득에 대한 과세 문제로 시끄럽겠군.'

고 세무사가 혼잣말로 중얼거리기 시작했다.

고 세무사는 무엇을 생각했을까?

주택임대차정보시스템(RHMS)이 개통되었다

2018년 9월에 개통된 주택임대차정보시스템은 전국의 모든 주택에 대한 임대차 현황을 실시간으로 파악할 수 있는 시스템을 말한다. 이 시스템은 그간 부처마다 흩어져 있던 주택임대차 정보를 종합·연계하여 주택임대차 시장을 투명하게 관리하고 공평과세 기반을 구축하기 위해 마련된 것이다. 국토부 건축물대장과 행안부 재산세대장을 활용해서 구축한 소유정보의 기반 위에, 국토부의 임대등록자료, 확정일자신고자료, 국세청의 월세 세액공제 자료 등을 종합하여 임대차 계약 정보를 DB화하고, 자가 여부(주민등록자료 활용), 빈집 여부(건축물에너지정보 활용) 등을 확인한 후 공시가격, 실거래가격, 전월세가격 정보를 연계해 구축되었다.

주요 기능

- **주택 보유 및 임대 현황 파악:** 다주택자의 주택 보유 현황을 신속하게 파악하고, 다주택자가 보유한 주택 중 임대 중인 주택 현황도 파악

- **임대사업자 관리 강화:** 등록 임대사업자가 임대 의무 조건에 맞게 임대하는지 모니터링하고*, 미등록 임대사업자도 임대소득 현황 파악

  * 등록 임대사업자 의무이행 여부는 임대등록시스템(렌트홈)과 연계 관리

- **공평과세 기반 마련:** 그간 임대료 수익이 있는 경우에도 전월세 확정일자 신고 등이 되어 있지 않은 경우 임대소득 과세에 한계가 있었으나, 앞으로는 RHMS를 통해 개인별 주택 보유 및 임대 현황, 추정 임대료 자료 등을 국세청에 제공하여, 세금 탈루 여부 등을 검증

주택임대소득에 대해 어떤 식으로 과세될까?

이러한 정보시스템의 개통으로 인해 주택임대소득을 가진 다주택자들에게 불똥이 떨어졌다. 그렇다면 이들은 어떤 식으로 대비해야 할까? 이를 위해서는 먼저 임대소득에 대한 과세 방식부터 알아보는 것이 정석이다.

임대소득에 대한 소득세 과세 방식은 아래와 같이 정리할 수 있다.

- 일부 소득에 대해서는 비과세를 적용한다.
- 일부 소득에 대해서는 분리과세를 적용한다.
- 이 외 소득에 대해서는 종합과세를 적용한다.

① 비과세

주택임대소득에 대해서 비과세를 받기 위해서는 세법에서 정한 비과세 요건을 갖추어야 한다.

구분	비과세 요건
부부의 주택 수가 1채인 경우	주택의 기준시가가 12억 원 이하 시
부부의 주택 수가 2채 이상인 경우	개인별 연간 임대소득이 2,000만 원 이하 시 (단, 2019년부터 분리과세로 전환)

부부의 주택 수가 1채만 있는 경우에는 주택의 기준시가가 12억 원 이하이면 이에 대해서는 무조건 비과세를 적용한다. 그리고 부부의

주택 수가 2채 이상인 경우에는 개인별로 2,000만 원 이하가 발생하면 2019년부터 분리과세를 적용하고 있다.

② 분리과세

분리과세는 다른 소득에 합산하지 않고 해당 소득에 대해서 독자적인 과세 체계로 과세하는 방식을 말한다. 부동산 임대소득의 경우 개인별로 연간 주택임대소득이 2,000만 원 이하인 경우에 적용된다. 이때 다음 산식에 따라 14%를 적용하여 과세한다(단, 본인의 선택에 따라 종합과세로 신고할 수도 있다).

- (분리과세 주택임대소득금액-공제금액)×단일세율 14%

여기서 주택임대소득금액은 임대수입에서 필요경비를 차감해 계산한다. 필요경비는 임대수입 중 60%(등록) 또는 50%(미등록) 상당액을 말하며, 공제금액은 등록 사업자는 400만 원, 미등록 사업자는 200만 원을 차감한다. 만일 주택임대소득 외의 소득금액이 연간 2,000만 원을 넘어가면 이 공제금액은 0원이 된다.

③ 종합과세

종합과세는 임대소득을 근로소득이나 사업소득 등에 합산해 6~45%의 세율로 과세하는 방식을 말한다. 종합과세 체계를 그림으로 알아보면 다음과 같다.

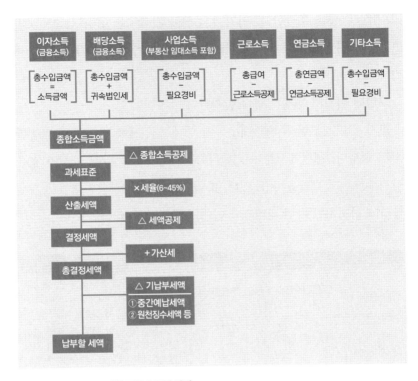

→ **주택임대사업자에 대한 종합소득세 감면**

주택임대사업자등록을 한 사업자들은 위의 분리과세나 종합과세에서 발생한 소득세의 30% 또는 75%만큼 감면을 받을 수 있다. 여기서 30%는 일반 매입 임대주택(4년 임대), 75%는 장기 임대주택(8년 임대)에 대해 적용된다(단, 2주택 이상 자의 경우 2021년 이후 소득 발생분부터 감면율이 20%, 50%로 각각 인하되었다).

신고를 하지 않으면 어떤 불이익이 있을까?

주택임대소득에 대해서는 다음 해 5월 중에 관할 세무서에 소득세 신고를 해야 한다. 물론 이때 제대로 신고를 하지 않는 경우에는 무신고 가산세 등을 부과한다. 여기서 무신고 가산세는 통상 산출세액의 20%가 된다. 이 외에 미납한 세액에 대해 하루 2.2/10,000의 가산세가 별도로 부과된다.

그런데 여기서 문제가 하나 발생한다.

과거에 미신고한 주택임대소득에 대해서 언제까지 추징이 가능할지의 여부다. 세법에서는 이러한 문제를 해결하기 위해 아래와 같은 국세부과 제척기간을 두고 있다. 따라서 주택임대소득에 대한 소득세를 신고하지 않았다면 과거 7년 이내의 것이 추징 대상이 된다.

세목	원칙	특례
상속·증여세	• 15년간 : 탈세, 무신고, 허위신고 등 • 10년간 : 이 외의 사유	• 상속 또는 증여가 있음을 안 날로부터 1년(탈세로서 제3자 명의 보유 등으로 은닉재산이 50억 원 초과 시 적용)
이 외의 세목	• 10년간 : 탈세 • 7년간 : 무신고 • 5년간 : 이 외의 사유	• 조세쟁송에 대한 결정 또는 판결이 있는 경우, 그 결정(또는 판결)이 확정된 날로부터 1년이 경과하기 전까지는 세금 부과가 가능

TIP

주택임대사업자 미등록 가산세 신설

2020년 이후부터 주택임대업사업자들이 관할 세무서에 사업자등록을 하지 않으면 임대수입의 0.2%를 가산세로 부과한다. 참고로 사업자등록을 하면 원칙적으로 지역에서 건강보험료를 납부해야 한다(단, 임대등록을 한 경우 연간 수입이 1,000만 원 이하인 경우에는 피부양자 등록이 가능하며, 연간 2,000만 원 이하인 경우 40~80%의 감면이 가능하다).

주택임대 세금 합법적으로 피해 가기

"안녕하세요. 신유산이라고 합니다. 세무 상담받으러 왔습니다."

"어서 오세요. 무엇을 도와드릴까요? 편하게 말씀해 보세요."

"네, 지금 저희 가족들은 아버지 명의로 된 집에서 살고 있는데요. 얼마 전 저희 어머니께서 나중에 저 결혼하면 주신다고 어머니 이름으로 국민주택 규모보다 좀 작은 집을 1채 사셨습니다."

"아, 그럼 신유산 씨네는 모두 2채의 집을 갖게 되신 거네요?"

"네, 그렇죠. 근데 제가 지금 당장 결혼을 하는 게 아니라서요. 새로 산 집을 어떡할까 하다가 이번에 어머니께서 당분간 임대를 주고 전세금과 월세를 받기로 하셨습니다. 그래서 그 임대에 따른 세금이 어떻게 되는지 알고 싶어서 이렇게 찾아왔습니다. 저희 부모님이 2주택 상태

합법적으로 세금을 줄이는 방법이 이렇게 많은데 왜 탈세하누?

에서 임대를 하면 소득세가 과세된다는 소식을 들으셨던 모양입니다."

"아, 그러시군요. 잘 오셨습니다. 제가 설명해 드릴게요. 결론만 간단하게 말하자면 주택의 임대소득에 붙는 세금은 부담 없이 처리할 수 있습니다."

"네? 어떻게 그렇게 될 수 있죠?"

"제가 지금부터 찬찬히 설명드리겠습니다."

든든세무법인의 고단수 세무사는 차근차근 부동산 임대소득과 관련된 세금에 대해 설명하기 시작했다.

모든 부동산 임대소득에 과세가 되는 것은 아니다

부동산 임대소득이란 개인이 부동산 등을 대여해 주고 발생하는 소득을 말한다. 쉽게 말해 갖고 있는 집, 건물, 땅을 다른 사람 또는 공장 등에 빌려주고 그 대가로 받은 돈이 임대소득이다.

그렇다면 모든 부동산을 빌려주고 받은 돈에는 늘 과세가 되는 것일까? 답은 '그렇지 않다'이다. 전답을 작물 재배에 이용하도록 빌려 준 경우와 원칙적으로 1채 이하 주택의 임대소득은 과세 대상이 아니다. 다만, 1채 이하의 임대라도 그 주택이 고가주택인 경우와 2채 이상을 소유하고 1채라도 임대하는 경우 원칙적으로 과세 대상이 된다.

소액 월세에 대해서는 분리과세가 적용된다

정부와 국회는 2주택 이상을 보유한 경우로써 연간 주택임대소득이 2,000만 원 이하에 해당하면 2018년까지 한시적으로 비과세를, 그리고 2019년 이후부터는 분리과세(14%)를 적용하도록 법을 개정시켰다. 주택월세 소득이 소액인 임대사업자들로 하여금 안정적으로 임대하는 것을 장려하기 위해서다. 참고로 주택 수는 부부가 소유한 주택을 합산해 판정하므로 자녀가 보유한 주택 수는 제외된다. 이렇게 합산한 주택 수가 2주택 이상인 경우 개인별로 주택임대소득이 연간 2,000만 원(따라서 부부 기준 4,000만 원까지 분리과세 가능함)에 미달하면 분리과세가 적용되고 이 금액을 초과하는 경우에는 무조건 종합과세가 적용된다. 이런 반면 1주택자들은 기준시가가 12억 원(2022년 9억 원)을 넘지 않는 한 월세소득이 2,000만 원을 초과하더라도 과세가 되지 않으며 12억 원을 초과하면 무조건 종합과세가 적용된다. 이러한 내용을 표로 정리하면 다음과 같다.

구분		과세 여부와 과세 방식
1주택인 경우	기준시가 12억 원 이하	• 2,000만 원 이하 시: 과세 제외 • 2,000만 원 초과 시: 과세 제외
	기준시가 12억 원 초과	• 2,000만 원 이하 시: 분리과세 • 2,000만 원 초과 시: 종합과세
2주택 이상인 경우	기준시가 불문	• 2,000만 원 이하 시: 분리과세 • 2,000만 원 초과 시: 종합과세

한편 전세보증금의 경우에는 전용면적 40m² 이하이면서 기준시가 2억 원 이하인 주택을 제외한 주택 수가 3채 이상인 경우에는 전세보증금 합계액이 3억 원을 초과해야 과세되나 이 경우에도 생각보다 세금이 미미하므로 이에 대해서는 걱정할 필요가 없다.

"아, 그렇군요. 설명을 들으니까 저희 어머니의 경우 세금이 어떻게 되는지 알 거 같아요."

"그러세요? 그럼 한번 말씀해 보세요."

"네, 저희 어머니가 받고 있는 월세가 2,000만 원이 안 되므로 분리과세가 됩니다. 그런데 세무사님, 이 분리과세가 적용되면 세금은 얼마나 나올까요?"

"일단 분리과세는 저렴하게 나오는 과세 방식이니 안심하셔도 됩니다. 만일 월세가 연간 1,200만 원이라면 이 중 50%(등록 시 60%) 정도는 경비로 인정해 주고, 또 200만 원(등록 시 400만 원)을 추가로 공제해 주는데 이를 반영해서 과세표준을 계산하면 400만 원 정도 나옵니다. 이에 세율 14%를 곱하면 56만 원 정도가 나오는군요. 이 금액 정도 납부해야 한다고 보시면 되겠네요."

"아하, 분리과세라도 세금이 조금은 나오는군요."

"맞아요. 이제부터는 조금씩 세금을 내야 할 겁니다. 물론 임대사업자등록을 하면 30~75%(2주택 이상은 20~50%)를 깎아 주죠."

임대사업용 주택의 취득과 양도, 이것만은 주의하자

주택임대사업자가 임대할 목적을 갖고 최초로 분양받은 공동주택(다세대·연립주택 포함) 중에서 18평(60m²) 이하의 주택과 주거용 오피스텔은 취득세 등을 100% 면제받을 수 있다. 다만 사용승인 전에 관할 시·군·구청에 사업자등록을 해야 하고 취득한 지 60일 이내에 이전등기를 해야 하고 임대 목적으로만 사용해야 한다. 참고로 2020년 8월 18일 이후부터는 10년 장기로 임대한 경우에 이러한 혜택이 주어진다(2025년에 6년 단기 임대 제도가 도입될 전망이다).

그리고 보유 중에는 재산세가 감면되고 종합부동산세 과세에서 제외한다. 다만 재산세를 감면받으려면 소형 주택을 2채(2019년부터는 다가구주택도 포함) 이상 임대해야 하며 종부세는 1채 이상이면 비과세를 받을 수 있다.

한편 관할 세무서에도 등록한 임대사업자가 거주용 주택을 처분하면 비과세를 적용하고 있다. 다만, 이 거주용 주택은 전국적으로 2년 거주 요건을 충족해야 한다(주의). 임대주택에 대한 과세 판정은 임대개시 시점, 임대 기간, 사업자등록 여부, 임대주택 수 등에 따라 달라진다.

주택임대사업자의 혜택

주택임대사업자에 대한 세제 혜택은 지방세와 국세 등 모든 세목에 걸쳐 아래와 같이 적용된다. 참고로 2018년 9월 14일 이후 조정대상지역 내에서 주택을 취득해 임대한 경우에는 대부분의 세금 혜택이 소멸되었다.

구분		감면 요건 및 감면 내용	
		요건	내용
취득세 감면		신규 공동주택, 60m² 이하	취득세의 85~100% 감면
재산세 감면		공동주택(2019년부터 다가구주택 포함), 국민주택 규모 이하, 2호 이상	재산세의 25~100% 감면
종부세 비과세		등록 시 기준시가 6억 원(지방은 3억 원) 이하, 5년(2018. 4. 1. 이후 등록 시는 8~10년) 이상 임대	비과세(단, 2018. 9. 14. 이후 조정대상지역 내 주택 취득 후 임대 시는 종부세 과세)
임대 소득세	비과세	기준시가 12억 원 이하인 1주택 소유자	비과세
	세액감면	국민주택 규모 이하, 기준시가 6억 원 이하	세액감면 30~75%(2주택 이상은 2021년: 20~50%)
양도세	거주 주택 비과세	등록 시 기준시가 6억 원(3억 원) 이하, 5~10년 이상 임대, 거주 주택은 2년 거주	비과세(2019. 2. 12. 이후는 평생 1회 적용)
	양도세 중과세 적용 배제	등록 시 기준시가 6억 원(3억 원) 이하, 5년(8년) 이상 임대	중과세 배제(단, 2018. 9. 14. 이후 조정대상지역 내 주택 취득 후 임대 시는 중과세 적용)
조특법상 감면	장기보유 특별공제 50%, 70% 적용	국민주택 규모 이하, 8년 10년 이상 장기 임대주택으로 등록(매입 임대는 2020. 12. 31. 만료)	장기보유 특별공제 확대 적용 및 양도세 감면 시행(단, 2018. 9. 14. 이후 취득 시는 국민주택 규모 이하이고 기준시가 6억·3억 원 이하인 주택만 감면 가능)
	양도세 감면 (100%)	국민주택 규모 이하, 취득일~3개월 내에 준공공으로 등록, 10년 임대(단, 2018. 12. 31. 만료)	

※ **거주 요건 미적용 특례 일몰**
무주택자가 조정대상지역 내의 1주택을 임대등록한 경우 거주 요건을 적용하지 않는 특례는 2019년 12월 16일에 종료되었다.

158 합법적으로 세금 안 내는 110가지 방법 | 개인편

최근 강화된 주택임대사업자에 대한 규제

최근 강화된 주택임대사업자에 대한 세법 등의 규제 내용을 정리하면 아래와 같다.

첫째, 조정대상지역 내 신규 임대주택사업자에 대한 세제 지원이 중단되었다.
2018년 9월 14일 이후 조정대상지역 내에서 주택을 취득해 신규로 임대사업자등록을 하는 경우 종부세를 과세하는 한편 양도세 중과세를 적용한다. 다만, 조정대상지역에서 해제된 경우에는 종부세 합산 배제가 가능하며 양도세 중과세는 적용되지 않는다.

둘째, 임대사업자의 거주 주택에 대한 비과세 횟수가 1회로 제한되었다.
2019년 2월 12일 이후 취득한 주택 1채에 대해서만 양도세 비과세를 허용한다. 만일 2019년 2월 12일 이전에 비과세를 받은 경우에는 더 이상 비과세를 받을 수 없음에 유의해야 한다.

셋째, 임대료 상한룰 5% 미준수 시 그리고 의무임대 기간 내에 중도 매각 시 과태료가 3,000만 원까지 인상되었다.
주택임대사업자는 임대차계약 시마다 월세나 보증금을 5% 내에서 올려야 한다. 이를 지키지 않으면 과태료가 3,000만 원까지 발생한다. 한편 단기 임대는 4년, 장기 임대는 8년 이상 임대하지 않으면 앞의 과태료가 또 발생한다. 다만, 주택임대사업자에게 사업 자체를 포괄적으로 양도하면 중도 매각에 따른 과태료를 면제한다. 한편 의무임대 기간은 민간임대주택법의 개정에 따라 자동말소 등이 되는 경우 이를 지키지 않아도 과태료가 부과되지 않는다. 아래에서 정리한다.

넷째, 임대료 상한룰 5% 미준수 시 각종 세제 지원이 박탈된다.

2019년 2월 12일 이후에 갱신하거나 신규로 임대차계약을 맺는 것을 대상으로 이러한 의무를 갖추지 않으면 각종 세제 지원이 적용되지 않음에 유의해야 한다.

다섯째, 최근 민간임대주택법의 개정에 따라 세제가 확 바뀌었다.

2020년 8월 18일 이후부터 4년 단기 임대등록 제도는 폐지되었으며, 아파트를 제외한 다세대주택 등은 10년 장기 임대로만 등록이 가능하다(2025년에는 6년 단기 임대 제도가 새롭게 선보일 전망이다). 기등록자의 경우 4년, 8년 의무임대 기간이 경과하면 등록이 자동말소되며, 이 기간이 경과하기 전이라도 자진하여 등록을 말소할 수 있도록 법이 개정되었다. 물론 이렇게 자진말소한 경우 과태료를 면제한다. 한편 세제의 경우 이미 받은 혜택은 그대로 인정하며, 임대주택을 처분하면 중과세에서 제외한다. 다만, 자진말소의 경우에는 의무임대 기간의 1/2 이상 임대한 상태에서 말소하고, 말소일로부터 1년 내에 처분해야 중과세를 적용하지 않는다. 자동말소와는 약간 차이가 난다. 이 외 본인이 거주한 주택은 자동말소나 자진말소 모두 말소일로부터 5년 내에 처분해야 비과세를 적용한다(좀 더 자세한 내용은 210쪽을 참조할 것).

※ **저자 주**
말소된 주택을 보유하고 있으면 종부세가 크게 증가할 수 있다. 3주택 이상 보유하는 경우 종부세 중과세가 적용되기 때문이다(단, 과세표준 12억 원 초과분에 한함). 따라서 6월 1일이 되기 전에 처분 등의 방법으로 주택 수를 정리하는 것이 좋을 것으로 보인다.

상가 분양을 받았다면 부가세를 돌려받자

"고 세무사님! 전화 좀 받아 주세요. 상가 분양을 받으신 분인데 상담을 원하십니다."

든든세무법인 사무실은 아침부터 몰려드는 상담 전화로 잠시도 조용할 때가 없었다. 신참내기 야무진도 고객에게 걸려 온 상담 전화를 고 세무사에게 막 돌려 주려던 참이었다.

"그 정도면 야무진 씨도 응대할 수 있지 않나요?"

"네? 글쎄요……. 아직은… 어려운데요."

기어 들어가는 목소리로 자신없는 대답을 하며 간신히 전화를 돌린 야무진. 그동안 상가는 자신과 전혀 상관없는 분야라고만 생각하고 있었는데 앞으로는 상가와 관련된 세금도 기본은 알아 두어야겠다고 느끼는 순간이었다.

고단수 세무사에게 상담을 의뢰한 이임대 씨는 부자은행에 근무하고 있는 평범한 샐러리맨이었다. 평소 재테크에 관심이 많았던 그는 지금까지 모아 둔 여유자금으로 대형 쇼핑몰 업체에서 시행하는 상가를 임대 목적으로 분양받았다. 분양가는 1억 5,000만 원이었지만 보증금 5,000만 원에 월세 150만 원은 충분히 받을 수 있으리라는 마음속 계산이 있었던 것이다. 그런 이 씨가 왜 상가 분양에 대해 상담을 요청한 것일까?

"안녕하세요. 상담을 좀 받았으면 해서요."

"네, 편하게 말씀하십시오. 최선을 다해 도와드리겠습니다."

"오늘 상가를 분양받았습니다. 그런데 분양하는 측에서 세무신고를 하면 부가가치세를 환급해 준다고 하는데 사업자등록을 해야 한다고 하더군요. 사업자등록은 꼭 해야 합니까? 주위의 어떤 사람은 사업자등록 없이도 사업을 하던데 그냥 사업자등록을 하지 않으면 안 되는 건가요?"

세금 이해의 길은 험난하지만 절세의 열매는 달다. 에잉, 공부 더 하자!

"하나씩 말씀드리겠습니다. 먼저 그 상가 건물에는 부가가치세가 포함되어 있는데요. 계약 시점에 상가를 임대하는 경우라면 부가가치세를 환급받기 위해 임대사업자로 사업자등록(일반과세자)을 내야 합니다. 물론 사업자등록을 안 하는 경우도 종종 있지만 그렇게 되면 부가가치세를 환급받을 수 없을 뿐더러 나중에 임대사업을 하고 있다는 사실이 밝혀지면 그동안 밀렸던 세금을 모두 한꺼번에 내야 합니다."

"아, 그렇게 되는군요. 그렇다면 사업자등록을 하고 부가가치세를 환급받으면 되겠네요. 그럼 다음에 올 세무 문제는 또 어떤 게 있습니까?"

"일단 사업자에 해당하므로 부가가치세와 소득세 납세의무가 발생합니다. 부가가치세는 6개월 단위로 월세의 10%와 보증금 이자의 10%를 납부하게 됩니다."

상가 분양과 함께 돌려받는 부가가치세

여기서 고 세무사가 말한 부가가치세를 계산해 보자. 이임대 씨가 상가를 임대해서 얻는 보증금은 5,000만 원이고 달마다 얻는 월세 수익은 150만 원이다. 그러면 이 씨의 상가 임대수익에 대한 부가가치세는 6개월 동안 받는 월세 수익의 총합 900만 원의 10%인 90만 원에 보증금 5,000만 원에 대한 이자 88만 원(5,000만 원×3.5%×6개월/12개월)의 10%인 9만 원을 합해 99만 원 정도 된다. 여기서 임대보증금을 이자 상당액으로 환산해 부가가치세를 과세하는 것은 월세와 형평성을 맞추기 위한 조치다. 또한 위의 이자율 3.5%는 국세청에서 수시로 정하고 있다(2024년 3.5%로 고시됨).

그러면 분양 시 지급한 부가가치세를 어떻게 돌려받을 수 있을까? 예를 들어 살펴보자.

1억 원짜리 상가를 분양받거나 구입하면 그중 건물 분에 해당하는 금액에 대해서 부가가치세 10%가 과세된다. 1억 원짜리 상가에서 건물 가치가 차지하는 비중이 50%라면 대략 1억 원의 50%인 5,000만 원의 10%에 해당하는 500만 원이 부가가치세로 과세된다는 것이다. 따라서 이 부가가치세 500만 원을 돌려받기 위해서는 다음의 조치들이 필요하다.

먼저 사업자등록을 반드시 해야 한다. 사업자등록 신청을 할 때는 간이과세자가 아닌 일반과세자로 기재해야 환급된다는 사실에 주목할 필요가 있다. 여기서 간이과세자는 사업 규모가 연간 4,800만 원(임대업 외는 2024년 7월 1일부터 1억 400만 원)에 미달한 사업자를 가리킨다. 반대로 일반과세자는 비교적 사업 규모가 있는 사업자, 또는 연간 수입금액은 위 금액에 미달하더라도 간이과세를 받을 수 없는 업종 등에 종사하는 사업자를 말한다. 사업자등록 신청은 임대용 부동산 소재지에 있는 관할 세무서 1층에서 할 수 있다. 신청 서류는 그곳에 비치되어 있으며 분양계약서 사본 1부, 임대소득자의 도장, 신분증 등이 필요하다.

사업자등록을 제때(법상 과세기간 종료일 20일 내가 원칙) 하는 것을 놓쳐 늦게 하면 부가가치세를 환급받을 수 없다는 사실도 중요하다. 따라서 분양 계약을 체결하자마자 곧바로 사업자등록을 신청해야 한다. 사업자등록은 원칙적으로 사업을 개시한 날로부터 20일 이내에 해야 하지만 사업 개시 전에도 신청할 수 있다. 이렇게 일단 사업자등록을 하고 나면 1년에 2번 하는 부가가치세 신고와 1년에 1번 하는 종합소득 신고의무가 발생한다.

이어 고 세무사는 상가 임대소득과 관련된 세금 가운데 하나인 임대소득세에 대해서도 설명하기 시작했다.

"임대소득세는 월세와 임대보증금의 이자 상당액(간주임대료)을 수입금액으로 보고, 이 수입금액에서 필요경비를 차감하는 과세소득을 통상 수입금액의 60%로 보게 됩니다. 이 과세소득은 이임대 님의 다른 종합소득(근로소득이나 사업소득 등)과 합산되어 누진세율로 과세됩니다."

"좀전에 과세소득은 수입금액의 60%라고 하셨는데 그러면 1년간 총 월세가 2,000만 원이라면 이 금액의 60%인 1,200만 원에 대해 세금이 부과된다는 뜻인가요?"

"맞습니다. 그런데 여기서 한 가지 더 고려해야 할 사항이 있습니다. 세법에서는 장부를 작성하지 않으면 위 금액에다 20% 정도 더 붙여서 무기장 가산세를 물립니다. 다만 연간 수입금액이 4,800만 원에 미달하면 무기장 가산세는 없습니다."

임대업이 본업이 아니라면 장부는 필요 없다

임대사업을 전문적으로 하는 경우에는 장부를 작성하지만 그렇지 않은 대부분의 경우에는 장부를 작성하지 않는다. 만일 직장인이 본업인 직장 생활은 계속 유지하면서 부수입을 얻고자 상가나 오피스텔을 임대하는 경우에는 수입금액이 그렇게 크지 않으므로 따로 장부를 만들지 않아도 큰 문제는 없다.

"그렇다면 제가 연봉 5,000만 원인데요. 작년에 15%의 세율구간으로 연말정산이 되었습니다. 그러면 앞으로 임대소득 때문에 추가되는 세금은 얼마나 될까요?"

"이임대 님의 한계세율은 15%이므로 지방소득세를 합하면 모두 16.5%가 됩니다. 이 세율이 유지된다고 가정하고 위 부동산 과세소득에 세율을 곱해 보면 198만 원 정도가 추가로 발생합니다."

"뭐라고요? 아니, 그러면 한 달치 이상의 월세가 세금으로 다 나가 버린다는 말씀이십니까?"

"그렇죠."

"에이, 고 세무사님. 그렇게 짧게 대답만 하지 마시고요. 혹시 절세할 수 있는 방법은 없을까요? 만약 부동산을 배우자 명의로 하면 어떻습니까? 제 부인이 현재 소득이 없거든요."

"제가 누굽니까? 당연히 방법을 가르쳐 드려야지요. 세테크 차원에서 확실한 절세 방법을 가르쳐 드리겠습니다."

상가 분양을 받아 본인이나 가족이 사용할 경우 나타나는 문제점

만일 본인의 사업에 본인이 분양받은 상가를 사용하고자 한다면 분양 계약 시 일반과세자로 사업자등록을 하면 부가가치세를 환급받을 수 있게 된다. 다만 병원, 의원, 학원 등 면세 업종은 환급이 되지 않는다. 또 간이과세자로 사업자 등록을 해도 환급을 받을 수 없다.

한편, 가족이 사업용으로 사용하는 경우에는 본인은 임대자 지위에 있으므로 일반과세자로 등록하면 환급이 가능하다. 다만 가족 간에 임대차계약 때는 임대료 수준을 잘 결정해야 세무상 문제점을 피할 수 있게 된다.

임대소득자가 누구냐에 따라 세금이 엄청 차이 난다

상가나 사무실형 오피스텔을 분양받아 임대하는 사람이라면 누구나 임대소득자를 누구로 정해야 할지 고민하게 된다. 부동산 임대소득이 종합소득에 해당하기 때문에 다른 소득과 합산되어 과세가 되는데, 그러면 종전에 내던 세금과 차이가 생기기 때문이다.

앞서 고 세무사와 상담 중이던 이임대 씨는 세금을 줄이기 위해 분양받은 상가의 명의를 부인 앞으로 하면 어떻겠냐는 질문을 던졌다. 이에 고 세무사는 절세할 수 있는 좋은 방법을 가르쳐 주겠다고 시원하게 대답했다. 과연 어떤 방법이 숨어 있는 걸까?

"아까 이임대 님이 상가 명의를 누구로 하면 좋겠냐고 물으셨죠? 이임대 님이 언급하신 그 방법은 통상적으로 이용할 수 있는 방법입니다. 부동산 임대소득을 다른 사람 앞으로 하면 누진세율 특성에 따라 세금이 줄어들기 때문이죠. 그러면 세금이 얼마나 줄어드는지 같이 계산해 볼까요?"

① 부인을 임대소득자로 하는 경우
- 소득금액 = 2,000만 원×60% = 1,200만 원
- 과세표준 = 1,200만 원-200만 원* = 1,000만 원

    * 기본공제＋부녀자 추가공제 = 150만 원＋50만 원 = 200만 원

- 산출세액 = 1,000만 원×6% = 60만 원

② 이임대 씨를 임대소득자로 하는 경우
- 산출세액 = 1,200만 원×15%(한계세율) = 180만 원

③ 차이(①-②+22만 5,000원)
    60만 원-180만 원+22만 5,000원 = △97만 5,000원

※ 부인 앞으로 명의를 이전하면 소득공제에서 배우자 공제를 받을 수 없기 때문에 22만 5,000원(=150만 원×15%)의 세액이 증가된다.

결과적으로 명의를 이전하지 않으면 남편 앞으로 지방소득세를 제외한 180만 원의 세금이 추가로 발생하게 된다. 반면 명의를 부인 앞으로 이전하면 세금은 대략 82만 5,000원(60만 원＋22만 5,000원)이

발생한다. 명의를 남편 앞으로 했을 때보다 97만 5,000원이 절감된다 (단, 부동산 임대소득자에 대해서는 지역에서 건강보험료가 부과될 수 있으므로 사전에 이 부분을 검토해야 한다).

부인 앞으로 명의를 이전하면 90만 원 넘게 절세된다는 사실을 안 이임대 씨는 아내 앞으로 명의를 이전하고 싶었다. 하지만 소득이 없는 부인 앞으로 명의를 이전해도 아무런 문제가 없는지 궁금해졌다.

"그런데 제 아내는 소득이 없는데 어떡하죠? 상가는 제 명의로 하고 사업자등록만 아내 이름으로 해도 되나요?"

"그렇지는 않습니다. 일단 임대물건 소유자와 임대 명의자는 같아야 합니다. 따라서 상가 명의까지 부인 앞으로 하셔야 됩니다. 물론 부인 명의로 하는 경우에는 자금출처조사 대상자에 해당합니다. 보통 40세 이하의 사람이 상가를 취득한 경우 계약서에 기재된 금액이 5,000만 원이 넘으면 자금출처조사 대상이 되거든요."

"그렇다면 자금출처 입증을 하지 못하면 증여세가 과세될 것 같은데요. 증여세 신고도 해야겠군요?"

"네, 그렇죠. 증여세 신고를 하시면 됩니다. 하지만 배우자 간 증여세는 6억 원이 넘어야 과세되므로 이번 일에는 증여세가 과세되지 않습니다. 증여를 하기 위해서는 증여등기가 필요하고요. 아, 물론 그에 대한 취득세 등을 4%(농특세와 지방교육세 포함) 부담해야 합니다. 따라서 명의 이전은 이러한 비용을 감안해 종합적으로 알아봐야 합니다."

"휴, 정말 어렵고도 복잡하군요. 그럼 결론적으로 어떻게 해야 좋을지 명쾌하게 정리 좀 부탁드립니다."

"우선 상가 보유 기간이 얼마나 될지 예상하고 그 기간 동안의 현금흐름을 예측해 보시기 바랍니다. 예를 들어 5년간 보유한다면 절세 금액이 대략 490만 원(5년×97만 5,000원)이 되며, 그러면 증여로 생긴 취득세 등으로 300만 원 정도를 소요한다고 해도 190만 원의 이익이 생기는 것입니다. 물론 이임대 님의 근로소득이 더 늘어나면 절세 효과는 그만큼 더 커지겠지요. 하지만 요즘은 건강보험료도 점점 증가하고 있으니 이 부분도 고려해야겠지요."

"아하! 그렇군요. 이럴 경우에는 일반적으로 한계세율이 낮은 쪽으로 소득을 분산시키면 세금이 줄어들지만 그와 관련된 비용(예: 건강보험료 등)이 더 늘어날 수도 있으니까 종합적으로 검토해야 한다는 말씀이시죠?"

"바로 그겁니다. 그렇게 잘 아시면서 왜 어렵다고만 하셨어요. 말씀하신 대로 하는 것이 세금을 줄일 수 있는 방법입니다. 입으로는 절세를 외치면서도 종합적으로 검토하지 않으면 나중에 어딘가 모르게 새는 곳이 반드시 있게 마련이거든요."

"오늘 좋은 답변 정말 감사합니다. 이제 세금이 어렵고 복잡하게만 느껴지지는 않는군요."

"감사합니다."

고 세무사와 전화 상담을 한 뒤 이임대 씨는 상가 건물에 관련된 세테크의 기본 원리를 알게 된 것만으로도 부자가 된 것 같아 기분이 날 듯이 상쾌했다.

상가 건물을 팔 때 양도소득세와 부가가치세가 따라온다

'우와! 저 높은 빌딩 좀 봐. 저런 빌딩 가진 사람은 얼마나 좋을까! 가만 있어도 돈이 저절로 굴러 들어오니 살맛 날 거야.'

이절세를 만나러 가는 길, 버스 창밖으로 보이는 수많은 건물들을 보면서 야무진은 '저 많고 많은 빌딩과 상가의 주인은 다들 어떤 사람들일까?' 하는 조금은 엉뚱한 호기심에 빠져들었다.

직장 생활을 어느 정도 한 샐러리맨의 경우, 재테크 수단으로 가장 먼저 부동산 양도차익이나 임대소득을 떠올릴 것이다. 성공적인 투자를 한 경우에는 양도차익이나 임대소득이 주는 여유를 맘껏 누릴 수 있지만 이러한 소득은 상당한 정보를 필요로 할뿐더러 사고파는 타이

가만 들여다보면 세금 잡는 길이 보인다구!

밍을 잘 맞춰야 한다. 게다가 막대한 투자 자금이 필요하기에 쉽게 도전하기도 어려운 일이다.

임대용 물건을 사는 시점은 주로 직장을 은퇴하고 난 이후가 된다. 평범한 샐러리맨의 경우에는 주택이나 오피스텔 등 투자액이 비교적 적게 소요되는 투자 대상을 찾게 될 것이고, 자금 여력이 있는 기업이나 넉넉한 개인은 집단상가(쇼핑몰)나 큰 빌딩을 통째로 매입해 리모델링한 다음 되팔거나 임대사업에 이용할 수 있을 것이다.

만약에 상가나 사무실 등을 임대하다가 양도할 때는 어떤 세금이 붙게 될까?

먼저 상가 건물에 대해서는 무조건 양도소득세가 과세된다. 모든 부동산에 대해서는 실거래가로 양도소득세를 신고해야 한다. 그렇게 되면 많은 세금이 부과된다. 상가의 경우 기준시가와 실거래가의 차이가 심하게 나기 때문이다.

한편 상가 건물에 대해서는 부가가치세가 과세된다. 과세 기준은 실제거래가액 중에서 건물분에 대해서만 10%를 과세한다. 토지공급분에 대해서는 부가가치세가 과세되지 않는다. 실무적으로 매매계약을 체결할 때는 이러한 부가가치세 문제를 놓쳐 분쟁거리를 만드는 경우가 종종 있다. 따라서 매매계약을 체결할 때는 부가가치세가 얼마인지 확실히 알아보고 누가 부담할 것인지도 명확히 한 다음 계약하자.

만일 부가가치세 없이 거래를 하고 싶다면 포괄 양수도 계약*을 체결하면 된다.

* 포괄 양수도 계약은 사업에 관한 모든 권리와 의무를 매수자에게 넘기는 계약을 말한다. 계약서에 특약으로 정할 수 있으나 세부적으로 지켜야 할 것들이 많음에 유의하자.

> **TIP**
>
> ## 상가빌딩, 상가주택, 토지 등에 대한 세무처리법
>
> 상가빌딩이나 상가주택, 토지 등에 대한 자세한 세무처리법은 이 책의 자매서인 『부동산편』을 참조하자.

양도소득세 공략, 그대로 따라 하기

" 뛰는 세금 위에
나는 절세 !! "

절세의 기본, 취득·양도 시기를 파악하라

오늘 이절세와 야무진이 결혼식을 올렸다. 마침내 맞이한 신혼 첫 날밤, 둘은 앞으로 함께할 삶에 대해 진지한 대화를 나누고 있다. 그런데 야무진이 세금에 대한 얘기를 꺼냈다.

"있잖아, 언젠가 부동산 세법 공부를 제대로 하려면 양도 개념, 취득 시기, 양도 시기를 잘 알아야 한다는 말을 들었어. 어때? 자기도 이 말에 동의해?"

"글쎄……. 갑자기 그건 왜 물어? 나야 동의하지. 부동산이라는 게 결국 사고파는 건데 취득과 양도에 대해 모르면 안 되지 않을까?"

"자기가 봐도 그렇지? 근데도 요새 사무실에서 보면 황당한 일들이 많아. 취득 시기나 양도 시기도 제대로 모르면서 세테크다 뭐다 하면서 잘난 척하는 사람들이 많더라고. 쳇, 기본이 돼야 세테크도 할 수 있는 거 아닌가? 물론 나도 잘 아는 건 아니지만……."

"그래, 나도 어쩌면 가장 기본이 되는 것들을 놓친 채 먼 산만 바라보고 있었는지도 모르겠다. 이제라도 우리 둘이 같이 공부해 보면 어떨까?"

"그럴까? 그거 괜찮은 생각인데? 둘이 같이 공부하면 더 즐겁게 할 수 있을 거야."

두 사람은 행복한 미래를 설계하며 달콤한 첫날밤을 보냈다.

지금까지 많다 싶은 양도소득세 때문에 한숨을 내쉰 적이 있을 것이다. 혹 없었다 하더라도 부동산이 확실한 재테크 수단으로 자리 잡은 지금, 당신도 분명 앞으로 양도소득세 문제로 걱정 한두 번은 하게 될 것이다.

부동산 투자로 쏠쏠한 재미를 보고 있는 주변 사람들에게 자극받아, 또는 지금이 바닥이라고 생각하고 본격적인 부동산 재테크에 뛰어든 당신. 그런 당신이 가장 먼저 해야 할 일은 무엇일까? 먼저 적절한 재테크 대상을 골랐다면 자칫 거래에 치우쳐 놓칠 수 있는 세금을 잡기 위한 세테크를 머릿속에 두고 일을 진행해야 한다.

신문·방송을 보면 지나친 부동산 열기를 잡으려는 정부 정책 때문에 정확한 정보 없이는 부동산으로 돈 벌기가 훨씬 더 어려워졌음을 알 수 있다. 물론 경기가 침체기에 들어설 때는 각종 규제 제도들이 풀리곤 한다.

하지만 미리 겁먹을 필요는 없다. 이제부터 소개되는 내용들만 잘 이해해도 여러분의 부동산 투자 수익률은 껑충 뛰게 될 것이니 말이다.

양도 개념을 알아야 양도소득세가 보인다

양도소득이란 일정한 자산의 양도로 발생하는 소득이다. 이러한 양도소득은 부동산 매매 그 자체를 목적으로 삼아 벌어들이는 사업소득과는 다르다.

여기서 '양도'란 자산에 대한 등기나 등록에 관계없이 매도·교환·현물출자 등에 의해 그 자산이 유상으로 사실상 이전되는 것을 말한다. 다시 말해 통상적인 매매뿐만 아니라 부동산을 교환하거나 회사에 출자하는 등의 경우도 모두 금전거래로 보고 양도소득세를 과세한다는 것이다. 따라서 증여나 상속을 통해 무상으로 자산이 이전되는 경우에는 양도소득세가 아닌, 상속세나 증여세가 부과된다.

또 부담부 증여가 인정되는 경우에는 부담부 증여가액 가운데 일부가 양도에 해당한다. '부담부 증여'란 채무를 인수 조건으로 하고 증여하는 것을 말한다. 채무가 증여재산가액에서 빠지는 경우 채무에 상당하는 증여재산가액에는 양도소득세가, 채무 이외의 증여재산가액에는 증여세가 과세된다.

예를 들면 증여재산 1억 원 중 채무가 3,000만 원 포함되어 있다면, 3,000만 원에 대해서는 양도소득세, 나머지 7,000만 원에 대해서는 증여세가 과세된다는 것이다.

양도소득세가 과세되는 자산 범위

그렇다고 모든 거래에 양도소득세가 따라오는 것은 아니다. 양도소득세의 과세 대상 자산은 다음 표에서 보는 것과 같이 한정된다. 이 가운데 부동산과 분양권 및 각종 회원권 등은 우리 일상과 밀접한 관련을 맺는 항목이므로 잘 알아 두자.

구분	과세 대상
토지와 건물	부속 시설물과 구축물 포함
부동산 권리	• 부동산을 취득할 수 있는 권리(분양권 등) • 부동산을 이용할 수 있는 권리(지상권, 전세권 등)
주식·출자지분	• 상장법인(또는 협회등록법인): 대주주의 거래분과 장외거래분 • 비상장법인의 주식: 모두 과세
기타 자산	• 특정 주식(부동산 과다 법인의 주식, 골프 등 업종 영위 법인의 주식 등) • 골프, 헬스클럽, 콘도미니엄 회원권 • 토지, 건물, 부동산 권리와 함께 양도하는 영업권

또 주식이라고 해서 전부 양도소득세가 과세되는 것은 아니다. 표에서 보듯이 상장법인이나 코스닥등록법인 등이 발행한 주식을 양도하는 경우에는 대주주가 아니라면 거의 과세되지 않는다. 쉽게 말해 소액주주가 양도한 주식에 대해서는 양도소득세를 과세하지 않는다는 뜻이다.

아주아주 중요한 양도 시기와 취득 시기

토지·건물 등의 자산 거래는 '매매계약 체결 → 계약금 지급 → 중도금 지급 → 대금 청산 및 소유권 이전' 과정을 거쳐 이루어진다. 그렇다면 거래 과정 중에서 어떤 단계를 기준으로 자산의 양도 시기나 취득 시기를 결정해야 할까? 취득 시기와 양도 시기는 양도소득의 귀속 연도·장기보유 특별공제액 크기·세율 적용 등을 결정하는 요인으로 세금의 크기에 영향을 미치기 때문에 반드시 알아 두어야 한다. 따라서 취득·양도 시기를 파악하는 아래의 표를 반드시 기억하도록 하자.

유형		내용
유상취득·양도	원칙	대금을 청산한 날
	예외	• 대금 청산일이 분명하지 않은 경우 : 등기 접수일(또는 명의개서일) • 대금 청산 전에 이전등기를 한 경우 : 등기 접수일
상속 또는 증여에 의한 취득		• 상속 : 상속이 개시된 날 • 증여 : 증여받은 날

통상적인 매매를 했다면 취득·양도 시기는 잔금 지급일이 되지만 그 이전에 소유권 이전등기가 이루어졌다면 등기 접수일이 취득·양도 시기가 되는 것 또한 눈여겨봐 두어야 한다.

양도 시기에 따라 세금도 천차만별

어쩌면 여기까지 읽고도 분명 "에이, 그깟 하루 이틀 가지고 세금이 늘어 봤자 뭐 얼마나 붙겠어?" 하는 사람도 있을 것이다. 그런 사람들을 위해 잘 챙긴 양도 시기 하루 이틀이 세금을 얼마나 줄여 주는지 구체적인 예를 들어 함께 살펴보도록 하자.

양도소득세가 과세되는 부동산을 팔아서 5,000만 원의 차익을 얻을 수 있다고 할 때, 부동산 보유 기간이 2년 이상인 경우와 하루 모자라 2년이 안 되는 경우 세금의 차이는 얼마나 생길까? 양도차익만을 가지고 소득세 산출세액을 구해 비교해 보면 다음과 같다. 참고로 주택은 보유 기간이 1년 미만이면 70%, 1~2년 미만이면 60%, 2년 이상이면 6~45%가 적용된다.

- 보유 기간이 2년 이상인 경우 산출세액
  5,000만 원 × 15% - 126만 원 = 624만 원
- 보유 기간이 2년 미만인 경우 산출세액
  5,000만 원 × 60% = 3,000만 원
- 세금 차이
  3,000만 원 - 624만 원 = 2,376만 원

이처럼 고작 단 하루 차이로 세금은 큰 차이를 보인다. 따라서 양도소득세가 걱정된다면 취득이나 양도 시기를 잘 통제해야 한다(물론 이러한 매수와 매도 타이밍을 잡을 때는 시세와 개인의 자금 상황을 먼저 검토하고 세금의 영향 등은 그 뒤에 검토하면 될 것이다). 매매계약서상 잔금 지급일과 등기 접수일 둘 가운데 빠른 날로 보는 취득 시기는 이미 결정되었으므로 절세를 위한 기간 조정은 양도 시기로 한다. 보유 기간 등이 세금에 영향을 끼칠 경우 잔금 지급 시기나 소유권 이전등기 시기를 조절해 대처하면 된다.

양도소득세 계산 구조

양도소득세는 다음과 같은 절차로 계산한다.

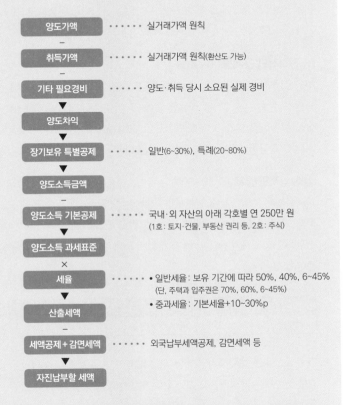

양도가액	···· 실거래가액 원칙
–	
취득가액	···· 실거래가액 원칙(환산도 가능)
–	
기타 필요경비	···· 양도·취득 당시 소요된 실제 경비
▼	
양도차익	
▼	
장기보유 특별공제	···· 일반(6~30%), 특례(20~80%)
▼	
양도소득금액	
–	
양도소득 기본공제	···· 국내·외 자산의 아래 각호별 연 250만 원 (1호 : 토지·건물, 부동산 권리 등, 2호 : 주식)
양도소득 과세표준	
×	
세율	···· • 일반세율 : 보유 기간에 따라 50%, 40%, 6~45% (단, 주택과 입주권은 70%, 60%, 6~45%) • 중과세율 : 기본세율+10~30%p
▼	
산출세액	
–	
세액공제 + 감면세액	···· 외국납부세액공제, 감면세액 등
▼	
자진납부할 세액	

※ 2021년 이후 고가주택에 대한 장기보유 특별공제(2년 미거주 시 6~30%를 적용)

보유 기간	3~4년	4~5년	5~6년	6~7년	7~8년	8~9년	9~10년	10년 이상
보유 기간	12%	16%	20%	24%	28%	32%	36%	40%
거주 기간*	12%	16%	20%	24%	28%	32%	36%	40%
계	24%	32%	40%	48%	56%	64%	72%	80%

* 2년 거주 시에는 8%를 적용함.

양도소득세에서의 핵심 제도인 장기보유 특별공제

장기보유 특별공제는 양도차익에서 물가상승률에 해당하는 상당액을 공제하는 것을 말한다. 그런데 요즘 이 제도가 상당히 복잡하게 운영되고 있다. 2024년 12월을 기준으로 이를 정리하면 아래와 같다.

① 원칙적인 공제율: 6~30%

부동산을 취득 후 3년 이상을 보유하면 최저 6%에서 최고 30%를 적용한다. 일단 3년 보유 시 6%를 적용한 후에 그 이후 매년 2%씩 적용하며 15년 이상을 보유하면 최고 30%를 적용한다. 2018년의 경우 3년 10%, 10년 이상 30%를 적용하던 것을 이와 같이 변경했다.

② 예외적인 공제율: 20~80%

과세되는 주택이 1세대 1주택에 해당하는 경우에 적용되는 공제율을 말한다. 통상 1세대 1주택은 비과세를 받을 수 있으나, 실거래가가 12억 원이 넘는 고가주택은 양도차익 중 일부에 대해서는 과세가 되는데 이때 아래와 같은 공제율이 적용된다.

보유 기간	3~4년	4~5년	5~6년	6~7년	7~8년	8~9년	9~10년	10년 이상
공제율	24%	32%	40%	48%	56%	64%	72%	80%

그런데 그동안 보유하기만 하면 적용하던 이 공제 제도를 2020년 1월 1일 이후에 양도하는 분부터는 아래와 같이 적용한다.

구분	2년 이상 거주 시	2년 미만 거주 시
장기보유 특별공제율	최대 80% 적용	최대 30% 적용

다만, 2021년 이후 양도분부터는 보유 기간과 거주 기간을 조합하여 최대 80%를 적용한다. 구체적인 공제율은 183쪽 하단을 참조하기 바란다. 참고로

최근 정부는 상생임대주택 제도를 도입해 임대료를 5% 이내에서 올린 임대주택에 대해 양도소득세 비과세와 장기보유 특별공제 적용에 필요한 '2년 거주 요건'을 면제하는 안을 확정했다. 따라서 공제율 등을 높이고 싶다면 이 제도를 활용하면 좋을 것으로 보인다.

③ 중과세 적용 대상인 주택에 대한 공제율 : 0%

원래 중과세 제도는 세율을 올려서 세 부담을 가중시키는 제도에 해당하나, 중과세 효과를 극대화하기 위해 장기보유 특별공제를 적용하지 않는 경우가 있다. 주택이 대표적이다.

④ 조세특례제한법상의 특례공제율 : 50~70%

조세특례제한법에서는 8년 이상 장기로 임대하는 장기 임대주택에 대해 이의 공제를 8~10년 미만 보유 시 50%, 10년 이상 보유 시 70%를 적용해 주고 있다. 여기서 장기 임대주택은 아래와 같은 요건을 충족한 주택을 말한다. 참고로 이 제도는 현재 건설 임대주택에 대해서만 적용되고 있다. 매입 임대주택에 대해서는 2020년 12월 31일까지 등록한 것만 인정하기 때문이다.

구분	감면 요건
장기보유 특별공제율	전용면적 85m² 이하일 것
가액 기준	2018년 9월 14일 이후 신규 취득 후 임대등록 시에는 기준시가 6억 원(비수도권은 3억 원) 이하일 것
임대료 상한 기준	임대료를 5% 이내에서 인상할 것(신규·갱신 시)

1세대 1주택은
세금 걱정이 없다

"고 세무사님! 저, 질문 한 가지 드려도 될까요?"

"아, 야무진 씨군요. 신혼여행 다녀오느라 피곤할 텐데, 쉬지도 않으시고 질문을 주시네요. 하하. 오늘은 뭐가 궁금하신지요?"

"헤헤. 제가 아니라 제 친구 얘기인데요. 친구가 집을 팔려고 하는데 세금이 얼마나 나올지 알아봐 달라고 해서요."

"그래요? 그 정도라면 야무진 씨가 해결해 줄 수 있지 않을까요?"

"아니에요. 제가 할 수 있는 거면 왜 고 세무사님을 귀찮게 해 드리겠어요. 너무 미워하지 마시고 가르쳐 주세요."

"에이, 그럼 무료 상담이 되는 거네요? 하하, 맨입으로는 곤란한데 말입니다."

"아이, 참. 고 세무사님. 오늘따라 왜 그러세요. 오늘 식사 대접해 드릴게요. 약속해요."

야무진은 고 세무사에게 친구 소유리의 이야기를 시작했다.

외국계 회사에 다니고 있는 소유리 씨는 현재 인천에 본인의 명의로 된 주택 1채를 가지고 있다. 그 집은 2년 이상 전세를 주고 부모님과 함께 살고 있다. 그녀의 부모님은 지금 살고 있는 집 1채만 가지고 있다(2021년부터 분양권도 주택 수에 포함됨에 유의할 것).

이런 상황에서 인천(2019년 취득)에 있는 소유리 씨 소유의 주택을 판다면 양도소득세가 과세되는지 함께 알아보자.

1세대 1주택 비과세 요건

주택을 팔면서 세금을 안 내려면 1세대가 1주택을 2년 이상 보유해야 한다. 한편 2017년 8월 3일 이후에 조정대상지역에서 주택을 취득한 경우에는 2년 이상 거주해야 한다.

1세대 1주택자가 양도소득세를 비과세 받기 위한 조건

첫째, 대상이 주택이어야 한다.

주택이란 주거용 건물로서 문서상의 용도가 아닌 사실상의 용도로 판정한다. 쉽게 예를 들어 설명하면 오피스텔이 서류에 사무실로 기재돼 있더라도 실제 거주용으로 사용한다면 그 오피스텔을 주택으로 본다는 것이다.

둘째, 1세대를 대상으로 한다.

1세대란 배우자와 기타 가족이 생계를 같이하고 있는 집단을 말한다. 이러한 가족 구성원들을 통틀어 1세대로 보는데, 판정은 주민등록 등본을 통해 이루어진다. 다만, 배우자가 없더라도 30세 이상이거나 중위소득 40% 이상의 소득세법상 소득이 있다면 1세대로 인정된다.

다만, 부모님이 따로 살고 계시지만 건강보험 등의 문제로 주민등록을 옮겨 놓은 상태에서 집을 양도하는 경우에는 1세대 1주택으로 보지 않을 수 있기 때문에 원치 않는 세금 문제를 겪을 수 있다. 따라서 이런 경우 부모님의 주민등록을 잠시 원상태로 이전해 두고 양도하는 지혜가 필요하다.

셋째, 1주택만 보유하고 있어야 한다.

비과세는 원칙적으로 양도일 현재 1주택을 보유한 경우에 적용된다. 다만, 다음과 같은 경우에는 일시적으로 2주택이 되더라도 비과세를 적용할 수 있도록 정하고 있다.

특례 종류	내용
대체 취득으로 인한 일시적 2주택	1주택을 소유한 1세대가 새로운 주택으로 이사 중에 2주택이 된 경우, 새 주택을 구입한 날로부터 3년* 이내에 구 주택(물론 보유요건을 충족해야 한다)을 팔면 양도소득세는 비과세된다.
동거 봉양이나 혼인으로 인한 2주택	부모를 모시거나 혼인 때문에 2주택이 된 경우, 결혼한 날(또는 부모를 모시게 된 날)로부터 10년(혼인 합가는 2024. 11. 12. 이후 양도분) 이내에 먼저 양도한 주택은 1세대 1주택으로 보아 비과세 규정을 적용한다.

* 새 주택 구입일로부터 3년이 경과하지 않았다면 비과세를 받을 수 있다. 2023년 1월 12일부터 일시적 2주택 처분 기한이 2~3년에서 3년으로 단일화되었기 때문이다. 따라서 앞으로는 조

정대상지역 등을 불문하고 일시적 2주택으로 비과세를 받고 싶다면 새 주택의 취득일로부터 3년 내에 구 주택을 양도하면 된다(이때 새 주택이 조정대상지역 내에 소재하면 취득세가 8%가 적용될 수 있지만, 3년 내에 구 주택을 양도하면 1~3%의 취득세가 나온다). 참고로 이때 새 주택은 구 주택의 취득일로부터 1년 이후에 취득해야 비과세가 적용된다. 따라서 두 주택을 1년 내에 동시에 취득한 경우에는 이 규정이 적용되지 않는다.

넷째, 2년 이상 보유 및 거주해야 한다.

1세대 1주택 비과세를 적용받기 위해서는 원칙적으로 2년 이상 주택을 갖고 있어야 한다(조정대상지역 같은 일부 지역은 거주 요건도 갖추어야 한다). 다만, 다음과 같은 경우에는 2년 보유 및 거주 요건을 적용하지 않는다.

- 공공사업으로 양도나 수용된 경우
- 세대 전원이 국외 이주 등으로 부득이 양도한 경우(출국 후 2년 내 매각)
- 임대주택법에 의한 임대주택에 5년 이상 거주한 후 분양받아 양도한 주택
- 취학, 1년 이상의 질병 치료, 근무 형편(사업상 형편은 아님)으로 1년 이상 살던 주택을 팔고 세대원 모두가 다른 시·군 지역으로 이사할 때

소유리 씨는 양도소득세를 내게 될까?

그렇다면 소 씨가 소유한 주택에 대해 세금이 부과될까? 위에서 살펴본 내용들을 바탕으로 하나씩 적용해 보면서 그 여부를 알아보자.

조건 1 : 보유한 부동산이 주택이 맞는가

소 씨의 부동산은 주택에 해당한다.

조건 2 : 1세대 1주택의 조건에 맞는가

소 씨와 부모님은 주민등록상 함께 1세대를 이루고 있기 때문에 1세대 2주택이 되는 셈이다. 따라서 조건 2에 위배되기 때문에 소 씨가 인천에 있는 주택을 팔 경우 양도소득세가 과세된다. 하지만 앞서 이야기했듯이 이러한 상황에서는 세대를 분리하면 양도소득세를 비과세로 할 수 있다. 즉 소 씨는 근로소득이 있어 부모님과 세대를 분리하더라도 1세대로 인정된다. 따라서 세대를 분리해 1세대로 만들면 1세대 1주택이 되어 비과세를 받을 수 있다

조건 3 : 2년 이상 보유 및 거주 요건을 충족하는가

2년 이상 전세를 주고 있다고 했으므로 보유 요건을 갖추었다. 그리고 인천은 2019년 취득 당시에는 조정대상지역에 해당하지 않으므로 거주 요건과 무관하게 비과세를 적용받을 수 있다.

"소유리 씨한테 걱정하지 말고 팔라고 하세요. 1세대 1주택 비과세 조건에 비추어 볼 때 소유리 씨의 집은 양도소득세가 비과세니까요. 단 그전에 1세대로 만드는 것 절대 잊지 말라고 하시고요."

"예, 꼭 전할게요. 정말 감사드립니다. 맛있는 점심 사 드릴 테니 나가시죠."

"정말요? 그럼 비싼 거 먹어도 되죠? 하하하."

1세대 1주택 비과세 판정 절차

1세대 1주택 비과세 요건에 해당하는지 궁금하다면 다음 표를 따라가 보자. 이 표를 통해 현재 보유한 주택에 대한 비과세 여부를 명확히 알 수 있다(분양권도 주택 수에 포함됨에 유의할 것).

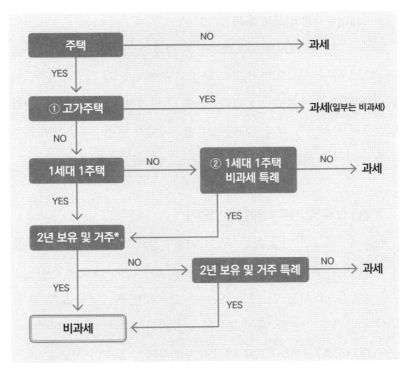

* 서울 강남구 등 조정대상지역에서 2017년 8월 3일 이후에 취득한 주택은 2년 이상 거주 요건이 있다. 참고로 2017년 8월 3일 전에 분양 계약을 체결하고 이날 이후에 잔금을 청산하는 경우에는 이러한 거주 요건을 적용하지 않는다. 단, 계약 당시 1주택 이상 보유자는 8월 3일 이후에 잔금을 청산하면 2년 거주 요건이 적용됨에 유의해야 한다. 이 혜택은 분양 계약 당시 무주택자에 대해서만 주어진다.

① 고가주택이란 무엇인가

고가주택이란 면적과 관계없이 실거래가액 12억 원을 초과하는 주택을 말한다. 1세대 1주택자인 상태에서 고가주택을 양도하면 12억 원까지는 비과세가 되지만 이를 넘긴 금액에 대해서는 과세가 된다는 것을 잊지 말자. 구체적인 계산 방법은 바로 뒤에서 살펴보자.

② 1세대 1주택 비과세 특례

앞에서 살펴본 것처럼 양도소득세 비과세는 원칙적으로 1주택자를 대상으로 하나, 부득이한 사유(이사·혼인·동거 봉양)가 발생해 2주택이 된 경우에도 비과세를 적용한다. 한편 상속 주택 또는 농어촌주택과 일반주택을 국내에 각각 1채씩 소유한 1세대가 일반주택을 양도하는 경우 비과세 특례를 적용받을 수 있는 길이 있음에 유의하자.

③ 2년 보유 및 거주 특례란 무엇인가

원칙적으로 2년 이상 보유 및 거주해야 양도소득세를 비과세 받을 수 있지만 부득이한 사유가 발생(이민을 가거나 질병 치료의 목적으로, 또 근무 형편 등으로 다른 시·군으로 이사하는 경우)하면 꼭 2년을 보유 및 거주하지 않아도 양도할 때 양도소득세가 비과세된다. 다만, 질병이나 근무 형편상 다른 시·군으로 이사가는 경우에는 2년 이상 보유 및 거주하지 않아도 되지만 대신 1년 이상 거주한 것이 확인되어야 한다.

고가주택에 대한 세금 계산 방식

고가주택에 대한 세금 계산은 어떻게 하는지 사례를 들어 보자. 예를 들어 어떤 사람이 다음과 같은 집을 양도하려 한다고 가정하자.

- 10년 보유 및 거주
- 양도가액: 20억 원
- 취득가액(필요경비 포함): 2억 원
- 1세대 1주택자로서 2년 보유 등 비과세 요건 갖춤

구분	2022년	2023년 이후
양도가액	20억 원	20억 원
– 필요경비	2억 원	2억 원
= 양도차익	18억 원	18억 원
= 과세 양도차익	9억 9,000만 원	7억 2,000만 원
– 장기보유 특별공제	7억 9,200만 원	5억 7,600만 원
= 양도소득금액	1억 9,800만 원	1억 4,400만 원
– 기본공제	250만 원	250만 원
= 과세표준	1억 9,550만 원	1억 4,150만 원
× 세율	38%(누진공제 1,940만 원)	35%(누진공제 1,544만 원)
= 산출세액	5,489만 원	3,408만 원

위에서 과세 양도차익은 다음과 같이 계산한다.

$$\text{과세양도차익} = 18억 원 \times \frac{\text{양도가액(20억 원)} - 9억 원^*}{\text{양도가액(20억 원)}} = 9억 9,000만 원$$

* 12억 원으로 계산 시 과세 양도차익은 7억 2,000만 원으로 줄어든다.

이 고가주택의 양도로 인해 18억 원의 차익이 발생했으나 비과세 혜택과 장기보유 특별공제의 혜택으로 세 부담이 미미해졌다.

참고로 장기보유 특별공제는 부동산을 3년 이상 보유하면 적용되는 제도로서 현재는 다음과 같이 이원화되어 있다.

① 일반적인 경우

3년 이상 부동산을 보유하면 6~30%를 공제하는 것을 말한다. 보유 기간 3년은 6%, 4~14년까지도 연간 2%씩을 적용하고, 15년 이상은 30%를 적용한다.

② 1세대 1주택(일시적 2주택 포함)

1세대 1주택과 일시적 2주택에 대해서는 최소 20~80%를 적용받을 수 있다. 보유 기간 3년은 24%, 4~9년은 연간 8%씩을 적용하고, 10년 이상은 80%를 적용한다. 다만, 2020년 이후부터 고가주택의 경우 2년 미만 거주 시 6~30%의 공제율이 적용된다. 참고로 위의 1주택자에 대한 20~80% 공제율이 너무 크다는 지적이 있어 이에 정부는 보유 기간과 거주 기간별로 최대 40%씩 각각 적용하는 방법으로 이를 변경해 10년 거주를 해야 80%를 적용하도록 하는 안을 확정하였다(2021년 이후).

참고로 이 외에도 6년 이상 임대한 매입 임대주택은 최대 40%, 10년 이상 임대한 장기 임대주택은 70%(8년은 50%)까지 이 공제를 받을 수 있다. 다만, 8년 이상 장기 임대주택에 대해 적용되는 50~70%의 특례공제율은 건설 임대주택에 한해 2027년 말까지 등록한 주택에 대해서만 적용될 예정이다. 건설 임대주택이 아닌 매입 임대주택들은 2020년 말까지 등록한 것만 인정된다. 한편 2020년 8월 18일부터 8년 장기 임대 중 아파트의 경우에는 이 기간이 경과하면 등록이 자동으로 말소되므로 50%의 공제율만 적용될 것으로 보인다.

일시적 2주택자도 세금이 없다

"이 대리님, 한 가지 여쭈어봐도 될까요?"

이절세가 몸담고 있는 회사에서 후배인 나이주가 이절세를 찾았다.

"무슨 일인데 그래?"

"다름이 아니라, 이번에 이사를 가게 될 것 같아요. 그런데 지금 가지고 있는 집을 언제까지 팔아야 비과세를 받을 수 있는지 그게 궁금해서요. 요즘 세법이 자주 바뀌어서 들어도 무슨 소리인지 잘 모르겠습니다."

나이주가 약간 겸연쩍은 표정을 지으며 말했다. 이런 일을 가지고 회사 내에서 얘기하는 것이 조금은 어색했기 때문이다.

"그거 3년 아닌가?"

"아하. 그래요? 이 기간이 2년으로 줄어들었다고 하는데, 어떤 사람들은 3년이 맞는다고 해서요."

둘의 대화는 이렇게 마무리되었다.

이절세가 말한 내용이 맞을까?

이를 검증해 보자.

일시적 2주택 비과세 제도의 원리

일시적 2주택 비과세 제도는 일시적으로 2주택을 보유하게 되었을 때 비과세를 해 주는 제도를 말한다. 원래 1세대 2주택자가 되면 과세하는 것이 원칙이다. 하지만 이사 등을 갈 때 부득이하게 2주택이 된 경우가 많아 이를 지원해 줄 필요가 있다. 다만, 이를 위해서는 아래와 같은 요건을 충족해야 한다.

① 종전 주택과 새로운 주택의 취득일 사이의 보유 기간이 1년 이상이 될 것
② 새로운 주택을 취득한 날로부터 3년 내에 종전 주택을 처분할 것
③ 종전 주택의 양도일 현재 비과세 요건을 갖출 것

①의 경우 이 제도가 투자로 활용되는 것을 방지하기 위해 최근에 도입되었다. 따라서 종전 주택과 새로운 주택의 취득일 사이의 보유 기간이 1년 이상이 되지 않으면 비과세를 적용하지 않는다. 한편 ②의

경우는 좀 더 신중히 볼 필요가 있다. 이 부분이 2018년 9월 14일부터 바뀌었기 때문이다. 일단 아래의 표를 참조해 보자.

현재 주택 소재 지역	새 주택 소재 지역	일시적 2주택 처분 기간
조정대상지역 내	조정대상지역 내	2년에서 3년으로 변경 (2023년 1월 12일)
조정대상지역 내	조정대상지역 밖	현행 규정 적용(3년)
조정대상지역 밖	조정대상지역 내	
조정대상지역 밖	조정대상지역 밖	

원래 일시적 2주택자는 신규 주택 취득 후 3년 이내에 종전 주택을 처분하면 양도소득세를 비과세 받을 수 있다. 그런데 서울 강남구 등 조정대상지역에서 주택을 보유한 자가 이 지역의 주택을 취득해 일시적 2주택자가 된 경우에는 신규 주택 취득 후 2년 내에 종전 주택을 양도해야 비과세를 적용하도록 하고 있다.

그런데 이러한 제도는 2023년 1월 12일 이후 양도분부터 3년으로 단일화되었다. 조정대상지역, 취득 시기 등에 따라 처분 기한이 달라지는 문제점이 있었기 때문이다(이 외 신규 주택으로의 전입 의무는 2022년 5월 10일에 폐지되었다). 한편 취득세와 종부세에서도 일시적 2주택의 개념이 있는데, 세법의 간소화 측면에서 이에 대한 처분 기한도 양도소득세처럼 3년으로 통일되었다. 이 개정으로 인해 일시적 2주택자들이 급하게 주택을 처분하는 일이 많이 감소할 것으로 보인다.

3주택자도 이러한 비과세를 받을 수 있을까?

예를 들어 어떤 가족이 아래와 같이 3주택을 보유하고 있다고 하자.

구분	취득 시기	예상 양도차익
A 주택	2010년 10월	5억 원
B 주택	2018년 8월	1억 원
C 주택	2023년 1월	–

이러한 상황에서 A 주택을 양도하면 비과세를 받을 수 있을까?

먼저 주어진 상황에서 A 주택을 처분하면 비과세를 받을 수 없다. 왜냐하면 1세대 3주택자가 된 상황이기 때문이다. 그렇다면 어떻게 하면 비과세를 받을 수 있을까?

이러한 상황에서는 주택 수를 조절해서 비과세 요건을 갖추면 된다.

예를 들어 사례에서 B 주택을 먼저 양도하면 A 주택과 C 주택이 일시적 2주택 관계가 된다. 따라서 C 주택을 취득한 날로부터 A 주택을 3년 내에 양도하면 된다. 구체적으로 A 주택을 2026년 1월까지 양도하면 비과세를 받을 수 있다. 이제 다주택자라도 이러한 원리에 따라 주택 수를 조절한다면 종전보다 비과세 받기가 한층 쉬워졌다. 2022년 5월 10일부터 최종 1주택에 대해 보유 기간이 재계산되지 않기 때문이다.

일시적 2주택 비과세를 적용받지 못하는 경우

일시적 2주택 비과세 제도는 상당히 좋은 제도에 해당하나, 요건 등을 갖추지 못해 비과세를 적용받지 못하면 과세가 될 수밖에 없다. 그런데 이러한 과세 형태는 일반과세(일시적 2주택으로 3년 내에 처분 시) 또는 중과세로 귀결될 수 있다. 일반과세는 6~45%의 세율이 적용되는 한편 장기보유 특별공제가 적용되나, 중과세는 세율이 6~45%에 20~30%p가 가산되는 한편 장기보유 특별공제가 적용되지 않는다.

예를 들어 2억 원에 산 주택이 5억 원이 되었다고 하자. 이 경우 비과세를 받으면 세금이 없지만, 일반과세와 중과세가 적용되는 경우 세금이 얼마나 나오는지 알아보자. 단, 양도차익은 1억 원이며, 장기보유 특별공제율은 30%, 중과세율은 26~65%를 사용한다. 단, 기본공제 250만 원은 미적용한다.

구분	일반과세	중과세
양도차익	1억 원	1억 원
- 장기보유 특별공제	3,000만 원	0원
= 양도소득금액	7,000만 원	1억 원
×세율	24%	55%(35%+20%)
- 누진공제	576만 원	1,544만 원
= 산출세액	1,104만 원	3,956만 원

일반과세의 경우에는 중과세와는 달리 장기보유 특별공제가 적용

되고 세율도 저렴하다. 하지만 중과세는 공제가 적용되지 않고 세율도 높아 많은 세금이 도출된다. 중과세 제도에 대해서는 바로 뒤에서 대략적으로 살펴보자. 참고로 이 중과세 제도는 2년 이상 보유한 주택에 한해 2022년 5월 10일부터 한시적으로 적용되지 않는다.

※ **상속 등 부득이하게 2주택이 된 경우의 비과세**
- 일반주택과 감면 주택(최근)을 보유한 경우
- 일반주택과 상속 주택을 보유한 경우
- 일반주택과 농어촌주택을 보유한 경우
- 동거 봉양을 위해 합가한 후 2주택이 된 경우
- 혼인으로 합가하여 2주택이 된 경우 등

TIP

확 바뀐 비과세 보유 기간 산정법

2021년 1월 1일 이후 양도분부터는 다주택(일시적 2주택 등 비과세 주택은 제외)을 보유한 기간은 제외하고 최종적으로 1주택만 보유하게 된 날로부터 보유 기간 2년을 기산하여 1세대 1주택 비과세를 판정한다. 다만, 이 제도는 2022년 5월 10일부로 폐지되었다. 아래에서 이를 확인해 보자.

① 2020년 12월 31일 이전에 주택을 정리하는 경우
2020년 말일까지 다주택자가 A와 B 주택을 양도나 증여 등을 통해 제거한 후에 C 주택을 2021년 이후에 바로 양도하면 비과세가 가능해진다. 양도일 현재 1세대 1주택에 해당하고 보유 기간은 C 주택의 취득일로부터 기산하기 때문이다. 한편 2020년 중에 A와 B 중 1채를 양도해 일시적 2주택으로 만든 후 C 주택을 양도해도 비과세를 적용하는 것으로 해석하고 있다. 이러한 개정 규정은 2021년 1월 1일 양도분부터 적용되므로 2020년 12월 31일까지 1세대 1주택이나 일시적 2주택이 되면 비과세 보유 기간이 달라지지 않는다.

② 2021년 1월 1일 이후에 주택을 정리하는 경우

2021년 1월 1일 이후에 A와 B 주택을 정리하면 C 주택에 대해서는 비과세를 바로 받을 수 없다. C 주택만을 보유한 날로부터 2년을 더 보유해야 하기 때문이다. 한편 3주택자가 1채를 처분해서 일시적 2주택을 만든 경우에도 이 같은 논리가 성립한다(2021년 11월 2일 이후부터 적용. 기재부 재산세제과–953, 2021. 11. 2.). 따라서 비과세 혜택을 받고 싶다면 평소에 1세대 1주택이나 일시적 2주택 등에 대한 비과세 요건을 유지하고 있어야 한다(중도에 주택이나 분양권 등을 사고팔면 비과세 요건이 무너짐에 유의할 것). 참고로 당초부터 일시적 2주택이나 상속·동거 봉양 등에 의한 2주택은 개정 규정과 무관하게 비과세를 받을 수 있다.

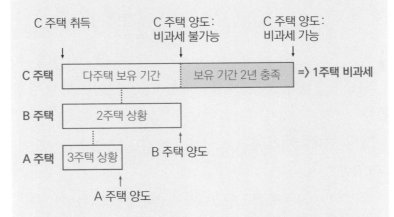

③ 2022년 5월 10일 이후에 주택을 양도하는 경우

이 경우에는 위의 보유 기간 재계산 제도가 적용되지 않는다. 따라서 다주택자가 주택을 양도나 증여 등으로 정리한 후에 1주택이나 일시적 2주택을 만들어 양도하면 바로 비과세를 받을 수 있다.

세대 관리 못하면
세금폭탄 맞는다

"나랑 친한 대학 선배 중에 평수 형 알지? 우리 셋이서도 몇 번 만났잖아."

"알지. 근데 갑자기 평수 씨 얘기는 왜 하는데? 연락 끊어진 지 꽤 되었잖아?"

"응, 그런데 오후에 외근 나갔다가 우연히 길에서 만난 거 있지? 우리 집 근처에 살더라고. 몇 년 만에 만나서 그런지 너무 반가워서 이따 밤에 요 앞 포장마차에서 한잔하기로 약속했어. 좀 늦을 건데 이해해 줄 거지?"

"그럼. 오랜만에 만났으니 좀 할 말이 많겠어. 내 걱정 말고 저녁 먹고 다녀와."

이절세와 김평수는 북적거리는 포장마차 한구석에 자리를 잡고 앉아 몇 년 동안 쌓였던 회포를 풀며 술잔을 기울였다. 지금 대기업에서 과장 직책을 맡고 있는 김 씨는 열심히 일한 덕분에 살던 집을 팔고 얼마 전 이 근처로 넓은 집을 사서 이사할 수 있었다.

그러나 김 씨는 이번 이사와 함께 골치 아픈 일에 시달리고 있었다.

"탄탄한 회사 다니겠다, 예쁜 형수님과 아이들도 있고 이번에 좋은 집도 장만했겠다……. 이제 막 결혼한 내 눈엔 다 부럽기만 한데 대체 형한테 무슨 걱정이 있다는 겁니까?"

"아냐, 말도 마. 새집에 이사올 때까지는 나도 좋았지. 근데 며칠 전 세무서에서 날아온 고지서를 본 순간부터 한숨만 나온다. 방법이 아주 없는 건 아니지만 그래도 생각지도 않았던 세금이 그렇게 왕창 나왔으니 말이야. 마누라 말만 믿고 있었는데……."

어느 정도 자금에 여유가 있던 김 씨는 조금이라도 더 올랐을 때 팔기 위해 새집으로 이사갈 때까지 살던 집을 팔지 않았다. 그리고 팔기 전 양도소득세가 어떻게 되는지 부인에게 알아볼 것을 당부했다.

"여보. 인터넷으로 검색해 보니까 새집을 산 날로부터 3년 안에만 전에 살던 집을 팔면 비과세가 적용된다고 해. 우린 2년 이상을 꾹꾹 눌러 산 데다 우리 명의의 다른 집도 없으니 세금 걱정은 안 해도 될 것 같네. 다행이지?"

"그러게. 듣던 중 반가운 소리군. 그런데 비과세가 적용되면 신고할 필요도 없다던데 사실일까?"

"그래, 맞아. 우리 그냥 큰 욕심부리지 말고 집값이 조금만 더 오르면 팔기로 해."

이렇게 안심한 김 씨 부부는 집값이 조금 뛰자 미련 없이 살던 집을 팔았다. 그런데 어느 날 덜컥 세무서에서 과세를 예고하는 통지서가 날아왔으니 어찌 놀라지 않을 수 있겠는가. 전에 양도한 주택에 대해 양도소득세를 과세하려고 하는데 이에 이의가 있으면 소명자료를 갖추어 소명하라는 것이 통지서의 주요 골자였다.

"그런 일이 있었군요. 정말 마른하늘에 날벼락 같은 일이네요. 그래서 어떻게 하셨어요?"

"응. 그래서 고지서에 적혀 있는 세무서 담당자한테 전화를 걸었지. 이것저것 묻고 듣자니까 내 주민등록상에 있는 우리 아버지 앞으로 집이 1채 있다는 걸 내가 잊고 있었던 거야. 본의 아니게 1세대 3주택이 된 거지. 1세대 3주택이었으니 비과세 대상 조건에 충족하지 못하는 건 당연한 거고."

"어? 형네 부모님은 인천에 계시지 않나요? 아주 예전부터 인천에서만 사셨잖아요."

"그렇지. 지금도 인천에 살고 계셔. 문제는 내가 연말정산 때 기본공제나 기타공제를 더 받고 건강보험료 지출도 줄이기 위해 부모님의 주민등록을 내 앞으로 옮겨 놓은 걸 까먹었다는 거야."

"부모님의 건강보험료나 기본공제 혜택을 받기 위해서 주민등록을 이전할 필요는 없잖아요. 부모님의 소득자료가 없는 경우 건강보험증은 호적등본으로, 기본공제는 소득공제신청서에 써서 신청하면 되니까요."

"그러게 말이다. 내가 오버한 거지. 그래도 죽으라는 법은 없더라. 오늘 인터넷을 뒤적거리다 보니까 부모님하고 나하고 주민등록상에는 함께 있지만 같이 살지는 않는다는 걸 입증만 하면 양도소득세를 내지 않아도 된다고 하더군. 근데 입증을 어떻게 해야 할지 잘 모르겠어."

"그래요? 그럼 제가 알아봐 드릴게요. 마침 아는 세무사 분이 있거든요."

"그렇게 해 줄래? 그럼 너무 고마울 거 같다. 머릿속이 복잡해서 그런지 어떻게 풀어야 할지 그냥 답답하기만 해."

"제가 내일 알아보고 전화드릴게요. 다 잘될 거예요. 너무 걱정하지 마세요. 형한테 이런 모습은 어울리지 않아요. 기운 내요."

어떻게 입증할 것인가

입증은 객관적인 자료에 따라 이루어진다. 객관적인 자료란 소득공제 내용, 건강보험증 사본, 부모님이 사는 곳의 모습이 들어 있는 사진, 기타 자료, 주위 사람들의 사실확인서 등을 말한다. 이러한 자료를 갖추어 세무서에 내면 세무서에서 심사 후 가부를 결정한다.

다음 날 이절세는 고 세무사에게 위와 같이 입증에 필요한 사항을 확인한 뒤 김평수에게 자세히 설명해 주었다. 필요한 서류를 준비해 세무서에 가져다 낸 김평수는 다행히도 양도소득세를 면할 수 있었다. 이번 일을 통해 김 씨 부부뿐 아니라 이절세도 주민등록을 잘 정리해 두어야 불필요한 오해를 받지 않는다는 사실을 새로이 알게 되었다. 또 설사 억울한 세금이 과세되었다 하더라도 흥분하지 말고 이성적으로 대처해야 한다는 것 또한 배울 수 있었다.

사실관계의 입증 요령

세법에서는 사실관계를 입증해야 비과세나 세금 감면 혜택을 받을 수 있는 경우가 많다. 예를 들어 부모와 독립 세대를 이루는 경우로서 실제 다른 곳에서 거주했음을 입증해야 하는 때가 있다. 여기서 거주 기간은 보통 주민등록상 전입일부터 전출일까지를 말한다. 그런데 여러 가지 사정에 의해 실제 거주 기간과 서류상의 거주 기간이 일치하지 않는 경우도 있다. 이런 상황이라면 본인이 실제 거주했음을 입증하면 인정이 되므로 최대한 거주 사실을 입증하도록 노력해야 한다. 이때 입증 방법으로는 현장 사진이나 우편이나 각종 공과금 명세 등을 준비하면 될 것이다.

이 외에도 8년 이상 자경농지에 대한 양도소득세 감면을 받기 위해서는 자경했음을 입증해야 한다. 이때는 농지원부나 농약이나 비료 등의 구입 사실 그리고 이장 등의 자경사실확인서 등을 제출하면 될 것이다.

다주택자가 임대등록으로 세금 한 푼도 안 내는 비밀

야무진이 아파트 가격 상승의 원인을 분석하고 있는 TV 프로그램을 시청하고 있었다.

"오빠, 저것 봐. 한 사람이 수백 채 집을 가지고 있는데 세금이 한 푼도 없대."

"진짜?"

이절세는 깜짝 놀라는 표정을 지으며 화면을 뚫어지게 쳐다봤다. 그 프로그램에서는 주택임대사업자등록을 내면 보유세도 안 내고 양도소득세 또한 한 푼도 안 내도 된다는 내용이 방송되고 있었다.

"무진아, 저건 뭐야? 저런 게 있어?"

둘은 입이 다물어지지 않았다.

수백 채 보유해도 세금을 안 내는 이유는 뭘까?

그 이유는 관할 지자체와 세무서에 주택임대업으로 등록을 했기 때문이다. 그렇다고 왜 세금을 안 받을까?

정부는 주택임대업으로 등록한 주택들을 가지고 서민 주거생활의 안정을 위해 아래와 같은 파격적인 세금 혜택을 부여했기 때문이다.

① 보유세

전용면적 85m² 이하 공동주택(2019년부터 각 호가 40m²인 다가구 주택도 포함)을 2호 이상 임대하는 경우에는 재산세의 25~100%를 감면한다. 한편 등록 시 기준시가가 6억 원(비수도권은 3억 원) 이하인 주택을 5년(2018년 4월 1일 이후는 8년, 2020년 8월 18일 이후는 10년. 아래 양도소득세도 동일) 이상 임대 시 종부세를 비과세한다.

② 양도소득세

등록 시 기준시가가 6억 원(비수도권은 3억 원) 이하인 주택을 5년(2018년 4월 1일 이후는 8년, 10년) 이상 임대 시 양도소득세 중과세를 배제하는 한편, 조세특례제한법상의 요건을 갖춘 경우에는 양도소득세 100% 감면이나 장기보유 특별공제를 최대 70%까지 적용한다.

이처럼 보유세와 양도소득세가 파격적으로 감면되어 주택임대사업자들이 많은 주택을 보유하는 결과를 낳게 되었다.

참고로 위에서 언급된 양도소득세 중과세 제도는 주택 시장에서 상당히 중요한데, 이는 다주택자들을 대상으로 아래와 같이 과세하는 방식을 말한다(단, 2년 이상 보유한 주택 한시적 중과 배제 중).

구분	세율	장기보유 특별공제
2주택 중과세	26~65%	적용하지 않음.
3주택 중과세	36~75%	적용하지 않음.

그렇다면 중과세 제도를 구체적으로 어떻게 적용할지 잠깐 알아보자.

일단 주택 수는 전국에 있는 개인이 아닌 1세대가 보유한 주택 수를 합해 계산한다(이때 2021년 이후에 취득한 분양권도 주택 수에 포함한다). 다만, 모든 주택을 합산하는 것이 아니라 서울과 수도권·광역시·세종시(읍·면 지역 제외)의 주택과 이 외의 지역 중 기준시가가 3억 원을 초과한 주택 수가 최소 2주택 이상이 되어야 한다. 그리고 이렇게 하여 나온 주택 수가 2주택 이상이더라도 무조건 중과세를 적용하는 것이 아니라 서울 강남구 등 조정대상지역에 소재한 주택들이 위의 제도를 적용받는다. 예를 들어 서울 강남과 강릉(기준시가 3억 원 초과 가정. 참고로 이 지역은 2024년 12월 현재 비조정대상지역에 해당함)에 집이 각각 1채씩 있는 경우 다주택자에 해당하므로 중과세를 적용받게 되는데, 이때 강남 집을 파는 경우에만 중과세 제도가 적용된다는 것이다. 강릉 집은 조정대상지역에 미해당하기 때문이다(이러한 이유로 비조정대상지역의 주택이 먼저 처분될 가능성이 높다). 중과세 제도는 일반인이 접근하기가 다소 힘에 부칠 수 있으므로 세무 전문가들과 함께 대책을 세우는 것도 하나의 방법이 된다.

정부가 신규 주택임대사업자에 대한 세제 혜택을 축소한 이유 (2018년 9·13대책)

원래 주택임대업은 국가 대신 민간이 주택을 매입해 이를 임대 시장에 내놓아 임대수입을 얻는 사업을 말한다. 정부는 이러한 사업을 활성화하고자 다양한 혜택을 부여해 왔는데 그중 가장 큰 혜택은 바로 세제 혜택이다. 주택의 전 거래 단계에서 발생한 세금들을 대폭 감면하여 활성화를 꾀했던 것이다. 하지만 최근 주택임대사업을 통해 재산 증식을 꾀하는 사람들이 많아지자 정부는 부랴부랴 2018년 9월 13일 주택 시장 안정대책(9·13대책)을 통해 이들에 대한 세제 혜택을 크게 줄이고자 하였다. 이날 이후에 조정대상지역에서 주택을 취득해 임대사업을 하는 경우에는 종부세 과세 및 양도세 중과세가 적용되는 경우가 많이 발생할 것으로 보인다. 따라서 이에 해당하는 사업자들은 한시적 중과 배제 기간(2022. 5. 10.~2025. 5. 9. 2025년 중 연장 예상)에 해당 주택을 자진말소시켜 양도하면 중과 배제를 받을 수 있다.

정부가 자동말소와 자진말소 제도를 도입한 이유(2020년 7·10대책)

정부는 2020년 7월 10일 7·10대책을 통해 임대등록 제도를 전면 개편했다. 이 제도가 투기의 수단으로 악용되자 아파트(다세대주택, 다가구주택, 오피스텔은 10년 장기로 등록 가능)에 대해서는 더 이상 등록을 허용하지 않고, 기등록자들에 대해서는 의무임대 기간이 종료되면 자동말소를, 이 기간이 종료되지 않더라도 과태료 없이 자진말소를 할 수 있도록 하였다. 이에 따라 세제의 내용도 다음처럼 변하게 되었다.

구분	자동말소	자진말소
취득세 감면	• 말소 전의 혜택 : 추징 없음. • 말소 후의 혜택 : 없음.	• 말소 전의 혜택 : 추징 없음. • 말소 후의 혜택 : 없음.
재산세 감면		
종합부동산세 합산 배제		
종합소득세 감면		
양도세 거주 주택 비과세 (평생 1회 적용)	• 말소 전 양도 : 추징 없음. • 말소 후 양도 : 말소일*로부터 5년 내 처분 시 비과세 적용	• 말소 전 양도 : 추징 없음. • 말소 후 양도 : 의무임대 기간 중 1/2 이상 임대 및 말소일*로부터 5년 내 처분 시 비과세 적용
양도세 중과세	적용 제외(처분 기한 없음)	1/2 이상 임대 및 말소일로부터 1년 내 처분 시 적용 제외
양도세 50% 장기보유 특별공제	적용	적용 배제
양도세 70% 장기보유 특별공제와 양도세 감면 100%	적용 배제	

* 2 이상의 말소가 있는 경우 최초 말소일로부터 5년 내에 양도해야 비과세가 주어짐에 유의해야 한다(기재부 재산세제과-1308, 2022. 10. 18. 참조).

이처럼 자동말소와 자진말소 제도가 도입됨에 따라 이들에 대한 세제도 상당히 변하게 되어 그만큼 리스크가 상당히 올라갔음에 유의해야 한다. 이에 대한 자세한 내용은 이 책의 자매서인 『부동산편』을 참조하기 바란다.

보유 주택 수에 따른
최고의 양도 전략

"자기야? 나야. 나 PB 업무 맡게 되었어. 너무 좋아서 자기한테 가장 먼저 알려 주려고 전화한 거야."

"그래? 정말 잘됐다. 늘 그쪽 일 하고 싶다고 노래를 부르더니, 정말 축하해. 오늘 저녁에 우리 맛있는 거 해 먹자."

이절세 대리는 바라마지 않던 PB(Private Banking) 업무를 담당하게 되었다. 최근 금융권에서 이슈가 되고 있는 'PB'는 거액의 자산을 보유한 부유층 고객에게 금융상품의 상담뿐 아니라 부동산, 보험, 세무, 법률 상담 등을 포함한 종합자산관리 서비스를 제공하는 것을 의미한다.

이쪽에 관심이 많았던 이 대리이기에 PB 업무를 맡게 된 기쁨을 아내 야무진에게 가장 먼저 전해 주고 싶었던 것이다.

이 대리에게 떨어진 첫 번째 업무는 보유한 주택의 수에 따라 적절한 양도 전략을 짜서 지점에 내려 보내라는 것이었다. 두 주먹을 불끈쥔 이 대리. 그동안 갈고 닦은 실력을 바탕으로 열심히 전략 구상에 나섰다.

주택 양도에 앞서 점검해야 할 사항

여러 채의 집을 가진 유주택자가 주택을 양도하기 전에는 반드시 아래와 같은 사항에 유념해야 한다.

첫째, 보유한 주택 수는 세대별로 계산한다는 점에 유의하자.

여기서 세대란 같은 주소지에서 부부와 생계를 같이하는 기타가족 집단을 말한다. 또 30세 이상이면 배우자가 없더라도 1세대를 구성할 수 있다(30세 미만은 결혼, 이혼, 중위소득 40% 이상의 소득이 있으면 가능).

상속받은 주택은 양도소득세를 과세하지만 주택 수를 산정할 때는 포함하지 않는다. 예를 들어 1주택자가 상속을 받아 2주택이 된 상태에서 다른 주택을 양도하면 2주택 상태의 양도가 아닌 1주택 상태의 양도로 보고 2년 이상의 보유 및 거주 기간을 만족하는가 등의 비과세 요건을 갖추었다면 비과세를 적용한다. 한편 오피스텔은 사용 형태에 따라 주택일 수도 아닐 수도 있음에 유의하자.

둘째, 2년 이상 보유했는지 잘 점검하자.

주택 보유 2년 이상과 미만은 비과세 적용, 세율 등에서 많은 차이가 난다. 기간 계산은 취득일부터 양도일까지로 보는데, 여기서 말하는 취득일 또는 양도일은 잔금 청산일과 등기 접수일 중에서 빠른 날을 말한다.

셋째, 실거래가 적용 대상은 필요경비(취득가액과 기타 필요경비) 입증에 신경 쓰자.

취득가액과 기타 내부 수리비 등의 경비를 입증하지 못하면 세금이 생각보다 훨씬 더 많이 늘어날 수 있다.

넷째, 장기보유 특별공제 적용법에 유의하자.

이 제도를 적용받으려면 우선 등기가 되어야 하고 3년 이상 보유한 토지와 건물에 해당되어야 한다. 이를 충족하면 원칙적으로 6~30%(연간 2%)를 공제하나 1주택인 고가주택 등에 대해서는 20~80%(연간 8%)까지 공제한다.

다섯째, 과세되는 주택이 양도소득세 감면 대상인지 확인하자.

IMF 시절 주택경기 활성화를 위해 신규 주택 취득 후 양도하면 감면을 받게 해 준 주택(주택 여부를 반드시 확인한다)이 꽤 많이 있다.

여섯째, 주택 수가 많으면 이를 줄이자.

주택 수가 많으면 보유세 부담이 상당할 수 있다. 따라서 이의 부담이 큰 경우에는 처분 등을 통해 주택 수를 줄이는 것이 필요하다. 참고로 2020년 8월 18일 이후부터 아파트는 더 이상 임대등록을 할 수 없고, 증여의 경우 취득세가 12%까지 나올 수 있음에 유의해야 한다.

1주택자의 양도 전략

1세대가 국내에 1주택을 갖고 있는 상태에서 양도하는 경우, 비과세 요건을 채워 비과세를 받는 것이 최선이다. 물론 비과세 요건을 충족하기 전이라도 시세차익이 더 크거나 손해를 보고 있는 상황이라면 비과세 요건을 따질 필요성이 떨어질 것이다. 참고로 위에서 비과세 요건은 2년을 보유하는 것을 말한다. 다만, 최근 조정대상지역 내에서 주택을 취득한 경우에는 2년 거주 요건이 추가되었음에 유의해야 한다.

2주택자의 양도 전략

먼저 비과세 특례를 받도록 한다. 2주택인 상태에서 다른 주택 1채를 파는 경우에는 과세되는 것이 원칙이다. 다만 이사를 가거나 혼인이나 동거 봉양을 위해 일시적으로 2주택 상태가 되었다면 비과세를 적용받을 수 있다. 이사가려고 새집을 구했으면 새집을 취득한 날로부터 3년 내에 헌 집을 팔면 된다. 이때 헌 집을 보유한 기간은 2년 이상이 되어야 한다. 그리고 2017년 8월 3일 이후에 조정대상지역에서 취득한 주택은 2년 이상을 거주해야 한다.

특례를 받을 수 없다면 양도 우선순위를 정하자. 다시 말해 팔려고 하는 집값의 오름세를 보고 양도차익과 양도소득세를 비교해 보는 것이다. 이해하기 쉽게 예를 들어 살펴보자.

임양도 씨는 집 2채를 보유하고 있다. 최근 집은 2022년 10월 1일에, 종전 집은 2002년 2월 1일에 구입했다. 현재 임양도 씨 가족은 새 집에 살고 있으며 종전 집은 전세를 주고 있다. 임양도 씨의 양도 전략을 지금까지 알아본 내용에 비추어 함께 생각해 보자.

비과세 특례를 받을 수 있을까

비과세 처분 기한이 3년이므로 2025년 10월 1일까지 처분하면 비과세를 받을 수 있다.

양도 우선순위를 어떻게 정할까

새집을 산 지 3년이 넘어서 팔게 되면 양도소득세가 과세된다. 이때는 양도소득세와 보유에 따른 양도차액 증가분을 비교해서 언제 팔지를 정하자. 투자 수익 상승분이 양도소득세 이상이면 이는 합리적인 투자가 될 것이다. 다만, 이 경우 세금이 많이 나온다면 임대사업자등록을 내는 방식으로 돌파구를 찾아볼 수 있다.

3주택 이상 자의 양도 전략

양도차익이 가장 적은 주택부터 골라 파는 것이 세금 측면에서 유리하다. 주택을 1채 양도하면 이제 2주택이 된다. 이때는 2주택자의 양도 전략을 따르자. 비과세 특례를 받을 수 있는지 알아본 뒤 비과세를 받아도 좋고 받지 못한다면 양도 우선순위를 정하면 된다.

만약 3채 이상의 여러 주택을 갖고 있다면 팔기 전에 미리 양도 스케줄을 짜 놓자. 또 양도 전에 정부 정책, 종부세, 중과세(한시적 적용 배제 포함), 재테크 방향, 세금 예측, 증여와 양도 시점 선택 등을 종합적으로 검토하자. 이 외에도 소형 주택에 대해서는 주택매매사업이나 임대주택사업도 생각할 수 있을 것이다. 특히 임대주택사업자에 대해서는 혜택이 많이 축소되었으므로 사전에 점검하는 것이 좋다.

3주택 이상 보유 상태에서 양도하면 수천만 원의 세금이 발생될 수 있으므로 유의하자.

TIP 　　　　　　　　　　**투자자들은 왜 법인을 선호했는가?**

최근 정부의 주택에 대한 규제는 주로 개인이 보유하고 있는 주택에 집중적으로 시행되고 있다. 이에 발 빠른 투자자들은 개인이 아닌 법인을 설립해 이에 대응하고 있다. 그렇다면 그들은 왜 법인을 선호했을까?

다양한 이점이 있으나 그중 대표적인 하나만 언급한다면 개인이 3채를 가지고 있는 경우에는 1세대 3주택으로 다양한 규제를 받지만 이를 개인 1채, 법인 2채로 분산하면 개인은 각종 규제에서 벗어나게 된다. 이에 정부는 2020년 7·10대책을 통해 법인이 보유한 주택에 대한 종부세를 크게 올리는 한편 추가 세율도 10%에서 20%로 올렸다. 특히 이 중 종부세는 기준시가의 3% 또는 6%가 나올 정도로 파괴력이 커 앞으로 법인을 통한 주택의 보유 실익은 거의 없을 것으로 평가된다(이에 따라 법인 보유 물량이 시장에 나올 가능성이 높다).

참고로 새 정부에서는 법인에 대한 세제 중 취득세와 법인세 추가 과세는 현행을 유지하되 종부세율을 2.7%(2주택 이하)~5.0%(3주택 이상)로 확정하여 시행 중에 있다.

오피스텔 팔기 전
이것만 챙겨도 세금이 없다

오피스텔을 임대하는 사람들은 대개 일반과세자다. 이들은 사업자등록을 한 뒤 분양받을 때 냈던 금액 중 부가가치세를 환급받는다. 그리고 매년 두 번의 부가가치세 신고·납부와 한 번의 소득세 신고를 하게 된다.

서울 강남구 역삼동에 있는 한 오피스텔 1층에 위치한 점포를 임대하고 있었던 오착각 씨는 갑자기 사업 자금이 딸리자 임대했던 점포를 팔게 되었다. 그 과정에서 생긴 세금 문제를 해결할 자신이 없던 오씨는 든든세무법인의 세금정 팀장을 찾아왔다.

"안녕하세요. 제가 역삼동에 있는 오피스텔을 팔았는데 말입니다. 아무래도 세금 정리가 필요할 것 같아 이렇게 찾아왔습니다."

"네, 잘하셨습니다. 세금 정리는 다음과 같이 이루어집니다. 먼저 폐업신고와 함께 그동안의 임대소득에 대한 부가가치세와 이번 양도에 따른 부가가치세를 정리하게 됩니다. 물론 임대사업자에게 양도하면 양도에 따른 부가가치세는 없을 것입니다. 한편 소득세는 내년 5월 중에 정리할 것입니다."

"양도에 대한 부가가치세는 그럼 얼마나 나올까요?"

"정확한 계산을 해 봐야 알겠지만 대략 몇백만 원은 나올 겁니다."

"네? 뭐, 뭐라고요? 저는 오피스텔을 산 지 10년이 넘으면 부가가치세가 없다고 알고 있었는데요?"

주거용이 아닌 오피스텔을 팔면 부가가치세가 과세된다

오 씨는 뭘 잘못 알아도 단단히 잘못 알고 있었다. 다시 말해 그는 오피스텔을 면세로 전용한 경우와 양도한 경우 부가가치세가 과세되는 형태가 다르다는 것을 알지 못했다. 이는 비단 오 씨만의 경우가 아니다. 오피스텔을 보유한 대다수의 사람들이 이를 알지 못해 세금을 물게 된다.

분양받을 때 부가가치세를 환급받고 본인이 사용(면세로 전용)하면 당초 환급받은 세액 중 사업과 관련 없는 부가가치세는 납부해야 한다. 이런 제도를 운영하는 기간은 분양 후 10년으로, 이 보유 기간이 지나면 본인이 사용하더라도 부가가치세가 과세되지 않는다.

그러나 주거용이 아닌 사무용으로 사용되는 오피스텔을 팔게 되면 재화가 공급될 때마다 부가가치세가 과세된다는 원리에 따라 토지를 제외한 건물 가격의 10%가 부가가치세로 과세된다.

"그건 잘못 알고 계신 겁니다. 거래금액 1억 원 중 5,000만 원이 건물 가격이라면 대략 500만 원이 부가가치세가 됩니다. 이 부가가치세는 건물을 산 사람이 부담하는 것입니다. 그런데 선생님의 오피스텔을 사신 분은 임대사업을 하시나요?"

"아니오. 문구점으로 쓴다고 하더군요. 아, 정말 난감합니다. 부가가치세가 있는지도 모르고 양도소득세만 생각하고 모든 세금은 파는 사람, 즉 제가 부담한다고 계약서를 작성했는데 말입니다."

"음, 그러면 말입니다. 그 문구점이 일반과세자인지 간이과세자인지 알아봐 주실 수 있겠습니까? 비록 선생님께서 하시던 임대사업을 하지는 않지만 문구점을 운영하는 일반과세자라면 오피스텔을 사업장으로 쓰고 있으므로 부가가치세를 환급받을 수 있을 겁니다."

"네, 알아보고 바로 연락드리겠습니다."

며칠 뒤 오 씨에게 오피스텔을 산 사람이 다행이 일반과세자라는 연락이 왔다. 혹시라도 간이과세자였다면 부가가치세의 일부만 공제되므로 문제가 더 복잡해졌을 것이다. 세금정 팀장은 오착각 씨의 경우를 다음과 같이 정리해서 답변했다.

"거래한 금액 중 토지와 건물을 기준시가로 안분해서 건물 가격을 도출해 낸 다음 그 건물 가격의 10%를 부가가치세로 산정하십시오. 그리고 오 선생님은 부가가치세만큼을 추가로 문구점 사장님께 받아 세금으로 납부하시면 됩니다. 단, 사업장 주소 앞으로 세금계산서를 끊어 주십시오. 그러면 그 세금계산서에 의해 문구점 사장님도 다시 부가가치세를 환급받으면 되기 때문에 이렇게 되면 서로에게 아무런 피해 없이 원만하게 일이 마무리될 수 있습니다. 물론 매출세액은 지금 당장 납부해야 하지만 환급세액은 조금 시간이 지난 다음 나오므로 당장의 매출세액은 오 사장님께서 대신 납부해도 괜찮습니다."

하지만 며칠 뒤 격분한 오 씨로부터 전화가 걸려 왔다. 문구점 사장이 세금정 팀장이 제안해 준 방법을 거절했기 때문이다. 지금 당장은 아무런 문제가 없을지 몰라도 나중에 자기가 이 오피스텔을 팔 때 사려는 사람에게 부가가치세를 못 받을 가능성이 있지 않겠냐는 것이다. 오 씨가 나중에 그런 일이 생기면 해당 세액을 보상해 주겠다는 각서까지 써 주겠다고 했지만 문구점 사장은 끝내 500만 원을 다 줄 수는 없고 그중 일부만 주겠다고 하면서 거절했다고 한다.

오 씨는 정말 화가 났다. 평소 아는 사람이라 시세에 비해 싸게 팔았는데도 자기를 믿지 못한 게 무엇보다 섭섭했다. 결국 이 건은 500만 원의 일부만 받는 것으로 마무리되었다.

오피스텔은 주택인가, 사무실인가

세법은 실질 용도로 주택 여부를 판정한다. 그래서 오피스텔이 주거용으로 사용된다면 주택에 해당된다.

오피스텔을 주거용으로 임대하는 경우에는 부가가치세를 면제한다. 원래 주택임대에 대해서는 부가가치세를 과세하지 않기 때문이다.

앞으로는 1주택을 보유한 사람이 주거용 오피스텔을 하나 더 보유하면 2주택자가 된다. 따라서 주거용 오피스텔을 양도하는 경우에는 원칙적으로 주택에 대한 양도소득세 과세 체계를 따라야 한다.

그런데 오피스텔과 관련해 아주 중요한 문제가 있다. 즉 당초 분양받을 당시 오피스텔에 대한 부가가치세는 업무용 시설로 보아 환급을 받을 수 있었다. 하지만 이를 부가가치세가 과세되지 않는 사업(거주용 임대)에 사용하는 경우에는 당초 환급받은 부가가치세를 반납해야 한다는 사실이다. 그렇다면 주거용으로 임대한 후에 사업용(임차인이 사업자등록을 하면 족하다)으로 사용된다면 반납된 세금을 다시 환급받을 수 있는지 궁금할 수 있다. 이에 대해 최근에 공제를 받을 수 있는 규정이 신설되어 이를 돌려받을 수 있게 되었다.

한편, 사업자 간에 사업을 포괄적으로 양수도하면 앞에서 본 오 씨와 문구점 사장 간의 거래에서 발생한 부가가치세 없이도 거래할 수 있다.

TIP

주거용 오피스텔도 임대주택으로 등록할 수 있다

주거용 오피스텔을 임대주택으로 관할 구청 등과 세무서에 등록하면 임대주택과 같은 세금 혜택을 부여한다. 예를 들어 주거용 오피스텔을 신규 분양받아 임대 시 취득세를 면제받을 수 있고, 재산세 등을 감면받을 수 있다. 또한 종합부동산세에 대한 비과세와 거주 주택을 양도할 때에 양도소득세 비과세를 받을 수 있다. 참고로 오피스텔과 관련되어 다양한 세무상 쟁점이 파생하고 있으므로 각별한 주의를 요한다.

수익형 부동산은 부가세만 알아도 몇천만 원은 그냥 건진다

"어, 아빠? 먼저 전화를 다 주시고 죄송해요. 제가 자주 연락 드려야 하는 건데……. 잘 지내시죠?"

"뭘, 안 바쁜 쪽이 먼저 전화하는 거지. 그래, 잘 지내고 있는지 모르겠구나. 이 서방은 잘해 주고?"

"네. 그럼요. 저희는 잘 지내요. 날씨도 변덕스러운데 어디 편찮으신 데는 없으세요?"

"응, 나야 건강하지. 걱정 마라. 오늘 전화는 내 건강 걱정해 달라고 한 게 아니라 상의할 게 있어서야. 거 왜 우리 ○○ 지역에 임대한 상가 하나 있잖니? 그거 좀 급하게 팔아야 할 거 같은데 세금이 얼마나 나올지 몰라서 말이야."

"네, 알았어요. 퇴근하고 이 서방이랑 같이 찾아뵙고 말씀드릴게요."

오랜만에 친정을 찾은 야무진과 이절세. 푸짐한 저녁상을 물리고 함께 상가 매도에 따른 세금 문제를 상의하기 시작했다.

상가 양도소득세 계산 방법

서울 ○○ 지역에 있는 상가에 대한 등기부등본과 건물대장 등을 확인하니 다음과 같았다.

물건 소재지: 서울 ○○구 ○○동 ○○번지(등기부등본)

취득 연도: 2020년 1월

양도 예정 연도: 2025년 10월

실제 취득가(취득세 등 포함): 5억 5,000만 원(매매계약서 등)

일괄 양도 예정가: 8억 5,000만 원(부가가치세 불포함)

연면적: 건물 100㎡, 대지 50㎡(건물대장, 토지대장)

취득 연도 공시지가: 2,000,000원/㎡당(공시지가확인원)

양도 연도 공시지가: 4,000,000원/㎡당

취득 시 상가 건물의 기준시가: 2억 원(국세청 홈페이지에서 확인)

양도 시 상가 건물의 기준시가: 3억 원(국세청 홈페이지에서 확인)

기타 필요경비는 토지와 건물에 대해 각각 1,000만 원이 있었음.

상가에 대한 양도소득세는 주택 외 투기지역이 아니면 대부분 기준시가로 과세하는 것이 유리하다. 하지만 모든 부동산에 대한 양도소

득세는 실거래가로만 신고해야 한다.

이하에서 상가 양도소득세를 계산해 보자.

상가의 경우에는 양도소득금액을 건물과 토지 부분으로 나눠 계산한다. 건물과 토지는 성격이 다른 부동산으로 구분될 뿐 아니라 취득 시기가 다른 경우 장기보유 특별공제액이 달라질 수 있기 때문이다. 또 건물에 대해서만 부가가치세가 부과되므로 이래저래 건물과 토지분을 나눌 필요가 있다.

그런데 자료를 보면 공급가액이 건물과 토지분으로 나눠 있지 않다. 따라서 이런 경우에는 양도 및 취득 시의 기준시가(감정가액이 있는 경우 감정가액이 우선) 비율로 안분 계산해야 한다.

① 양도 시의 공급가액의 안분
- 양도 시의 건물 공급가액 = 일괄 공급가액 × [양도 시의 건물 기준시가 ÷ (양도 시의 토지 기준시가 + 양도 시의 건물 기준시가)]
  = 8억 5,000만 원 × [3억 원 ÷ (2억 원 + 3억 원)] = 5억 1,000만 원
- 양도 시의 토지 공급가액 = 8억 5,000만 원 − 5억 1,000만 원
  = 3억 4,000만 원

② 취득 시의 공급가액의 안분
- 취득 시의 건물 공급가액 = 일괄 공급가액 × [취득 시의 건물 기준시가 ÷ (취득 시의 토지 기준시가 + 취득 시의 건물 기준시가)] = 5억

5,000만 원×[2억 원÷(1억 원+2억 원)] = 366,666,667원

- 취득 시의 토지 공급가액 = 5억 5,000만 원−366,666,667원
  = 183,333,333원

이상의 정보를 바탕으로 상가 양도에 대한 양도소득세를 계산하면 다음과 같다(단, 장기보유 특별공제율은 10% 적용 가정).

(단위: 원)

항목	건물	토지	계
양도가액	510,000,000	340,000,000	850,000,000
취득가액*	366,666,667	183,333,333	550,000,000
기타 필요경비	10,000,000	10,000,000	20,000,000
양도차익	133,333,333	146,666,667	280,000,000
장기보유 특별공제(10%)	13,333,333	14,666,667	28,000,000
양도소득금액	120,000,000	132,000,000	252,000,000
기본공제	−	−	2,500,000
과세표준	−	−	249,500,000
산출세액 (38%−누진공제 1,994만 원)	−	−	74,870,000
세액공제(2011년 폐지)	−	−	0
결정세액	−	−	74,870,000
총 납부할 세액 (지방소득세 10% 포함)	−	−	82,357,000

* 감가상각비를 장부에 계상해 상가 임대소득세를 냈다면 양도소득세 계산 시 감가상각비는 취득가액에서 차감된다.

부가가치세를 놓치는 순간 돈이 날아간다

부가가치세는 상가를 양도한 사업자가 상가 건물을 산 사람에게 따

로 건물 가격의 10%를 받아 정부에 납부해야 하는 세금이다. 그렇다면 야무진의 아버지는 얼마를 양수자로부터 받아 정부에 납부해야 할까?

결론적으로 말하면 상가 부가가치세는 앞의 양도 시 건물 가격에 대해서만 과세가 된다. 즉 8억 5,000만 원 중 건물분으로 계산된 5억 1,000만 원의 10%인 5,100만 원이 부가가치세에 해당한다. 이렇게 따진다면 앞의 거래금액은 9억 100만 원으로 뛰게 된다.

물론 거래금액에 부가가치세를 개입시키지 않으려면 양도자와 양수자가 포괄 양수도 계약을 맺으면 된다. 이는 사업에 관한 일체의 권리·의무를 양수자에게 넘긴다는 계약의 한 형태로 양도자가 폐업신고 시에 관할 세무서에 계약서 사본을 제출해야 한다(단, 계약서상에 포괄 양수도 계약임을 표시하지 않더라도 실질이 이에 해당하면 세법은 이를 문제 삼지 않는다). 상가 관련 세무 처리는 위험 요소가 많으므로 유의해야 한다.

계약할 때 한 번 더 부가가치세를 조심하라

위의 계산 결과에서 보듯이 부가가치세는 약 5,100만 원 정도 나왔다. 이제 남은 문제는 이 금액을 어떻게 살 사람에게 잘 받아 낼 수 있는가 하는 것이다.

먼저 계약할 때는 반드시 계약서에 '부가가치세는 건물을 사는 사람이 부담한다'라고 확인해 두어야 한다. 자칫 '모든 세금은 파는 사람이 부담한다'라고 하면 거래금액의 일부를 세금으로 갖다 바쳐야 하는 결과를 빚게 된다. 가령 야무진의 아버지가 그렇게 계약서를 작성한다면 8억 5,000만 원 중에서 양도소득세를 포함한 1억 3,000여 만 원을 울면서 세금으로 날리게 되는 것이다.

상가를 팔아 돈을 벌 생각을 갖고 있다면 상가 건물에는 부가가치세가 있다는 것을 절대 잊어서는 안 된다(참고로 계약서상에 토지와 건물의 공급가액을 구분할 때는 기준시가 대비 30%를 벗어나지 않아야 한다. 저자 카페 문의).

땅 또는 해외 투자에 대한 세금

① 땅과 세금

땅은 다른 부동산과 마찬가지로 거래 형태에 따라 취득세, 재산세, 상속·증여세, 양도소득세 등이 발생한다. 특히 땅을 양도하면 양도소득세가 과세(비사업용 토지는 16~55%로 중과세되고 있음)되나, 8년 이상 직접 경작한 땅을 양도하면 양도소득세가 면제(감면한도 : 1년간 1억 원, 5년간 2억 원)됨을 알 필요가 있다. 참고로 2024년부터 농지를 분필해 2년 내에 같은 사람에게 양도하면 1년간의 감면 한도만 적용한다.

② 해외 투자와 세금

만일 한국인이 해외에서 투자해 자산을 양도하는 경우 세금 문제는 어떨까? 양도소득세가 과세되는 상황은 5년 이상(그 미만이면 납세의무가 없다) 국내에 주소를 둔 거주자가 해외에 있는 부동산(주식도 포함) 등을 양도 시 국내에서 양도소득세가 과세된다. 물론 그 금액은 원화로 환산되며, 그 계산 방법은 국내 자산의 양도분과 유사하다. 참고로 외국에서 납부한 세금이 있다면 국내에서 재정산 때 중복과세가 되지 않도록 조정해 준다.

전격 공개!
양도소득세 절세 전략 15가지

다음은 가장 많은 사람들이 상담하는 양도소득세 절세 방법을 15가지로 압축해 정리한 것이다. 이번 장에서 실례를 들어 설명한 부분이므로 다시 한번 읽으면서 머릿속에 잘 새겨 두자.

전략 1 : 부동산 정책 흐름을 놓치지 마라

정부가 발표하는 부동산 정책의 변화에 관심을 갖자. 아는 만큼 보인다고 정부가 부동산 수요를 억제하기 위해 마련한 조정대상지역·투기과열지구나 투기지역 지정, 실거래가 신고 제도, 중과세 정책 등은 부동산에 참여하는 사람들에게 아주 중대한 변화를 줄 수 있다. 물론 수요를 살리기 위해서 앞과 같은 규제들을 완화하기도 한다. 2년 이상 보유한 주택에 대한 중과세를 2022년 5월 10일부터 2025년 5월 9일(2025년 연장 예상)까지 한시적으로 적용하지 않은 것이 대표적이다.

참고로 조정대상지역에서 지정되거나 해제되는 경우의 세제 변화를 정리하면 아래와 같다(기타 자세한 내용은 『부동산편』 등을 참조).

- 지정 시
  - 1세대 1주택 비과세 요건 중 거주 요건이 적용된다.
  - 다주택자에 대한 양도세 중과세가 적용된다.
  - 다주택자에 대한 장기보유 특별공제가 박탈된다.
  - 신규취득자에 대한 임대 세제 지원이 중단된다.
  - 대출 규제가 시작된다.

- 해제 시
  - 1세대 1주택 비과세 요건 중 거주 요건이 적용되지 않는다. 다만, 해제일 이전에 취득한 주택은 여전히 거주 요건이 적용된다.
  - 다주택자에 대한 양도세 중과세가 적용되지 않는다. 취득 시점과 무관하다.
  - 다주택자에 대한 장기보유 특별공제가 6~30%만큼 적용된다. 역시 취득 시점과 무관하다.
  - 신규 취득자에 대한 임대 세제 지원이 된다.
  - 대출 규제가 풀린다.

전략 2: 양도소득세를 감면받을 수 있는 주택에 해당하는지 점검하라

양도소득세를 감면받을 수 있는 주택은 주로 정부 정책에 따라 수시로 발표된다. 정부는 준공 후 미분양 주택을 취득해 5년간 임대하면 향후 양도소득금액의 50~100%를 감면하는 안을 수시로 발표한다. 이러한 감면 주택은 양도소득세 감면 외에도 거주자의 소유 주택에서 제외되는 혜택이 있다(단, IMF 기간 중의 신축 감면 주택은 거주자의 주택 수에 포함됨에 유의). 감면을 받으면 감면세액 상당액의 20%를 농어촌특별세로 납부해야 한다.

전략 3: 주택 수에 따른 양도 전략을 세워라

보유한 주택의 수에 따라 절세 포인트를 찾아내 익혀 두자. 주택을 2채 이상 보유한 사람들에게 반드시 필요한 전략이다. 다만, 최근 세법 개정으로 인해 다주택자의 퇴로가 대부분 차단되었음에 유의할 필요가 있다. 예를 들어 아파트는 더 이상 임대등록을 할 수 없고, 증여도 쉽지 않을뿐더러 법인으로의 주택관리도 쉽지 않게 되었다. 한편 2021년 1월 1일 이후에 취득한 분양권도 주택 수에 포함*되므로 이래저래 주택 수 관리가 상당히 중요하게 되었다.

* 취득세의 경우 2020년 8월 12일 이후 취득한 분양권(입주권, 주거용 오피스텔)도 주택 수에 포함하여 주택에 대한 취득세 중과세를 적용하고 있다. 이에 반해 양도소득세에서는 2021년 1월 1일 이후에 취득한(계약 기준) 분양권에 대해 주택 수에 포함시킨다(단, 주택 수에 포함되는 분양권은 주택법 등 8개의 법률에 따라 생성된 것을 말한다. 따라서 건축법상의 분양권은 주택 수에 포함되지 않는다). 이처럼 분양권이 주택 수에 포함되면 다른 주택의 비과세와 중과세에 많은 영향을 주게 된다. 주의하기 바란다.

전략 4 : 양도소득세 신고하는 방법을 익혀라

양도소득세는 모두 실거래가로 과세된다. 이렇게 되면 세금이 많이 증가될 수 있으나 꼼꼼히 살펴보면 절세할 수 있는 곳이 많다. 따라서 신고 방법을 차분히 이해해 보자.

전략 5 : 취득 및 양도 시기를 정확히 파악하라

취득 및 양도 시기는 양도소득세를 줄일 수 있는 기본 중의 기본이다. 매매의 경우 그 시기는 잔금 청산일과 등기 접수일 중 빠른 날이 된다. 증여나 상속의 취득 시기는 증여를 받은 날 또는 상속개시일(사망일)이다.

전략 6 : 양도소득세 세율 적용법을 익혀라

2021년 6월 1일 이후부터는 양도세율이 아래와 같이 적용되고 있다 (참고로 토지에 대한 일반 양도세율은 당분간 현행의 세율이 적용될 것으로 보인다).

구분		종전				현행	
		주택 외 부동산	주택·입주권	분양권		주택·입주권	분양권
				조정	비조정		
보유기간	1년 미만	50%	40%	50%	50%	70%	70%
	2년 미만	40%	기본세율		40%	60%	60%
	2년 이상	기본세율	기본세율		기본세율	기본세율	

한편 양도세 중과세율의 경우 주택은 기본세율+20~30%p이며, 비사업용 토지의 경우에는 당분간 기본세율 +10%p가 계속 적용될 것으로 보인다.

전략 7: 비과세를 받으려면 2년 이상은 반드시 보유 및 거주하라

1세대 1주택 양도소득세에 대한 비과세를 받기 위해서는 원칙적으로 2년 이상을 보유해야 한다. 만약 조정대상지역에서 주택을 취득하면 2년 이상을 거주해야 한다(상생임대주택 제도를 활용하면 2년 거주 요건 면제를 받을 수 있음). 참고로 2021년 이후 양도분부터는 보유 기간의 기산일을 최종 1주택을 보유한 날로부터 2년 이상을 보유(조정대상지역은 거주 추가)하도록 하는 제도는 2022년 5월 10일에 폐지되었다. 따라서 다주택 보유자가 주택 수를 정리하고 남은 주택이 1세대 1주택이 되거나 일시적 2주택이 된 경우에는 바로 양도소득세 비과세를 받을 수 있게 되었다. 참고로 일시적 2주택 비과세 처분 기한이 3년으로 단일화되었다(취득세 등도 동일).

전략 8: 별도 세대를 만들어라

양도소득세는 세대별로 주택 수를 따진다. 따라서 세법이 허용하는 세대를 별도로 만들면 비과세를 받을 수도 있고 과세를 피할 수도 있다. 참고로 세대분리 후 해당 주택이 1세대 1주택이고 2년 보유 등의 요건을 충족하면 비과세를 받을 수 있다.

전략 9: 취득세를 비롯한 기타 비용 영수증을 보관하라

실거래가로 신고하는 경우 취득세, 기타 수선 비용, 양도 비용 영수증을 잘 챙겨 두자. 영수증이 곧 현금이다. 참고로 인테리어 설치비(자본적 지출) 영수증은 가급적 세금계산서나 현금영수증을 받아 두는 것이 좋다. 물론 이러한 영수증이 없더라도 금융 증빙이 있으면 공제받는 데 지장이 없다.

전략 10: 계약서 작성은 사실대로 하라

계약서에 금액을 낮추어 작성하면 지금 당장은 세금을 덜 낼 수 있을지 몰라도 나중에 되팔 때 더 많은 세금이 과세될 수 있다.

전략 11: 예정신고를 무조건 하라

양도한 날이 속하는 월의 말일로부터 2개월 안에 하는 예정신고가 의무화되었다. 이를 하지 않으면 가산세가 부과된다.

전략 12: 손해를 보았더라도 반드시 신고하라

비과세가 아닌 경우로 손해를 보고 팔았다 하더라도 신고는 꼭 해야 한다. 신고하지 않으면 과세의 불이익이 생길 수 있다. 참고로 한 해에 2회 이상 양도하여 양도차익과 양도차손이 난 경우에는 합산하여 세금을 정산할 수 있다. 이렇게 하면 세금이 줄어들 수 있다.

전략 13: 이혼할 때 위자료로 주는 부동산은 재산분할청구권으로 주어라

이혼하면서 위자료를 부동산으로 주면 양도소득세가 과세된다. 따라서 재산 형성 기여분만큼 준다는 취지의 재산분할청구권을 써서 부동산을 주면 양도소득세는 과세되지 않는다.

전략 14: 점포가 딸린 겸용주택은 양도소득세 계산 방법에 유의하라

1층은 점포, 2층 이상은 주택으로 된 겸용주택을 1세대 1주택으로 양도한 경우에는 과세 대상 판단 기준이 다르다. 주택 연면적이 더 크면 건물 전체를 주택으로 본다(단, 2022년 이후 양도가액이 12억 원 넘는 고가 겸용주택의 양도분부터 상가 부분은 무조건 상가로 본다). 하지만 점포의 면적이 주택보다 크거나 같으면 주택 부분은 주택, 점포 부분은 점포로 본다. 연면적에 따라 과세 대상 판단 기준이 달라진다.

전략 15: 자료 소명을 요구받으면 즉각적으로 대응하라

관할 세무서에서 거래대금이나 인테리어 비용 등에 대해 소명을 요구하는 경우 즉각적으로 대응을 하자.

취득가액을 올리는 방법

다음과 같은 상황에서는 취득가액을 미리 올려 두면 유용성이 있다. 증가된 취득가액이 인정되면 양도차익이 줄어들기 때문이다.

- 오래 전에 취득해 취득가액이 너무 낮을 때
- 계약서를 분실했을 때
- 다운계약서를 보관하고 있을 때
- 중과세를 적용받을 때 등

다만, 배우자나 직계존비속 간에 증여를 한 다음, 증여를 받은 배우자 등이 증여를 받은 날로부터 10년(2022년 이전 증여분은 5년) 내에 해당 부동산 등을 양도하면 양도가액에서 차감되는 취득가액을 증여 당시의 가액으로 하는 이월과세 제도를 적용하고 있으므로 증여일로부터 10년(5년) 후에 이를 양도하도록 한다(단, 수증자가 1세대 1주택 비과세 요건을 갖춘 경우라면 2년 후에 양도해도 됨). 참고로 이러한 제도의 적용 대상은 부동산, 이용권, 분양권·입주권(2025년에는 주식도 포함한다. 다만, 이월과세 적용 기간은 10년이 아닌 1년을 적용한다)에 한한다.

〈사례〉

남편이 5년 전에 취득한 주택의 취득가액이 1억 원이고 현재 5억 원이 시세라고 하자. 부부는 현재 2주택을 소유 중에 있으며 위 주택을 양도하면 2주택 중과세가 적용된다. 이 경우 부인에게 이 주택을 5억 원에 증여하고, 수증자인 부인이 증여받은 날로부터 5년 후에 이를 양도하면 어떤 결과가 나올까?

이 경우에는 양도가액과 취득가액이 같아 양도차익은 0원이 된다. 따라서 사례의 경우 양도소득세가 없어지게 된다. 참고로 앞의 '5년'은 2023년 이후 증여분부터 10년을 적용한다. 한편 증여에 따른 취득세 과세표준도 시가인정액(감정평가액 등)을 기준으로 함에 유의해야 한다.

chapter 07

자금출처조사 대처법과 금융실명제에 대처하는 자금 거래법

자금출처조사를
받지 않는 방법

고단수 세무사는 그동안 주택이나 상가 등을 살 때 부족한 돈은 부모의 도움을 받아 충당한 사람들을 많이 만났다. 그런 사람들은 한결같이 자금출처조사에 대해 상담하고 싶어 했다.

그런데 일반적으로 자금출처조사가 나올 확률을 예상하는 것은 쉽지 않다. 다시 말해 과세당국이 자체 기준에 따라 조사 대상자를 선정하기 때문에 제3자는 알기 어렵다는 뜻이다. 그렇지만 자금출처조사가 나올 가능성이 어느 정도인지 예측하는 것은 분명 필요하다. 자금출처조사가 나올 것을 예측해 미리 자료를 확보하거나 대책을 세울 수 있기 때문이다.

이제부터 고단수 세무사가 얘기하는 자금출처조사에 대해 본격적으로 알아보자. 특히 최근 자금조달계획서가 제출되고 금융실명제법마저 강화된 이때에 자금출처조사 제도는 매우 중요한 의미를 가지고 있다.

자금출처조사란 무엇인가

국세청에서는 재산을 취득한 사람의 직업, 연령, 소득 및 재산 상태를 포괄적으로 검토해 그 재산을 스스로 일궈 냈다고 보기 힘든 경우 일단 누군가로부터 증여받은 것으로 추정한다. 그런 다음에 증여를 받았을 것으로 추정되는 재산 취득자에게 자금출처 소명자료를 요구해서 만일 자금출처 입증이 제대로 안 되면 자금출처조사를 해 증여세를 과세한다. 따라서 자금출처조사는 누구나 무작위로 조사하는 것이 아니라 본인의 수입이나 자기 재산을 처분해 구입한 자료가 증명되면 조사 대상에서 제외된다.

아예 증여 추정을 배제하는 경우

현실적으로 모든 부동산 거래에 대해 자금출처조사를 할 수는 없다. 따라서 아래와 같은 경우에는 아예 증여 추정을 하지 않으므로 결국 자금출처조사와 관계가 없다. 즉 취득자금이 재산 취득일 전 10년 이내에 당해 재산 취득자금의 합계액(원칙적으로 시가)이 5,000만 원 이상으로 연령·직업·재산 상태 등을 참작해 국세청장이 정한 금액 이하인 경우에는 증여 추정을 하지 않는다.

　다음의 표를 통해 생각해 보자. 만약 30세를 넘은 세대주가 집을 산 경우 1억 5,000만 원까지는 증여 추정을 배제하지만 30세 미만에는 5,000만 원이다. 다만, 상기 금액 이하라 하더라도 취득자금을 부모 등에게 증여받은 사실이 객관적으로 확인되는 경우에는 증여세 과세 대상이 되는 것에 유의하자.

구분	주택	기타 재산
30세 미만	5,000만 원	5,000만 원
30세 이상	1억 5,000만 원	5,000만 원
40세 이상	3억 원	1억 원

　좀 더 구체적인 예를 들어 보자. 올해로 만 32세인 평범한 샐러리맨 김치국 씨는 결혼과 동시에 집을 샀다. 시세는 2억 1,000만 원이었다. 김 씨가 자금출처조사를 받게 될 가능성은 얼마나 될까?

　먼저 김 씨가 관할등기소에 소유권 이전등기를 신청하면 그 내역이 국세청 전산실로 전송된다. 김 씨는 30세 이상의 세대주에 해당되어 1억 5,000만 원까지는 증여 추정을 배제하므로 시세로 보면 자금출처조사 대상자에 해당한다고 볼 수 있다.

자금출처는 어떻게 입증할까

위의 증여 추정 배제 기준을 넘어선 경우라면 자금출처조사를 받게 될 가능성이 높아진다. 만일 자금출처의 소명자료를 요구받은 경우에는 자금출처에 대해 증명하면 된다.

출처 유형	입금 금액	증빙서류
근로소득	총급여액 – 원천징수액	원천징수 영수증
이자·배당소득	총 지급받은 금액 – 원천징수액	원천징수 영수증, 통장 사본
채무부담	차입금, 전세보증금	채무부담확인서, 전세계약서
재산 처분	매매가격 등	매매계약서 등
상속·증여재산	상속 또는 증여받은 재산 금액	상속세·증여세 신고서

앞의 표를 보면 근로소득이나 이자소득이나 금융권을 통해 대출받은 돈 등은 자금출처로 확실히 입증할 수 있는 수단이 된다.

하지만 입증을 다한 상태에서 입증되지 않는 금액이 취득가액의 20%와 2억 원 중 적은 금액에 미달하면 자금출처에 대한 입증 책임을 면제한다. 따라서 이러한 경우에는 입증하지 않더라도 증여세를 과세하지 않는다.

무슨 말인지 읽어도 잘 모르겠다면 여기 예를 통해 이해해 보자.

노입증 씨는 임대사업을 하기 위해 5억 원짜리 건물을 구입했다. 그런데 5억 원 가운데 2억 원은 자금출처가 입증되었지만 3억 원은 되지 않았다. 이 경우 노 씨가 입증 책임을 면제받을 수 있는지 따져 보고 증여세 과세 대상 금액을 보자.

먼저 자금출처에 대한 입증 책임 면제에 해당하는지 확인한다. 입증되지 않는 금액(3억 원)이 취득가액(5억 원)의 20%인 1억 원과 2억 원 중에서 적은 금액인 1억 원보다 많으므로 입증 면제 기준에 해당되지 않는다. 따라서 입증되지 않은 금액인 3억 원에 대한 증여세가 과세된다.

자금출처조사와 입증률

30세 이상에 해당하는 자가 주택을 취득한 경우 입증해야 할 금액은 다음 표에 정리했다. 1억 5,000만 원까지는 증여 추정을 하지 않으므로 이 금액을 초과한 경우에는 자금출처조사 시 입증을 해야 한다. 물론 이때에도 취득가액에 대해 100%를 입증하지 않아도 된다. 앞에서 보았듯이 취득가액의 20%(한도 2억 원)까지는 입증 책임을 면제하기 때문이다. 따라서 통상 취득가액 10억 원까지는 취득가액의 80%를, 10억 원이 넘어가면 취득가액에서 2억 원을 차감한 금액을 입증해야 한다. 이처럼 금액이 커질수록 입증해야 하는 비율은 점점 더 높아진다.

취득금액	입증 면제 금액	입증해야 할 금액	입증률*	비고
1억 원	0	0	0	-
1억 5,000만 원	0	0	0	조사 배제 대상
3억 원	6,000만 원	2억 4,000만 원	80.0%	-
5억 원	1억 원	4억 원	80.0%	-
10억 원	2억 원	8억 원	80.0%	-
11억 원	2억 원	9억 원	81.8%	입증률 상승
15억 원	2억 원	13억 원	86.7%	

* 입증률: 입증해야 할 금액÷취득금액

증여로 과세되는 금액은 얼마일까

결국 자금출처조사에 의해 증여세 과세 대상이 되지 않으려면 다음의 조건을 만족해야 한다. 물론 이를 충족하지 못하면 증여세가 나오게 된다. 이러한 내용들을 정리하면 다음과 같다.

첫째, 자산취득금액이 증여 추정 배제 기준금액 이하여야 한다.

둘째, 위 기준금액을 넘어 자금출처조사를 받는 경우에는 자금출처를 입증하면 된다. 다만 입증하지 못한 금액이 취득금액의 20%와 2억 원 중 적은 금액에 미달하면 입증한 것으로 본다.

따라서 이상의 조건을 충족하지 못한다면 다음의 금액에 증여세가 과세된다.

- 증여세 과세 대상 금액: 입증되지 않은 금액(취득 자금 - 입증된 금액)

앞의 노입증 씨의 경우도 이러한 절차를 거쳐 입증되지 않은 금액 3억 원에 대해 증여세가 부과될 수 있다. 그렇다면 이 경우 증여세는 얼마나 나올까?

일단 증여세는 성년 자녀의 경우 10년간 5,000만 원이 공제되므로 과세표준은 2억 5,000만 원이 된다. 이에 세율 20%와 누진공제 1,000만 원을 적용하면 증여세는 4,000만 원 정도 예상된다. 생각보다 세금이 상당히 크다는 것을 알 수 있다.

자금출처조사는 취득가액이 클수록, 나이가 어릴수록, 발생 가능성이 높다. 그리고 자금출처조사를 받게 되면 증여한 부모 등을 대상으로 다양한 방법으로 세무조사가 진행될 수 있다. 이 외에도 부담부 증여나 기타 신축 등을 할 때 대출을 받고 이를 상환할 때에도 자금출처조사가 진행될 수 있다. 따라서 해당자들은 자금출처조사가 나올 확률을 미리 예측해 보고 사전에 이러한 부분을 감안해 미리 대비하는 것이 좋다. 특히 아래와 같은 경우는 자금출처조사의 확률이 높다는 점에 유의하기 바란다.

- 미성년자가 주택 등 부동산을 구입한 경우
- 소득 입증이 되지 않음에도 불구하고 고가의 부동산을 취득한 경우
- 고소득자가 고가의 부동산을 구입한 경우
- 부담부 증여 등에 의해 부채를 상환한 경우
- 고액의 전세보증금을 지급한 경우
- 투기과열지구에서 주택을 취득해 자금조달계획서를 제출한 경우
- 금융소득 종합과세를 적용받은 경우
- 투기지역 등에서 고가의 거래를 하는 경우
- 고령자가 고가의 부동산을 취득한 경우 등

TIP

자금조달계획서와 자금출처조사

규제지역 등에서 주택을 취득하는 경우에는 아래와 같은 자금조달계획서 등을 제출해야 한다. 제출한 주택취득자금조달 및 입주계획서는 국세청 등 관계기관에 통보되어, 신고 내역 조사 및 관련 세법에 따른 조사 시 참고자료로 활용된다. 한편 주택취득자금조달 및 입주계획서를 계약체결일부터 30일 이내에 제출하지 않거나 거짓으로 작성하는 경우 「부동산 거래신고 등에 관한 법률」 제28조 제2항 또는 제3항에 따라 과태료(미신고 시 500만 원, 허위신고 시 2%)가 부과될 수 있다.

자기자금	② 금융기관 예금액	원	③ 주식 · 채권 매각대금		원
	④ 증여 · 상속	원	⑤ 현금 등 그 밖의 자금		원
	[ ] 부부 [ ] 직계존비속(관계:) [ ] 그 밖의 관계( )		[ ] 보유 현금 [ ] 그 밖의 자산(종류:)		
	⑥ 부동산 처분대금 등	원	⑦ 소계		원
차입금 등	⑧ 금융기관 대출액 합계	주택담보대출			원
		신용대출			원
	원	그 밖의 대출		(대출 종류:)	원
	기존 주택 보유 여부 (주택담보대출이 있는 경우만 기재) [ ] 미보유 [ ] 보유 (건)				
	⑨ 임대보증금	원	⑩ 회사지원금 · 사채		원
	⑪ 그 밖의 차입금	원	⑫ 소계		
	[ ] 부부 [ ] 직계존비속(관계:) [ ] 그 밖의 관계( )				원
⑬ 합계					원

자금조달계획서 작성 시 아래와 같은 점들에 주의해야 한다.

첫째, 금융기관 예치액이 큰 경우 이에 대한 출처를 조사받을 수 있다.

금융기관에 예치되었다고 해서 안심할 것은 아니다. 아버지로부터 증여받은 금액이 예치되어 있을 수 있기 때문이다.

둘째, 상속·증여받은 금액이 있는 경우 이에 대한 신고 여부를 조사받을 수 있다.

상속이나 증여받은 금액이 과다한 경우(예: 증여의 경우 5,000만 원을 초과)에는 이에 대한 신고를 했는지 조사할 가능성이 높다.

셋째, 가족 간 차입거래가 있는 경우 증여로 볼 가능성이 높다.

가족이나 친지 등으로부터 자금을 차용하는 경우 증여 등의 문제가 없는지 조사받을 수 있다. 이에 차용증을 미리 작성하고 이자를 지급하면 사후에 증여가 아닌 차입으로 인정받을 가능성이 높다. 참고로 이자는 시장이자율을 기준으로 수수해도 되지만 세법은 연간 4.6%를 기준으로 삼고 있다.

※ 저자 주

2020년 3월 이후부터 자금조달계획서의 제출 대상이 현재 투기과열지구에서 조정대상지역(거래가액 불문)과 비규제지역(6억 원)으로 확대되었다. 한편 투기과열지구에서 주택을 거래한 경우에는 거래 증빙도 같이 제출해야 한다. 이는 향후 자금조달계획서를 근거로 강력한 세무조사를 하겠다는 의도가 있다. 따라서 주택을 취득하기 전에 반드시 이에 대한 문제를 검토할 필요가 있다. 참고로 전세보증금을 증여받아 주택자금으로 사용한 경우에는 전세보증금에 대해서도 증여세가 추징될 수 있음에 유의해야 한다.

차용증도 자금출처 증빙으로 인정될까?

야무진의 고종사촌인 선정남 씨는 서른셋이 다 되도록 노총각 신세를 면치 못하다가 드디어 올해 결혼에 골인했다. 결혼하면서 선정남 씨는 그간 5년 정도의 직장 생활을 통해 열심히 모은 돈에 아버지의 도움을 얻어 기준시가 5억 원짜리 아파트도 1채 마련했다.

그러던 어느 날, 9시 뉴스를 시청하던 선정남 씨는 부모로부터 자금을 받아 집을 사는 경우에는 자금출처조사를 받게 된다는 내용의 보도를 듣고 깜짝 놀라 바로 야무진에게 전화를 걸었다.

"무진아, 나다. 그동안 잘 지냈니? 이 서방은 여전하고?"

"그래, 오빠. 그런데 갑자기 무슨 바람이 불어서 전화를 다 했어?"

"아니, 있잖아. 다름이 아니라 자금출처조사에 대해 좀 아냐? 걱정

248 합법적으로 세금 안 내는 110가지 방법 | 개인편

돼서 전화했어. 아는 거 있으면 좀 가르쳐 주라."

"아, 맞다! 오빠 집 샀다는 소식 들었어. 축하해. 근데 음… 난 잘 모르니까 내일 다시 우리 사무소로 전화해 봐. 고단수 세무사라고 정말 세금에 대해 잘 알고 계신 분이 있으니까 그분이랑 직접 상담하는 편이 더 좋을 거 같아."

"고맙다, 정말 고마워, 아까 뉴스 보는데 식은땀이 다 흐르지 뭐냐."

다음 날 선정남은 든든세무법인으로 전화를 걸어 왔고 곧 고 세무사와 상담을 할 수 있었다.

"안녕하세요. 무진이에게 이야기 많이 들었습니다. 저 좀 도와주십시오. 자금출처조사에 대해서 알고 싶습니다."

"네. 걱정 말고 차근차근 말씀해 보세요."

"아, 네. 제가 결혼하면서 아파트를 하나 샀는데요. 5억 원 정도 됩니다. 제가 그동안 모아 두었던 돈으로는 모자라서 아버지의 도움을 빌어서 샀지요. 근데 어제 뉴스를 보니 저 같은 경우 자금출처조사 대상자에 선정될 가능성이 아주 높다고 해서 걱정이 이만저만이 아닙니다."

"그렇군요. 정말 이런 경우 자금출처조사 대상자에 선정될 가능성이 약간 있습니다."

"아, 역시 그렇군요. 그럼 왜 그렇게 되는지 설명을 부탁드려도 될까요?"

"물론이죠. 제가 잘 설명해 드리겠습니다. 먼저 지금 선정남 씨의 경우 33세의 세대주이지만 주택 취득금액이 1억 5,000만 원을 넘어가므로 자금출처조사 배제 대상에 해당되지 않습니다. 따라서 자금출처조사 대상자가 되는 거죠."

"그렇다면 제가 입증할 수 없는 금액에 대해서는 어떻게 해야 합니까? 방법이 없나요?"

"방법이 없지는 않습니다. 근로소득으로 입증하는 방법이 있는데요. 선정남 씨의 경우 5억 원에서 5억 원의 20%에 해당하는 금액을 제외한 4억 원까지는 입증을 해야 합니다. 하지만 5년간의 근로소득이 대략 1억 5,000만 원 정도 되니까 4억 원에서 1억 5,000만 원을 뺀 2억 5,000만 원만큼 입증이 안 되는군요. 따라서 자금출처조사를 거쳐 입증이 안 된 금액(= 5억 원 - 1억 5,000만 원 = 3억 5,000만 원)에 대해 증여세가 과세되는 것입니다."

이때 국세청에서는 자금출처조사 대상자에 대한 컴퓨터 분석 자료가 출력되고 있었다. 그중에는 선정남에 대한 자료도 있었다. 선정남 앞으로 날아갈 자금출처조사 통지서는 다음과 같은 단계를 밟아 발송되었다.

- 주택 취득가액이 1억 5,000만 원이 넘기 때문에 자료 출력 대상자이다.
- 과거 5년간 소득 현황을 살폈을 때 근로소득은 대략 1억 5,000만 원이었다.
- 기타 자산 양도나 다른 증여, 또 상속을 받은 적은 없었다.
- 따라서 아파트를 마련하면서 누군가에게 증여를 받은 혐의가 있다.

법대로만 하면 아무 문제 없다니깐요!

　결국 선정남에게 자금출처조사 통지서가 날아왔다. 어떻게 아파트를 샀는지 자금에 대해 해명하라는 내용이었다. 선정남은 할 수 없이 고 세무사에 다시 한번 전화를 걸었다.

　"고 세무사님. 자금출처에 대한 해명자료를 보내 달라고 하네요?"

　"그렇습니까? 지금 와서 해명은 있는 그대로밖에 할 수 없습니다. 증여세 신고를 하는 것도 괜찮을 것 같고요."

　"아버지나 친지로부터 빌렸다고 하면 어떨까요?"

　"그건 또 어떻게 입증하려고 그러세요. 가짜 차용증을 만들면 되지 않겠느냐 생각하신다면 그건 오산입니다. 그게 생각처럼 그렇게 간단하지 않거든요. 돈의 흐름도 같이 입증해야 하니까요."

　"음, 그럼 증여세를 낼 수밖에 없는 것 같네요. 집을 마련하기 전에 이런 문제를 미리 생각했어야 하는데 말입니다. 여하튼 말씀 감사드립니다. 아예 답이 안 보이고 캄캄했는데 그래도 선생님과 상담하면서 맘이 편해졌습니다."

　선정남은 증여세를 납부해야 하는 상황을 피할 수 없었다. 자금출처를 제대로 입증하기가 너무 어려웠기 때문이다. 결국 선정남은 다시는 이런 일을 만들지 않겠다 다짐하면서 증여세 신고를 준비하고 있는 그대로의 소명자료를 관할 세무서로 보냈다.

자금출처조사에 대한 대처 요령

지금 울며 겨자 먹기로 증여세를 내야 하는 선정남도 집을 사기 전에 차근차근 계획을 세워 진행했다면 증여세 문제를 쉽게 해결할 수 있었다. 자금출처조사에 대한 세금 계획은 다음과 같다.

- 자산 취득금액 중에서 입증할 금액을 추산한다.
- 자신의 소득으로 입증할 수 있는 금액을 정한다.
- 입증할 수 없는 금액에 대한 대책을 수립한다. 은행 부채 등을 이용하는 것도 한 방법이다.

나름대로 계획에 따라 진행했음에도 자금출처조사 통지서를 받았을 때는 다음과 같이 풀어 보자.

- 자금출처로 입증해야 하는 금액을 파악한다.
- 입증할 수 있는 서류를 준비한다.
- 예상 세액을 산출해 본다. 이때 증여공제(기본공제 5,000만 원, 혼인·출산 증여공제* 1억 원 등)를 최대한 고려한다.

- 최종적으로 전문가의 견해를 들어 본다.

  * 2024년 이후부터 자녀가 혼인 또는 출산을 하면서 직계존속으로부터 증여를 받으면 1억 원까지 증여공제를 적용하고 있다. 따라서 일반 증여공제인 5,000만 원을 포함하면 증여공제액이 1억 5,000만 원으로 늘어난다(부부 합산 시 3억 원).

참고로 자금출처에 대한 입증은 금융거래 증빙으로 하는 것이 원칙이다. 따라서 평소에 본인 명의로 금융거래를 해 두는 것이 사후적으로 안전하다.

차용증과 자금출처 입증

부친으로부터 차입한 금액에 대해 증여세가 과세될까? 이에 세법은 직계존비속 간 금전소비대차는 원칙적으로 인정되지 아니하며 부모님이 자녀에게 현금을 빌려주는 경우 자녀가 증여받은 것으로 추정한다. 다만, 직계존비속 간 사실상 금전소비대차계약에 의하여 자금을 차입하여 사용하고 추후 이를 변제하는 사실이 이자 및 원금 변제에 관한 증빙 및 담보 설정, 채권자 확인서 등에 의하여 확인되는 경우에는 차입한 금전에 대해서는 증여세가 과세되지 않는다. 결국 가족 간 돈거래를 할 때에는 금융 증빙자료(차용증, 금융거래내역 등) 등을 통해 거래 사실을 객관적으로 입증할 필요가 있다. 금융거래 시에는 세법에서 정한 이자율(4.6%)을 감안하여 매월 이자(이자율은 0~4.6%로 하되 시장이자율로 약정할 수도 있음)를 주고받는 것이 좋을 것으로 보인다. 참고로 차입 금액이 2억 원 이하인 경우에는 이자를 지급하지 않더라도 이를 증여받은 것으로 보지 않는다. 무이자 금액 1,000만 원(2억 원×4.6%＝920만 원) 이하까지는 증여세를 면제하기 때문이다.

세무조사 'O'순위로 찍히는 사람들

"고 세무사 님! 안녕하세요? 저 이절세입니다. 오랜만이네요."

"아, 이절세 씨. 정말 오랜만입니다. 자산관리 쪽 일을 한다고 들었는데요. 재미있으시죠? 저도 관심이 많은 분야입니다."

"네, 정말 재미있습니다. 모든 일이란 자기가 재미있어야 흥도 나고 성과도 나지요. 이 업무를 맡은 뒤에는 삶이 더 즐거워졌습니다. 아, 말이 옆길로 빠졌네요. 여쭈어볼 게 있어서 전화드린 건데······."

"뭐든 말씀해 보세요."

"업무 특성상 저희 고객들은 자금출처조사에 대해 관심이 많습니다. 주로 어떤 사람들이 자금출처조사에 특히 유의해야 하는지 좀 가르쳐 주세요."

"알겠습니다. 제가 정리해서 메일로 넣어 드릴게요. 과세당국에서 꼭 찍어 놓은 사항을 정리한 것이니 잘 살펴보시기 바랍니다."

최근 들어 고급아파트나 주상복합아파트 또는 고급빌라가 속속 등장하면서 과세당국과 재산 취득자 사이에 보이지 않는 전쟁이 벌어지고 있다. 따라서 아래에서 소개하는 상황에 포함된다면 누구든 전쟁터에 나갈 준비를 해야 한다. 당신이 현명한 군인이라면 총칼을 점검하고 나가는 것은 필수이다.

- 30세 미만인 당신은 현재 비싼 주택이나 상가 등을 취득했습니까?
- 사업 자금을 부동산 취득자금으로 사용한 적이 있습니까?
- 1년에 부동산을 사고파는 횟수가 상상을 초월합니까?
- 증여를 받았는데도 증여세를 신고하지 않았습니까?
- 변변한 직업 없이 무리하게 재산을 취득한 적이 있습니까?

위에 나열한 질문에 하나라도 관계되었다면 대비책을 세우기 전에는 두 발 펴고 잘 수 없을 것이다. 그렇다고 두 손 놓고 날아오는 세금 고지서만 바라볼 수는 없지 않은가.

이제 본격적으로 전쟁터에 나가기 위한 총칼을 점검하자.

편법으로 30대 미만의 사람이 비싼 주택을 샀다면

집을 살 능력이 있어 집을 사겠다는 데 자본주의 국가에서 30세 미만이라고 뭐라 할 수 있겠는가! 문제는 정당한 방법이 아닌 편법으로 재산을 취득한 경우에 생긴다. 보통 30세 미만에 해당하는 사람들에 한해서 주택의 경우 5,000만 원, 기타 재산의 경우도 5,000만 원까지 자금출처조사가 배제된다. 따라서 고가의 주택이나 상가 등을 마련할 때는 부모 등으로부터 증여받았을 가능성이 높다. 그 결과 재산 취득으로 인해 조사를 받을 확률이 높아진다. 그래서 이를 안 집안에서는 자녀에게 증여할 때 부채를 안고 증여하거나 저평가되는 자산을 증여해서 안전하게 재산을 이전하는 추세이다.

그러나 미리 자금출처조사에 대한 준비를 하지 못한 사람들은 항상 자금출처조사를 두려워하게 된다.

느닷없이 사업 자금이 부동산 취득자금으로 변신한다면

개인사업을 하거나 중소 규모의 법인기업을 운영하다 보면 대출받은 자금이나 사업 수익으로 부동산을 취득하는 경우가 흔히 발생한다. 기업의 이윤을 합법적으로 사용해 부동산을 취득하면 누가 뭐라고 하겠냐만 역시 문제는 사업소득이나 자금이 투명하게 관리되지 않는 경우도 많다는 데 있다.

통상 개인에 대한 사업소득은 소득의 2/3 정도만 드러나고 나머지는 지하로 잠수한다. 세금도 붙지 않은 이 돈은 여기저기서 위력을 발휘한다. 물론 법인으로 기업을 운영한다고 해도 법인과 개인의 돈을 구별하지 못하는 바람에 자금 유용이 심한 경우도 있다.

주로 세금도 안 낸 돈들이 부동산 시장으로 들어와 돈을 버는 원천으로 사용되므로 많은 문제들이 생기게 된다. 이에 국세청은 최근 5년간의 재산 취득금액과 지출 금액을 합계한 금액에서 신고한 소득금액을 차감한 금액이 차이가 크게 나면 탈세한 것으로 보아 세무조사를 진행하고 있다.

상습적으로 부동산을 사고판다면

상습적으로 부동산을 매매하는 경우에는 아무리 점검에 점검을 기한다고 해도 날아오는 세금 총알을 피할 수 없다. 그런데 이러한 상황에 몰리면 차라리 세무서에 정식으로 사업자등록을 내고 하는 것이 나을 수도 있다. 통상 3년간 3회 이상 거래하면 투기자로 몰릴 가능성이 높아진다.

증여받고도 신고하지 않았거나 능력 없는 자가 재산을 취득했다면

아무리 부모자식 간이라도 재산을 주고받을 때는 세금을 내야 한다. '뭐, 내 재산 내 자식한테 준다는데 누가 뭐라고 해?' 할 수도 있지만 대한민국에서는 증여와 함께 증여세가 과세되는 것은 당연하다.

부모가 성인 자녀에게 10년 동안 5,000만 원(미성년자는 2,000만 원) 이내의 금액을 증여하는 것에 대해서는 과세하지 않으며 부부간 증여는 6억 원까지 비과세된다. 따라서 재산을 취득하기 전에 자금출처조사가 걱정된다면 증여세 신고를 하는 것이 안전한 방법이다.

또 재산을 취득하기가 힘든 미성년자나 성년이라도 마땅한 직업도 없으면서 재산을 취득한 경우라면 당연히 자금출처조사 대상자로 선정되기 쉽다. 과세당국이 이런 사람들을 집중 대상으로 삼는 이유는 국세청 전산망에 소득 원천이 잡히지 않기 때문이다.

"오빠!"

야무진이 인터넷 서핑 중에 있던 이절세를 급하게 찾았다.

"아니 왜 이렇게 호들갑을 떨지?"

"지금 많은 부자들이 은행에서 돈을 빼 가고 있는가 봐. 그런데 그 돈이 어디로 갔는지 참 모르겠어. 우리 보험회사에도 그렇게 많이 오는 거 같지는 않은데……."

야무진이 금융실명제의 강화에 따른 분석 기사가 담긴 스마트폰 화면을 이절세에게 보여 주면서 말을 했다.

"그래. 사실 우리 증권회사에서도 돈들이 많이 빠져나간 것 같은데 그 많은 돈들이 어디로 갔는지 나도 궁금했어. 혹시 더 깊은 땅 속으로 들어간 게 아닐까? 아니면 바다 속으로 풍덩 들어갔든지 말이야.
하하하."

이절세가 한바탕 웃었다.

"이렇게 웃고만 있을 때가 아닌 것 같아. 지금 우리나 고객들이나
금융실명제가 정확히 무엇을 의미하는지 잘 모르는 경우가 많은 거
같아. 손 놓고 있을 때가 아닌 것 같아. 무슨 대책이라도 필요한 것 같
은데……."

"맞아. 동의해."

이절세도 야무진의 말에 흔쾌히 동의했다.

최근 금융자산에 대한 차명 거래를 금지하는 것을 골자로 하는 금
융실명법이 강화되면서 대한민국이 술렁거리고 있다. 아무런 생각 없
이 빌려주고 빌려 쓴 차명계좌 등에 대한 처벌이 강화되었기 때문이
다. 종전에는 합의를 통한 차명계좌에 대해서는 처벌을 하지 않았지
만, 현재는 5,000만 원의 벌금과 5년 이하의 징역에 처할 수 있게 법
이 개정되었다. 물론 이러한 처벌 외에 세금이 별도로 추징될 수 있다.

어떤 금융거래가 문제가 되는가?

금융실명제의 핵심은 금융거래의 계좌를 반드시 본인의 명의로 해
야 한다는 것이다. 여기서 본인이란 개인과 법인을 말한다. 따라서 회
사의 경우에도 반드시 회사 명의로 된 통장을 사용해야 한다. 만일 대

표이사나 다른 임직원의 명의로 된 통장을 사용한 경우에는 이 법을 적용받게 된다는 것이다. 그렇다면 모든 금융거래에 대해 이 법을 적용할까?

그렇지 않다. 일단 '불법 재산 은닉이나 자금세탁, 탈세 등'의 목적으로 차명계좌를 빌려주거나 빌린 경우에만 처벌을 받는다. 예를 들어 증여세나 상속세 또는 금융소득 종합과세 등을 피하기 위해 차명으로 재산을 운영하게 되면 이 법을 적용받게 된다.

그렇다면 남편이 아내 또는 자녀의 명의로 된 계좌에 돈을 넣어 두면 무조건 처벌을 할까? 원래 법의 취지대로 하면 그렇게 해야 하지만 이것은 현실과 동떨어지고 너무 가혹하므로 증여세가 없는 범위 내에서는 이 규정을 적용하지 않는다. 예를 들어 배우자 간은 6억 원, 성년자인 직계존비속 간은 5,000만 원(미성년자 2,000만 원) 이내에서는 증여세가 부과되지 않으므로 이 금액 범위 내에서는 이 규정을 적용하지 않는다는 것이다(2024년 혼인·출산 증여공제 1억 원 추가). 더 나아가 미성년 자녀의 금융자산을 관리하기 위해 부모 명의로 된 계좌에 예금하는 것은 2,000만 원을 넘더라도 이 규정을 적용하지 않는다고 한다.

한편 친목계나 마을회·부녀회·동창회 등 친목 모임의 회비나 종중 또는 교회 등의 자금을 관리하기 위해 대표자 명의로 계좌를 개설하는 것은 예외적으로 차명 거래가 허용된다.

참고로 이러한 차명계좌 규제는 주로 금융거래를 대상으로 하는데 어떤 금융자산이 이에 해당되는지 그 범위가 중요하다. 금융실명제법에서는 금융자산을 '금융회사 등이 취급하는 예금·적금·부금(賦金)·계금(契金)·예탁금·출자금·신탁재산·주식·채권·수익증권·출자지분·어음·수표·채무증서 등 금전 및 유가증권과 그 밖에 이와 유사한 것으로서 총리령으로 정하는 것(신주인수권을 표시한 증서, 외국이나 외국법인이 발행한 증권 또는 증서)'으로 정하고 있다. 따라서 보험이나 파생 상품 등은 이 법률의 규정을 적용받지 않는다.

금융실명제에 대한 해법은 무엇인가?

차명계좌는 많은 벌금과 세금이 부과될 수 있다는 점, 그리고 차명계좌에 들어 있는 돈은 모두 명의자의 것으로 보게 되어 소유권 분쟁 등이 예견된다는 점 등이 부담된다. 따라서 앞으로 차명계좌는 절대 손대지 않는 것이 중요하다. 그리고 다음과 같은 대책들도 가지고 있어야 한다.

첫째, 가족 간에 차명계좌를 사용하는 경우로서 증여세가 나오는 경우에는 미리 증여세를 신고하는 것이 좋다. 신고를 하면 차명 거래와 무관해지기 때문이다. 참고로 세법은 차명계좌에 보유하고 있는 재산은 명의자가 취득한 것으로 추정해 증여세를 별도로 부과하고 있다는 점에 유의해야 한다.

둘째, 사업자들은 다음과 같이 사업용 계좌를 관리하는 것이 좋을 것으로 보인다.

- 사업 거래 시 자금 수수는 사업용 계좌를 통해 하도록 한다.

사업용 계좌는 사업자 명의로 된 계좌를 미리 관할 세무서에 신고해 이 계좌를 통해 입출금을 하도록 하는 제도를 말한다. 통상 이 계좌는 사업 규모가 일정한 수준(도·소매업 3억 원, 음식점업 1억 5,000만 원, 서비스업 7,500만 원) 이상이 되는 복식부기 의무자들이 의무적으로 신고하도록 하고 있다.

세법은 이 계좌를 통해 인건비나 임차료, 기타 자재대 등이 입출금되도록 의무화하고 있다. 만일 이를 위반한 경우에는 가산세 등이 있다.

- 배우자나 임직원의 계좌로 입금하거나 자금 이체를 하지 않는다.

세법에서는 배우자의 명의로 된 계좌를 통해 자금을 받거나 이체를 하더라도 신고만 정확히 하면 그 거래 자체는 인정한다. 하지만 앞으로는 금융실명제법의 처벌 규정이 적용될 수 있으므로 사업상의 거래는 모두 본인 명의로 하도록 한다.

특히 임직원 명의로 입출금을 하는 경우에는 이 법률 규정이 적용될 가능성이 아주 높기 때문에 삼가도록 한다.

셋째, 법인의 경우에는 법인 통장을 활용해 거래를 한다.

개인유사법인의 경우 법인 통장과 대표이사의 통장을 각각 사용하는 경우가 있다. 이는 대부분 자금 거래의 편의성 때문이다.

이러한 거래에 대해 세법에서는 개인기업처럼 사업용 계좌 의무를 부여하지 않는 등 규제를 하고 있지 않지만 앞으로는 위의 법률 규정이 적용될 수 있다. 따라서 앞으로는 무조건 법인 통장으로 거래를 하도록 한다.

기타 금융거래 시 주의해야 할 제도들

일반인이나 사업자들이 금융거래를 할 때 주의해야 할 제도들을 살펴보자.

① 차명계좌 신고포상금 제도
사업자의 차명계좌를 국세청에 신고하면 포상금을 지급하고 있다. 구체적으로 그 신고된 차명계좌를 통해 탈루 세액이 1,000만 원 이상 추징되는 경우 건당 100만 원의 포상금을 지급한다(신고인별 연간 한도는 5,000만 원). 다만, 신고 대상은 법인 또는 복식부기 의무가 있는 개인사업자가 보유한 차명계좌에 한한다.

② 고액 현금거래 보고 제도(CTR, Currency Transaction Report)
이 제도는 하루를 기준으로 한 곳의 은행 등에서 1,000만 원 이상 고액의 현금(수표나 외화는 제외)을 거래한 경우 이를 금융정보분석원(FIU, Korea Financial Intelligence Unit)에 자동적으로 보고하는 제도를 말한다. FIU는 자금세탁과 같은 불법을 막기 위해 설립된 기획재정부 산하기관에 해당한다.

③ 혐의거래 보고 제도(STR, Suspicious Transaction Report)
현금·수표·외환거래 중 '자금세탁 등이 의심되는 경우'에 한해 FIU에 보고하는 제도를 말한다. 이 제도는 금융기관의 판단이 들어간다는 점에서 앞의 CTR 제도와 차이가 있다. 현재는 금액의 크기를 불문하고 이 제도가 적용된다.

떳떳하게 세금 덜 내는 부자들 이야기

상속세와 증여세를
적게 내는 방법

든든세무법인의 고 세무사는 국내 장수생명보험회사의 금융자산관리사(Financial Planner, 개인의 자산을 설계·운용하는 전문가)들을 대상으로 보험 관련 세무 강의를 하게 되었다. 고 세무사는 특히 금융자산관리사들이 관심을 가져야 하는 항목들을 강조해 이야기했다.

"여러분! 보험 업무를 담당하시는 분들에게 중요한 세금은 부동산과 관련된 각종 세금과 상속·증여세, 금융소득 종합과세, 상품 관련 세금 정도입니다. 하지만 이제 사업소득 관리도 중요하게 생각하는 분들이 많아졌습니다. 보험 상품을 구입할 수 있는 여력은 사업소득에서 오는 경우가 많기 때문이죠.

지금부터 상속세와 증여세 가운데 상속·증여 설계에 대해 말씀드리고자 합니다. 상속·증여 설계는 여러분도 이미 아시는 부분이겠지만 정리한다는 마음으로 함께해 주시기를 바랍니다."

상속세와 증여세에 얽힌 여러 가지 궁금증

어떻게 하면 세금 부담을 최소화하면서 안전하게 자산을 이전받을 수 있을까? 이러한 질문은 부자들의 집에서 들을 수 있는 말이 아니다. 상속재산이 조금이라도 있다면 그 재산을 안전하게 지켜 내야 하고 증여를 받더라도 제대로 알고 받아야 하지 않겠는가. 그래서 재테크에 힘을 쏟는 샐러리맨, 기타 자영사업자, 더불어 금융업 종사자들이 상속세와 증여세에 관련해서 알아 두어야 할 사항들이 많다.

상속이나 증여를 하는 사람은 재산이 고스란히 넘어가기를 바란다. 하지만 이는 부의 되물림을 가져와 사회 형평성에 어긋나기 때문에 세금이 부과될 수밖에 없다. 이렇듯 증여와 상속을 하는 사람과 이를 바라보는 사회 사이에는 상반된 이해관계가 존재하므로 앞으로도 상속과 증여에 관련된 세금 문제는 끊임없이 관심 대상이 될 것이다.

상속·증여 설계의 필요성

상속·증여 설계는 부를 다음 세대에게 안전하게 이전하는 것이 목표이다. 그러나 어디까지나 법이 허용하는 테두리 안에서 합법적으로 이루어져야 한다. 나중에 세금고지서를 받은 다음 그 과세된 세금을 내는 일도 중요하지만 먼저 꼼꼼한 세금 설계를 통해 세금 신고를 하는 쪽이 절세에서 더 바람직하다.

하지만 상속·증여 설계는 일반적인 사람들에게는 현실감이 떨어지는 먼 나라 이야기처럼 들린다. 아래의 표를 보면서 그 말이 어떤 뜻인지 확인해 보자.

재산 규모에 따른 최적 설계

재산가액	상속세 발생 여부	상속 및 증여 설계 여부	최적 설계
10억 원 이하	미발생	불필요	–
10억 원 초과	발생	발생	• 소극적인 상속·증여 설계 　– 증여재산 공제 활용
20억 원 초과	발생	필요	• 적극적인 상속·증여 설계 　– 사전적이고 체계적인 증여 계획 　– 상속세 납부 계획(종신보험 등)

재산가액이 10억 원 이하인 경우 배우자가 살아 있으면 배우자 상속공제(292쪽 참조)로 최소 5억 원을 받은 다음 일괄공제 5억 원을 받을 수 있으므로 세금이 없다. 혹 배우자가 없다면 배우자 상속공제가 적용되지 않으므로 상속세가 발생하지 않는 재산가액은 5억 원으로 줄어든다. 따라서 이 정도의 재산을 지닌 사람들에게는 세금을 위한 상속·증여 설계가 따로 필요 없다. 세금을 피하기 위해 섣불리 사전증여를 하다가는 도리어 엄청난 증여세가 과세될 수 있기 때문이다.

다만 재산가액이 10억 원을 넘어 수십 억대에 이른다면 세금 설계가 반드시 필요하다.

상속·증여 설계의 예

음식점을 하면서 막대한 부를 이룬 마시서 씨는 슬슬 상속이나 증여에 대비할 때가 되었다고 생각했다. 그래서 최근까지 직접 운영하던 음식점을 아들 부부에게 물려주고 자기는 뒤에서 전체적인 관리만 맡기로 하고 필요한 서류를 꾸려 와 고 세무사에게 세금 설계를 부탁했다.

마 씨가 제출한 자료는 다음과 같다. 마 씨가 부담해야 할 세금 부담이 세금 설계를 했을 때와 하지 않았을 때 어떻게 다른지 함께 비교해 보고 절세 방법을 찾아보도록 하자.

- 상속·증여재산
  - 아파트 : 시세 5억 원(기준시가 3억 원)
  - 거주용 단독주택 : 시세 6억 원(기준시가 3억 원)
  - 상가 건물 : 시세 12억 원(기준시가 7억 원)
  - 은행예금 : 5억 원
- 가족 현황 : 배우자와 성년 자녀 2명
- 상속세를 계산할 때 공제액은 11억 원이라 가정
- 사전 증여는 증여세 비과세 한도를 이용

- 이 외 사항은 모두 무시

먼저 세금 설계를 하지 않는 경우 마 씨가 내야 할 세금에 대해 계산해 보았다. 이 경우 예측되는 상속세는 다음 계산에 따라 대략 1억 5,000만 원이 된다.

- 상속재산가액: 18억 원(부동산은 기준시가 적용)
- 상속세 과세가액: 18억 원
- 상속세 과세표준: 18억 원 - 11억 원(배우자 상속공제 등) = 7억 원
- 상속세 산출세액

  1,000만 원 + (5억 원 - 1억 원) × 20%* + (7억 원 - 5억 원) × 30%* = 1억 5,000만 원

  * 294쪽 세율 표 참조

다음은 전문적인 도움을 받아 세금 설계를 한 경우를 살펴보자. 이때 예측되는 상속세는 한 푼도 없다. 세금 설계를 하면 이러한 이점이 있다.

- 상속재산가액: 11억 원(증여재산 7억 원 제외)
- 상속세 과세가액: 11억 원
- 상속세 과세표준: 11억 원 - 11억 원 = 0원
- 상속세 산출세액: 0원

세금 설계를 통해 줄어든 7억 원은 배우자 6억 원, 성년 자녀 앞으

로 각각 5,000만 원씩 나누어졌다. 이렇게 나뉜 금액은 각각 증여세가 비과세되는 한도에 해당한다. 다만, 증여를 한 다음 10년 내에 상속이 발생하면 증여가액이 상속재산가액에 합산되므로 증여는 가급적 빨리 하는 것이 좋다.

앞의 결과 세금 설계를 한 경우와 하지 않는 경우의 세금 차이는 무려 1억 5,000만 원(1억 5,000만 원 - 0원)에 달한다. 물론 대략 계산한 값임을 염두에 두자. 상속세란 상속재산가액의 크기, 종류, 배우자가 공제받은 금액의 크기 등 여러 변수에 따라 산출세액의 크기가 달라지기 때문이다. 다만 여기서는 상속재산을 사전 증여하면 절세 효과가 있음을 쉽게 알려 주기 위해 계산을 단순화했다. 자세한 계산은 뒤에서 배울 수 있다.

상속·증여세에 대한 절세 방안

첫째, 재산가액을 정확히 파악하는 것이 중요하다.

상속세와 증여세는 상속이나 증여의 대상자산의 시가로 과세하는 것을 원칙으로 삼고 있다. 따라서 유사한 재산의 거래금액을 찾아내 이를 기준으로 과세하려고 한다. 하지만 이러한 시가가 밝혀지지 않으면 기준시가*로 재산가액을 평가하게 된다. 한편 상속이나 증여재산가액은 상속개시일이나 증여일 현재 당시의 재산가액뿐만 아니라 과거 소급하여 10년 이내의 사전 증여재산도 합산되어 과세된다는 점에 유의해야 한다. 참고로 상속 당시 존재하는 채무는 상속재산가액에서 차감된다.

둘째, 사전 증여는 빠르면 빠를수록 좋다.

상속개시일 10년 이내에 증여한 재산은 상속재산에 포함되기 때문에 지금부터라도 빨리 증여 계획을 세우는 것이 바람직하다. 다만 재산가액이 많지 않은 사람들은 명의 이전을 하다가 불필요한 세금만 날릴 수 있음에 유념하자.

셋째, 사전 증여 대상으로는 부동산이 더 좋다.

사전 증여가 필요할 경우 대개 현금보다는 부동산 증여가 더 유리하다. 증여재산을 평가할 때 부동산은 시세보다 낮은 기준시가나 시가를 기준으로 과세되지만 현금은 있는 그대로의 금액에 과세되므로 부동산이 현금보다 세금이 덜 발생한다. 다만 취득세* 등을 감안하면 예상치 못한 결과가 나올 수 있으므로 이를 감안해야 한다.

이렇듯 상속·증여세에서 최대의 절세 방법은 미리미리 상속·증여에 대한 세금 설계를 하는 것이다. 이러한 세금 설계는 앞에서 살펴본 대로 자산이 많은 부유층에게 필요한 방법이다.

빚이 많은 상속은 포기하는 게 낫다

상속액에 따라 부과되는 세금 액수는 달라진다. 특히 빚이 많을 때는 더 복잡해진다. 상속액보다 빚이 많을 때는 어떻게 대처해야 할까? 각각의 상황에 따라 알맞은 대응책을 생각해 보자.

상속이 이루어지면 어떻게 대처할까

상황 1 : 빚이 재산보다 엄청나게 많을 때

당장 눈앞에 놓인 재산보다 숨겨진 빚이 더 많다면 주저 말고 상속을 포기하는 것이 현명하다. 포기는 상속개시일(사망일)부터 3개월 이내에 가정법원에 신청해야 한다.

상황 2 : 숨겨진 빚이 얼마나 있는지 모를 때

도대체 빚이 얼마나 있는지 알 수 없다면 한정승인을 신청하자. 한정승인은 나중에 빚이 나오더라도 상속받은 재산의 범위 내에서 빚도 물려받는 것을 뜻한다. '상속 개시가 있음을 안 날(이 기간 경과 시 그 채무가 있음을 안 날)'로부터 3개월 이내에 피속상인의 최종 주소지 관할 법원에 신청서를 제출하면 된다.

상황 3 : 상속재산은 있는데 상속세가 없을 때

상속재산이 있기는 하지만 상속세가 과세되지 않을 정도의 재산(보통 10억 원 미만)일 경우 상속에 따르는 등기나 상속세를 신고하지 않아도 상속세는 과세되지 않는다.

단, 이 경우에는 취득세가 문제 될 수 있다. 상속재산이 1세대 1주택이거나 농지인 경우에는 취득세를 감면받을 수 있기 때문에 시간을 내서 등기하면 되지만, 상가나 1세대 1주택이 아닌 주택 등에 대해서는 상속개시일이 속하는 달의 말일부터 6개월 이내에 취득 신고를 하고 취득세를 납부해야 한다. 늦으면 가산세가 추가되므로 서두르자.

상황 4 : 상속세가 과세되는 상속재산이 있을 때

재산이 10억 원을 넘어가는 경우에는 다음 절차에 따라 상속세 신고를 해 보자. 물론 세무사에게 상속세 신고를 의뢰하면 훨씬 간단하지만 그렇다고 해도 알고 있으면 유용한 정보이므로 기억하도록 하자.

첫째, 상속순위를 파악하기 위해 피상속인과 상속인의 호적등본으로 상속인을 확인한다.

둘째, 유언서의 유무를 확인한다. 유언서가 있을 경우 가정법원의 검인(공증인이 작성한 공증증서가 있는 경우는 제외)을 받는 것이 바람직하다.

셋째, 상속재산과 채무를 확인한다. 피상속인이 남긴 상속재산과 채무(가족 명의, 3자 명의 등 포함)를 조사해 목록과 일람표를 작성하고 특히 채무입증 서류를 반드시 챙겨 두어야 한다. 영수증이 있는 경우 장례 비용은 1,000만 원까지 공제되므로 잘 보관해야 한다.

넷째, 상속재산에 대한 평가를 내린다. 상속재산의 평가는 상속세 부담의 크기를 좌우하는 요소가 되므로 상속재산 평가에 대한 지식을 습득하면 절세할 수 있다.

다섯째, 상속재산의 분할이다. 우선순위는 '유언 → 협의분할 → 법정상속'에 따라 정해진다. 유언이 없으면 상속인끼리 모여 협의하고 그래도 나누지 못하면 법이 정하는 대로 분할한다.

여섯째, 신고와 납부를 한다. 신고와 납부는 상속개시일이 속하는 달의 말일부터 6개월 이내에 피상속인의 주소지 관할 세무서에 하면 된다.

참고로 위에서 말한 상속순위나 법정상속분은 어떻게 산정하는지 알아보자.

상속순위는 어떻게 정해질까

상속순위는 피상속인의 자녀나 손자·손녀가 1순위, 부모 등 직계존속이 2순위, 형제·자매가 3순위, 4촌 이내의 방계혈족이 4순위가 된다. 여기까지 보면서 '앗, 그럼 피상속인의 배우자는 어디 갔지?' 하고 고개를 갸우뚱하는 사람도 분명 있을 것이다. 배우자는 1순위와 2순위까지는 공동상속인이 된다.

예를 들어 피상속인(사망자) A의 상속인으로 배우자와 자녀 2명, 손자·손녀가 2명 있는 경우의 상속순위를 밝혀 보자. 이때 상속 1순위에는 직계비속인 자녀 2명과 손자·손녀 2명이 해당된다.

그러나 A의 손자·손녀 2명은 원칙적으로 상속을 받을 수 없다. 민법은 같은 순위의 상속인이 여러 명인 경우, 촌수가 높은 최근친(最近親)을 가장 우선으로 하고 같은 촌수인 동친(同親)의 상속인이 여러 명일 때는 공동상속인으로 보도록 정하고 있다. 이 경우 자녀 2명이 최근친으로서 공동상속인이 되기 때문에 손자·손녀 2명은 자녀가 상속을 포기하는 경우에만 상속받을 수 있다. 물론 배우자는 자녀 2명과 함께 공동상속인이 된다.

| 1/3.5 | 1.5/3.5 | 1/3.5 |
| 딸 | 배우자 | 아들 |

법정상속분은 어떻게 분배될까

피상속인이 상속인을 지정하지 않고 사망했을 경우 법으로 그 상속 지분을 정하는 것을 법정상속이라고 한다. 원칙적으로 같은 순위의 상속인이 여러 명일 때는 그 상속분이 모두 같은 것으로 본다. 단, 배우자의 상속 지분에는 다른 상속인이 차지하는 상속 지분의 5할을 가산하게 되어 있다. 위에서 2명의 자녀와 함께 공동상속인이 된 A의 배우자는 1.5/3.5(자녀 1 : 자녀 1 : 배우자 1.5)의 비율로 법정상속분이 정해진다.

상속재산에서 내 몫은 얼마일까

피상속인이 유언을 통해 특정 상속인에게 재산 모두를 물려준 경우라 하더라도 상속재산의 일부를 내 몫으로 주장할 수 있다. 이러한 제도를 유류분 제도라 하는데 구체적인 내용은 다음과 같다.

유류분권을 행사할 수 있는 자는 재산 상속순위상 상속권이 있는 자여야 한다. 그러나 1순위 상속인인 직계비속이 있는 경우에는 2순위 상속인인 직계존속은 유류분권을 주장할 수 없다. 유류분의 비율은 사망 당시의 재산 전체에서 채무 전액을 공제한 다음 그 잔액에 대한 법정상속분을 기준으로 나눈다. 직계비속과 배우자는 법정상속분의 1/2, 직계존속과 형제자매(최근 형제자매는 삭제됨)는 1/3을 청구할 수 있다.

예를 들어 아버지의 유언으로 상속재산 9억 원 모두를 B(자식 중 유산을 못 받은 사람)를 제외한 다른 사람에게 넘겨주었다고 치자. 그 9억 원 중에서 B가 법적으로 내 몫이라고 주장할 수 있는 금액은 얼마나 될까? 상속인으로 3명의 자녀가 있다고 가정할 경우 B의 몫은 법정상속분의 1/2인 1억 5,000만 원[9억 원×1/3×1/2(9억 원의 1/3은 법정상속분이 되고 다시 그 액수의 1/2은 유류분이 된다)]이 된다.

사전에 증여한 재산도 유류분 청구 가능할까?

당연하다. 사전에 증여한 재산도 상속재산의 일부에 해당하기 때문이다. 다만, 법적 안정성을 고려하여 무한정 이를 인정하지 않고 상속 전에 증여 사실을 안 경우에는 상속개시일로부터 1년 내에, 그 밖의 경우에는 10년 내에 유류분 청구를 해야 한다. 한편 사전에 증여한 재산가액은 상속개시일 당시의 시가로 하되 이를 정하기 힘든 경우에는 법원이 평가를 하게 된다.

상속·증여 계획이 늦었다면 상속재산가액을 줄여라

"어머, 유언아. 괜찮니? 그 건강하시던 분이 갑자기 무슨 일이니."

"바쁠 텐데 이렇게 와 줘서 고맙다. 나보다야 어머니가 더 힘드시지, 뭐. 그나저나 내가 너한테 물어볼 일이 있을 거 같으니까 나중에 연락 한번 할게. 오늘 와 줘서 정말 고맙다."

"에이, 그런 말이 어딨어. 친구 아버님이 돌아가셨는데 당장 와 봐야지. 힘들겠지만 뭐도 좀 먹고 그래라."

야무진은 친구 고유언의 아버지가 돌아가셨다는 소식을 듣고 그녀를 만나고 돌아왔다. 어릴 때부터 뵙던 유언이의 아버님이 갑작스레 돌아가신 것은 야무진에게도 큰 슬픔이었다.

"무진아, 나야. 저번에 전화 건다고 했지?"

"어머, 유언이구나. 그동안 많이 힘들었지? 지금은 좀 괜찮니? 어머니는 안녕하시고?"

"응, 지금은 괜찮아. 산 사람은 살게 마련이라고 이제는 아버지가 남겨 주신 유산을 어떻게 잘 쓸 수 있을까 고민하게 되더라. 좀 우습긴 하지만 말이야."

"아냐, 그게 뭐가 우습니. 아버지가 남겨 주신 재산 잘 챙겨야지. 그럼 상속세 때문에 그러는 거구나?"

"응, 잘 아는구나. 그렇지 않아도 유산 오빠가 상속재산을 정리할 필요가 있다고 해서 네 생각이 났어. 아버지가 한 20억 원 정도 되는 재산을 남겨 주셨거든. 너도 알겠지만 평소에도 우리 아버지는 상속이나 증여에 관심이 많으셨지. 그래서 우리 남매 앞으로 어릴 때부터 적금을 들어 주시기도 했고 또 3년 전 오빠 결혼할 때는 1억 원을 증여하시기도 했고 말이야. 이렇게 꼼꼼했던 아버지의 뜻을 잇기 위해서라도 상속재산 정리를 잘하고 싶어."

"그렇구나. 상속세는 상속개시일이 속하는 달의 말일부터 6개월 안에 신고하고 납부해야 하거든. 내가 우리 사무실의 고단수 세무사님을 소개해 줄 테니까 오빠든 너든 한번 와서 상담을 받아 보는 게 좋을 거 같다."

"그래, 고맙다. 너한테 연락하면 답이 보일 거 같았어. 내가 오빠더러 가 보라고 할게."

전화를 끊은 야무진은 고 세무사에게 고유언의 전후 사정을 설명했다. 그리고 며칠 뒤 고유언의 오빠 고유산이 든든세무법인을 찾았다.

"안녕하세요? 야무진 씨 소개로 찾아뵙게 된 고유산입니다. 이렇게 시간을 내주셔서 정말 감사드립니다."

"아닙니다. 제 일을 하는 것뿐인데요. 대강의 내용은 무진 씨를 통해 들었습니다만, 몇 가지 궁금한 게 있어 묻겠습니다. 먼저 유언장은 있었는지요. 또 상속재산은 자세히 파악하셨는지요. 물론 채무도 포함해서 말입니다. 상속세 계산은 일정한 순서에 따라 접근하면 됩니다. 긴장을 푸세요."

"예, 고맙습니다. 음, 유언장은 미리 작성해 둔 게 있다고 들었습니다. 상속재산으로는 어머니가 거주하고 계시는 아파트와 조그마한 상가가 있습니다. 시세를 알아보니 아파트는 6억 원, 상가는 10억 원이었습니다. 또 은행예금 3억 원이 있고 종신보험 2억 원에도 가입되어 있습니다. 은행 빚도 1억 원 있더군요."

"음, 그럼 부채 1억 원에 재산 21억 원이 되는군요. 아! 몇 년 전에 증여한 현금 1억 원도 포함하면 22억 원이 되는 거구요."

"그런데 세무사님, 왜 3년 전에 증여한 현금 1억 원이 상속재산에 포함되나요? 그때는 분명 따로 증여세를 냈을 텐데 말입니다."

"음, 선생님의 아버님처럼 재산이 많은 사람들은 상속세를 피하기 위해 미리 증여를 통해 상속재산을 줄이려는 노력을 하게 됩니다. 물론 합법적인 범위 안에서 이루어지죠. 하지만 상속개시일로부터 소급하여 10년 이내에 증여한 재산은 모두 다 상속재산에 다시 합산해

정산하도록 정해져 있습니다. 따라서 사전 증여를 하려면 좀 더 빨리 했어야 합니다. 만약 아버님께서 10년 전에 증여를 하셨다면 이번에 1억 원은 포함되지 않았겠지요. 이렇게 포함된 증여재산에 대한 증여세는 나중에 산출세액에서 차감하니 안심하십시오."

"네. 그리고 생명보험은 왜 포함되나요?"

"생명보험금을 상속재산에 포함하는 이유는 아버님이 계약자이자 곧 피보험자로서 받은 보험금은 아버지 소유의 재산이 되기 때문이죠. 직장에 다니셨다면 퇴직금도 마찬가지입니다. 만약 사망으로 받게 되는 보험금을 상속재산에 넣고 싶지 않다면 계약자와 피보험자를 다르게 가입해야 합니다. 물론 계약자와 수익자가 같다면 증여세 문제도 생기지 않아요."

"그렇군요. 그럼 재산이 22억 원이나 되니 상속세도 엄청 나오지 않을까요?"

"꼭 그렇지만도 않습니다. 지금부터 세금을 줄일 수 있는 방법을 설명해 드릴 테니 잘 들어 보시기 바랍니다.

먼저 상속세를 줄이는 방법으로는 상속재산의 크기를 줄이거나 공제를 많이 받는 것이 있습니다. 여기서 상속재산의 크기를 줄이는 문제는 사전 증여와 함께 검토해 세금 설계를 하는 것이 바람직합니다. 다만 선생님의 경우에는 이미 그 단계가 늦었기 때문에 상속재산가액을 확정하는 쪽에 더욱 신경을 써야 합니다. 제가 드리는 말씀을 잘 들어 보세요."

고 세무사는 22억 원의 상속재산을 어떻게 줄일 수 있는지 설명하기 시작했다.

상속재산 평가는 원칙적으로 제3자 간에 거래되는 시가(불특정 다수인 간에 거래되는 가격을 말하며, 이에는 매매사례가액 등을 포함한다)를 기준으로 하지만 시가를 확인하기 힘들면 정부가 정한 방법으로 평가한다. 정부가 정한 방법이란 토지의 경우 개별공시지가, 건물의 경우에는 국세청장 고시가를 기준으로 과세하는 것을 말한다. 다만 지정 지역 내 아파트 같은 공동주택은 매년 1회 국세청장이 토지와 건물을 일괄적으로 산정·고시한 가액으로 한다(국세청 사이트에서 조회).

현재 상속재산에 포함된 아파트의 시세는 6억 원이다. 그러나 고시가격은 4억 원이며 상가 시세는 10억 원 정도 되지만 토지와 건물 부분으로 나누어 계산하니 기준시가 6억 원이 나왔다. 따라서 총 상속재산의 평가액은 위 아파트 4억 원과 상가 6억 원을 합한 10억 원에 은행예금 3억 원, 생명보험 2억 원, 사전 증여한 자산 1억 원을 감안한 16억 원이 된다. 따라서 당초 22억 원에서 무려 6억 원이 감소했다.

이처럼 상속세는 상속재산가액을 얼마나 줄일 수 있는가 하는 것이 관건이다. 따라서 현실적으로 상속재산의 가액을 줄이기 위해 많은 노력을 기울이고 있다. 예를 들어 상속이 발생하기 전 미리 감정을 받거나 문제가 없는 범위 내에서 예금을 인출하는 것도 다 상속재산가액을 줄이기 위한 노력의 일환이다.

한편 현재 상속·증여재산 중 부동산은 원칙적으로 시가로 평가하며 상속 발생일 전후 6개월(증여는 증여일 전 6개월 후 3개월) 내 당해 재산에 대한 매매가격이나 감정가액 또는 경매·보상가격도 시가로 본다.

더 나아가 위 기간 내 앞의 시기가 없는 경우에는 상속·증여재산과 면적, 위치, 종목 및 용도가 동일 또는 유사한 재산의 매매사례가액 등도 시가로 본다.* 따라서 당사자들은 상속 또는 증여재산가액 평가 문제에 특히 유의(아파트는 더더욱 유의)를 해야 하겠다.

* 유사한 재산은 상속일(증여일) 전 6개월부터 상속세(증여세) 신고 시까지의 매매사례가액을 사용함. 참고로 2017년 이후부터 면적, 위치 등이 유사한 재산에 동일한 단지 내의 기준시가와 전용면적의 차이가 ±5% 이내인 주택을 포함하는 규정이 신설되었음. 가령 해당 아파트의 기준시가가 1억 원, 전용면적이 100m²인 경우 평가 기간 내에 동일 단지에서 거래된 아파트들 중 1억 원±5%와 100m²±5%의 요건을 동시에 충족한 아파트의 거래가액이 해당 아파트의 시가에 해당함(층수와 무관함). 이러한 가액 중 기준시가의 차이가 가장 작은 것을 평가액으로 함(홈택스 사이트에서 확인 가능). 참고로 2019년 2월 12일 이후부터 평가 기간 후 법정 결정기한(상속세는 9개월, 증여세는 6개월)까지 발생한 매매 등 사례가액도 평가심의위원회의 심의(납세자는 심의 신청 가능)을 거쳐 평가할 수 있게 되었음.

상속·증여세 신고 시 신고가액 정하는 순서

먼저 당해 재산과 관련된 매매·경매·감정가액이 있다면 이 금액을 기준으로 신고하면 된다. 하지만 이러한 가액이 없다면 당해 재산과 유사한 재산의 매매사례가액을 찾는다. 이때 상속개시일이나 증여일과 가장 가까운 곳에 있는 매매사례가액(그 가액이 둘 이상인 경우에는 그 평균액을 말한다. 2019년 개정 세법으로 평가 방법이 달라졌으므로 주의해야 한다)으로 신고해야 한다. 단, 아파트는 기준시가의 차이가 가장 작은 것을 평가액으로 하고 있음에 유의해야 한다. 국세청 홈택스 사이트를 통해 이를 확인하도록 한다. 참고로 감정가액(기준시가 10억 원 이하는 1개의 감정가액이 있어도 됨)과 유사 매매사례가액이 여러 개 있는 경우 감정가액을 우선해 이를 기준으로 신고한다. 당해 재산에 대한 감정가액이 유사 매매사례가액에 우선하기 때문이다. 한편 2019년 개정 세법에서 재산평가와 관련해 주의해야 할 내용이 하나 추가되었다. 그것은 다름 아닌 상속이나 증여재산의 신고 기한일로부터 결정기한(통상 상속세는 9개월, 증여세는 6개월) 내에 세무서에서 감정평가를 받은 금액으로 상속세나 증여세를 부과할 수 있도록 세법이 변경되었다는 것이다. 이는 적법하게 신고가 끝난 후라도 위 결정기한 전까지 감정평가 등을 통해 세금이 추가될 수 있다는 것을 의미한다. 납세자로서는 상당히 곤혹스러울 가능성이 높아졌다.

※ **저자 주**

상속세 및 증여세 실무에서 가장 중요한 것은 재산을 평가하는 것이다. 이에 대한 평가를 어떻게 하느냐에 따라 세금의 크기가 달라지기 때문이다. 따라서 가급적 기준시가로 신고하면 세금을 줄일 수 있다. 하지만 세법은 인위적으로 평가하는 것을 방지하기 위해 다양한 장치를 두고 있음에 유의할 필요가 있다. 특히 최근에는 아파트 등을 기준시가로 신고하는 경우 관할 세무서 등에서 감정평가를 받아 이를 재산평가심의위원회의 심의에 부칠 수 있도록 하는 해석이 등장했다. 따라서 이들에 대해서 기준시가로 신고하면 언제든지 감정가액 등으로 과세될 수 있다는 사실을 잊지 않아야 한다. 다만, 이렇게 감정가액으로 과세되더라도 각종 가산세는 면제한다.

☞ 상속세 또는 증여세 신고와 관련해 이 부분에서 쟁점이 많이 발생하고 있다. 따라서 마찰을 줄이기 위해서는 신고 전에 감정평가를 받는 것을 고려할 필요가 있다. 이때 감정평가는 기준시가 10억 원 이하가 되면 1개만 받아도 되며, 감정평가수수료는 신고 시 공제받을 수 있다. 참고로 아파트는 감정평가 대신 국세청 홈택스 홈페이지에서 유사 매매사례가액을 조회하여 해당 금액을 기준으로 신고할 수도 있다.

상속재산은
눈치껏 처분하라

"22억 원이라는 말을 처음 들었을 때는 기쁘기도 했지만 솔직히 세금이 얼마나 나올까 싶어 두려웠습니다. 그런데 이렇게 16억 원으로 가액을 줄일 수 있다는 선생님의 설명을 듣고 나니 마음이 한결 가볍습니다. 이제 앞으로 상속재산과 관련해서 더 주의해야 할 사항이 있다면 말씀해 주십시오."

"도움이 되었다니 기쁩니다. 그리고 물론 앞으로도 주의해서 처리하셔야 할 일들이 남아 있습니다. 먼저 상속이 발생한 때를 기준으로 앞 뒤 6개월 이내에는 재산을 처분하시지 말아야 합니다. 그 기간을 미처 못 채우고 상속재산을 팔아 버리는 분들이 간혹 계시는데요. 그러면 시가가 확인되기 때문에 시가를 기준으로 다시 과세되는 경우가 있습니다. 따라서 기준시가보다 높게 팔고자 하는 부동산이 있다면 6개월이 지난 뒤에 파시는 게 좋습니다. 또 혹시 아버님께서 1년이나 2년 전 재산을 처분하신 적이 있나요?"

"글쎄요……. 저는 아버지와 함께 살지 않아서요. 부끄러운 말씀입니다만 아버지 재산이 어느 정도 되는지도 이번 일을 치르면서 처음 알았습니다. 그런데 왜 그런 질문을 하시는지요?"

"요즘 한창 논란이 되고 있는 상속 추정이란 제도가 있어서요. 이 제도는 피상속인이 1년에 2억 원, 2년에 5억 원 이상의 재산을 처분하거나 채무부담을 했는데 그 용도가 객관적으로 명백하지 않으면 이를 상속한 것으로 추정하는 제도입니다. 물론 용도가 입증되지 않는 금액이 일정한 기준금액 이하일 때는 추정하지 않지만요. 즉 용도가 입증되지 않는 금액이 재산 처분 금액의 20%와 2억 원 중 적은 금액에 미달하면 상속 추정을 하지 않는다는 뜻입니다."

상속 추정액 계산하기

상속 추정이란 무엇인지 예를 통해 살펴보자. 피상속인 C가 상속이 있기 1년 전 3억 원을 인출했는데, 그 용도에 대해서는 아무것도 밝혀지지 않았다. 그 결과 상속재산에 포함되는 상속 추정액은 다음과 같다.

상속개시일 이전 1년 내 2억 원 이상을 인출했으므로 상속 추정 대상이 된다. 6,000만 원(3억 원×20%)과 2억 원 중 적은 금액인 6,000만 원보다 용도 불명 금액이 크므로 2억 4,000만 원(3억 원에서 둘 중 적은 금액인 6,000만 원을 공제해 준다)을 상속세 과세 대상에 포함시킨다.

반면 1년 이내에 2억 원이 되지 않는 예금을 인출했다면 상속 추정 요건에 해당하지 않으므로 합법적으로 상속세를 줄일 수 있게 된다.

"아니, 아버지 재산이 얼마인지도 모르는데, 아버지가 어디에 얼마나 썼는지 제가 어떻게 알지요? 이거 참 난감하군요."

"그렇죠. 물론 이렇게 불합리한 점도 있지만 우리나라 상속이나 증여세 신고 풍토가 높은 수준이 아니기 때문에 아직까지 규정되어 있는 거죠."

"그렇군요. 잘 알겠습니다. 아까 말씀드린 16억 원을 기준으로 상속세 계산과 기타 문제점에 대한 검토를 부탁드려도 좋을까요?"

"물론이죠. 제가 빠른 시일 내 보내 드리도록 하겠습니다."

TIP

상속 전 현금 인출 시에는 주의해야 한다

상속 개시 전 1년(2년) 이내에 피상속인의 통장에서 인출한 금액의 합계액이 2억 원(5억 원)에 미달하면 상속 추정 제도가 적용되지 않는다. 그런데 1년 내에 인출한 금액이 2억 원에는 미달하지만 한꺼번에 인출된 금액이 1억 원이 있다면 이 금액에 대해서는 문제가 없을까?

일단 피상속인이 이를 꺼내서 사용하여 용도가 입증되지 않는 경우에는 문제가 없다. 상속 추정 제도를 적용받지 않기 때문이다. 하지만 이 돈이 상속인의 계좌 등에 흘러갔다면 어떻게 될까? 이에 대해서는 오래 생각하지 않더라도 증여로 볼 가능성이 높다는 것을 알 수 있다. 그 결과 인출한 재산이 증여세 과세 대상이 되고 상속재산에 포함될 수 있으므로 현금 인출 시에는 이런 점에 유의할 필요가 있다.

세금이 가벼워지는 상속공제 활용법

고단수 세무사는 고유산의 상속 설계와 관련해 성심껏 검토서를 작성했다. 그 보고서의 내용은 다음과 같다.

① 납부할 세금

본 상속으로 상속인들이 납부해야 할 세금은 모두 6,402만 원입니다. 상속개시일이 속하는 달의 말일부터 6개월 내에 가까운 은행에 납부하시기 바랍니다.

② 계산 전제

상속재산과 상속인 현황을 다음과 같이 파악하고 계산했습니다.

- 상속인 현황: 배우자와 성년 자녀 3명(아들 1, 딸 2)
- 상속재산과 상속 현황

  거주 아파트(기준시가 4억 원)는 배우자, 상가(기준시가 6억 원)와 보험금(2억 원)은 아들, 예금(3억 원)과 빚(1억 원)은 딸들이 상속받도록 작성된 유언장이 있음.
- 사전 증여재산: 현금 1억 원

③ 계산 내역

상속세는 크게 상속재산의 범위를 정확하게 산정하고 상속공제를 빠짐없이 받은 금액에 세율을 곱해 계산됩니다.

- 상속재산가액: 16억 원
- 상속세 과세가액: 16억 원 - [1억 원(상속채무) + 500만 원(장례 비용)] = 14억 9,500만 원
- 상속세 과세표준: 14억 9,500만 원 - 10억 8,000만 원(상속공제) = 4억 1,500만 원
- 상속세 산출세액: 7,300만 원
- 납부할 세액: 7,300만 원 - (700만 원 + 198만 원*) = 6,402만 원

  * (7,300만 원-700만 원)×3%=198만 원

A. 상속세 과세가액

상속재산가액에서 상속채무(1억 원), 공과금, 장례 비용(500만 원)을

공제하는 것은 순 상속재산에 대해 과세하겠다는 취지에서 비롯된 것입니다. 장례 비용은 최소한 500만 원을 공제하고 있으며 영수증을 모으면 최고 1,000만 원까지도 공제받을 수 있습니다.

B. 상속공제

상속공제 10억 8,000만 원은 다음과 같이 계산되었습니다.

- 배우자 상속공제: 5억 원
  배우자 공제는 5억 원~실제 받은 금액 사이에서 공제받을 수 있습니다. 물론 실제 받은 금액은 최고 30억 원과 법정 산식에 의한 것 중에서 적은 금액을 한도로 정하고 있습니다. 본 건의 경우 배우자가 실제 상속받은 금액은 4억 원이지만 최소한 5억 원을 받을 수 있기 때문에 배우자 상속공제액은 5억 원으로 결정했습니다.
- 일괄공제: 5억 원
  상속이 발생하면 기본적으로 2억 원을 공제(기초공제)하고 가족 중에 자녀, 연로자, 장애인이 있으면 추가로 공제(기타 인적공제)를 해줍니다. 이때 기초공제와 기타 인적공제의 합계가 5억 원에 미달하는 경우에는 일괄적으로 5억 원을 공제합니다(일괄공제).

위에서 언급된 기타 인적공제액은 다음과 같습니다(2025년에 상속공제 제도와 상속세율 등이 개편될 수 있음. 저자 카페에서 관련 정보 확인).

종류	적용 대상자	공제액
자녀 공제	자녀	1인당 5,000만 원(2025년 1인당 5억 원 안)
미성년자 공제	상속인 및 동거 가족 중 미성년자	1인당 (1,000만 원×19세에 달하기까지의 연수)
연로자 공제	상속인(배우자 제외) 및 동거 가족 중 65세 이상인 자	1인당 5,000만 원
장애인 공제	상속인(배우자 포함) 및 동거 가족 중 장애인	1인당 (1,000만 원×기대 여명 연수에 달하기까지의 연수)

자녀가 미성년자인 경우 자녀 공제와 미성년자 공제를 중복해 공제받을 수 있으며 장애인이 있는 경우에는 다른 인적공제와 중복해 공제받을 수 있습니다.

본 건의 경우 기초공제 2억 원과 자녀공제 1억 5,000만 원(3명×5,000만 원)을 더하면 3억 5,000만 원이므로 5억 원의 일괄공제를 적용했습니다. 참고로 앞의 배우자 상속공제와 일괄공제 등이 2025년에 현행 5억 원에서 10억 원 등으로 개정될 가능성이 큽니다. 실무 적용 시에는 반드시 최근의 개정 세법을 확인하시길 바랍니다.

- 금융재산 공제: 8,000만 원

상속재산 중 부동산은 시세보다 낮게 평가되지만 금융재산(단 최대 주주의 보유 주식은 적용 불가)은 100% 시세를 반영하고 있으므로 금융재산에 대한 공제를 특별히 적용합니다. 내용은 다음과 같습니다.

구분	공제액	공제액의 범위
순 금융재산가액 > 2,000만 원	순 금융재산가액×20%	• 2,000만~2억 원 (공제액이 2,000만 원에 미달할 때는 2,000만 원, 2억 원을 초과할 때는 2억 원을 공제)
순 금융재산가액 ≦ 2,000만 원	당해 순 금융재산가액	–

본 건의 경우 보험금 2억 원, 금융기관 예금 3억 원, 은행 빚 1억 원이므로 순 금융재산가액 4억 원(2억 원+3억 원-1억 원)의 20%인 8,000만 원이 공제됩니다.

C. 산출세액

상속세 세율은 다음과 같습니다. 참고로 상속세 세율은 증여세 세율과 같습니다.

과세표준	세율*	적용례
1억 원 이하	10%	※ 과세표준이 10억 원
1억 원 초과 5억 원 이하	20%(1,000만 원)	• (1억×10%) + (4억×20%)× (5억×30%) = 2억 4,000만 원
5억 원 초과 10억 원 이하	30%(6,000만 원)	
10억 원 초과 30억 원 이하	40%(1억 6,000만 원)	• 10억 원×30%-6,000만 원 = 2억 4,000만 원
30억 원 초과	50%(4억 6,000만 원)	

* 2025년 중에 상속세 세율이 변경될 가능성이 있다. 이 외에도 배우자 상속공제나 자녀상속공제 등이 변경될 수 있다. 저자의 카페에서 확인하기 바란다.

본 건의 경우 과세표준이 4억 1,500만 원이므로 산출세액은 1억 원에서 5억 원 사이의 구간에서 계산되었습니다.

D. 납부할 세액

납부할 세액은 산출세액에서 몇 년 전에 증여세로 낸 세금 700만 원[(1억 원-3,000만 원)×10%]과 신고 기한에 신고하면 공제해 주는 순수한 상속세 산출세액(7,300만 원-700만 원=6,600만 원)의 3%인 198만 원을 차감해 계산한 금액입니다.

여기서 증여세 700만 원은 성년인 자가 부모로부터 증여를 받았을 경우 3,000만 원(2013년 이전의 공제금액을 말함. 2014년 이후부터는 5,000만 원으로 상향 조정되었음)이 공제되고 증여재산에서 증여재산공제를 적용한 후의 금액에 대해 3%로 계산되었습니다.

④ 납부 방법

납부 금액은 각 상속인별로 현금 납부가 원칙이지만 상가 건물 등으로 납부하는 물납도 가능합니다. 물납으로 하면 제값을 못 받고 납부하는 경우가 많으니 되도록 현금을 마련해 납부하는 쪽이 좋습니다. 그 밖에 연간 분할해 납부할 수도 있습니다. 연부연납은 납부할 세액이 2,000만 원을 넘어야 하고 보통 10회(증여는 5회)로 나누어 연도별로 납부할 수 있습니다(보증회사를 통해 납세보증보험증권을 제출하면 편리하다. 증여세 등을 신고한 후에 관할 세무서로부터 안내를 받으면 된다).

상속·증여 설계에 따라 향후 상속세 예상액이 많이 나오는 경우에는 상속세 납부액에 대한 대비를 미리 하는 것이 좋습니다. 상속세 납부 대비가 없는 경우에는 재산을 팔아서 또는 재산으로 납부할 수밖에 없기 때문에 제값을 받지 못할 가능성이 높습니다. 따라서 상속세 납부의 대비책으로 장기저축이나 종신보험 같은 금융상품에 가입하는 사람들이 많이 늘어나고 있습니다.

물론 귀하의 경우 상속재산 중에서 예금이 있으므로 그 예금을 찾아 상속세를 납부하면 됩니다. 귀하가 납부하게 되는 상속세는 원칙적으로 귀하가 받은 재산 비율만큼 과세됩니다.

딸들의 이유 있는 항변

고유언을 비롯해 유언장을 본 딸들은 이번 상속에 대해 다소 섭섭함을 숨길 수 없었다. 오빠인 고유산에게만 재산의 많은 부분이 상속된 데다 자신들에게는 빚까지 상속되었기 때문이다.

따라서 고 씨네 딸들은 자신들이 더 받을 수 있는 길이 없는지 알아보기로 했다. 유류분권을 행사했을 경우 받을 수 있는 금액을 계산해보고 이를 근거로 상속재산 중 일부를 요구할 생각이었다.

- 유류분권: 법정상속분(시가기준)의 1/2
- 법정상속분: 22억 원(총 재산) - 1억 원(채무) = 21억 원
- 유류분 계산: (21억 원 × 1/4.5) × 1/2 = 233,333,333원

따라서 채무를 제외한 1억 원의 상속을 받았으므로 딸들에게도 각각 1억 3,000여 만 원씩을 추가로 상속받을 수 있는 권리가 있음을 확인할 수 있었다.

누구나 쉽게 알 수 있는
증여세 계산법

"오빠, 오빠는 증여세 계산할 줄 알아?"

"날 어떻게 보는 거야. 그 정도는 거뜬히 해낸다 이거야. 근데 갑자기 웬 증여세? 우리가 증여세 낼 일이 뭐 있다고?"

"으응, 있잖아. 울 아버지가 오빠한테 증여할 게 있다고 그러더라. 그래서 궁금해서⋯⋯."

"아니, 나한테 대체 무엇을 주신다는 거야? 아이 참, 장인어른도 유별나셔. 우리끼리 힘을 모아 살 수 있는데 그렇게 신경 써 주시면 민망한데 말이야. 하하하."

"지금 무슨 소리 하는 거야? 어머머, 좋아서 목소리까지 떠는 거야? 헛물켜지 마셔! 우리가 아니라 우리 친오빠네요! 쳇!"

"에이, 그러면 그렇지. 괜히 좋아했네. 그나저나 증여세는 쉽게 계산할 수 있으니까 직접 한번 해 봐. 세무법인 다니니 그 정도는 할 줄 알겠지?"

"흥, 누가 계산해 달랬어? 나 혼자 해 볼 거야. 대신 나 증여세 공부해야 하니까 오늘 저녁은 알아서 챙겨 먹든지 말든지."

"뭐라고?"

그날 밤, 야무진은 두꺼운 책을 뒤적이고 인터넷을 헤매면서 마침내 증여세 계산 구조를 익힐 수 있었다. 덕분에 이절세는 저녁밥도 못 얻어먹었지만 꼼꼼한 아내가 사랑스럽기만 했다.

가장 먼저 증여재산가액을 확정해야 한다

증여세는 증여받은 재산에서 증여재산 공제를 적용한 금액에 세율을 곱해 계산한다. 따라서 증여세를 낮추기 위해서는 증여재산가액을 낮추고 공제를 최대한 많이 받아야 한다. 증여재산가액을 계산할 때는 다음과 같은 점을 고려해야 한다.

첫째, 증여세는 동일인(부모는 동일인으로 본다)으로부터 10년간 합산한 금액이 1,000만 원 이상인 경우 과세되므로 최근 증여일로부터 소급해 10년 내의 증여재산가액을 합산해야 한다. 예를 들어 성년인 D가 아버지로부터 3,000만 원, 3년 전 어머니로부터 3,000만 원의 사업 자금을 증여받았다면 올해 증여재산가액은 6,000만 원이라는 계산이 나온다.

왜냐하면 증여재산가액은 현재의 증여일을 기준으로 10년 내의 것을 모두 합산하므로 3년 전에 이루어진 증여와 올해 이루어진 증여를 모두 합산해야 하기 때문이다. 또 아버지와 어머니 양쪽으로부터 받은 것을 모두 더하는 것은 부모 양쪽을 동일인으로 보기 때문이다.

둘째, 증여자의 사망으로 상속이 발생하면 상속개시일로부터 소급해 10년 이내에 증여한 재산은 상속재산에 합산해야 한다. 예를 들어 F의 아버지가 3,000만 원을 증여한 해에 상속재산 5억 원을 남겼다면 상속재산가액은 전에 F에게 증여한 재산 3,000만 원을 포함한 5억 3,000만 원이 된다.

증여재산가액이 확정되면 증여재산 공제를 받는다

먼저 배우자 간 증여를 하면 6억 원, 직계존비속(부모, 자녀 등)으로부터 성년자가 증여를 받으면 5,000만 원(미성년자는 2,000만 원), 기타 친족으로부터 받으면 1,000만 원을 공제받을 수 있다. 단, 친족이 아닌 제3자로부터 받은 경우에는 공제받을 수 없다(2024년에 혼인·출산 증여공제 1억 원이 별도로 신설되었다).

증여재산 공제는 배우자, 직계존비속, 기타 친족의 구분별로 10년간 해당 금액을 공제받을 수 있다. 예를 들어 E가 부인으로부터 1억 원, 부모로부터 1억 원의 증여를 처음 받았다고 하자. 이 같은 상황에서 증여재산 공제는 다음과 같이 정리된다.

- 배우자 간 증여공제: 한도인 총 6억 원 중에서 1억 원은 이번 기회에 공제받고 나머지 5억 원은 향후 10년 내 증여받을 때 사용할 수 있다.
- 직계존속이 성년자인 직계비속에게 증여 시의 공제*: 한도인 총 5,000만 원 중에서 이번 기회에 5,000만 원을 모두 사용했으므로 향후 10년 내 증여를 받더라도 다시 공제받을 수 없다.

  * 직계존속이 직계비속에게 증여를 받은 경우에도 5,000만 원이 증여재산 공제액이 된다. 한편 수증자가 비거주자인 경우에는 증여재산 공제가 적용되지 않음에 주의해야 한다.

증여세율은 앞에서 살펴본 상속세율과 같으며 그 이하 신고 세액공제가 적용되는 점도 동일하다. 그리고 할아버지가 손자·손녀에게 증여하는, 이른바 세대를 건너뛴 증여에 대해서는 30%(미성년자가 수증한 증여재산가액이 20억 원 초과 시는 40%)를 할증해 과세하는 점에 유의하자.

야무진, 증여세 상담을 하다!

"수고가 많습니다. 증여세 상담 좀 받을 수 있을까 해서 전화드렸는데요."

"네, 증여하시려고 하는 대상은 무엇인지 말씀해 주시겠어요?"

"네, 어머니 앞으로 있는 24평 아파트를 제 앞으로 돌릴까 해서요."

"아파트 시세와 기준시가를 알 수 있을까요?"

"음, 시세는 대략 1억 8,000만 원 정도 되고 기준시가는 대략 1억 2,000만 원 정도 되더군요. 시세는 옆집이 얼마 전에 팔려서 알고 있습니다."

"지금부터 10년 이내에 증여받으신 적 있습니까?"

"없습니다."

"그러면 잠시만 기다려 주십시오. 증여세를 계산해 드릴게요."

- 증여재산가액 확정: 1억 8,000만 원
- 증여세 과세표준: 1억 8,000만 원 - 5,000만 원(성년자 공제)
  = 1억 3,000만 원
- 증여세 산출세액: 1억 3,000만 원 × 20% - 1,000만 원(누진공제)
  = 1,600만 원
- 납부할 세액: 1,600만 원 × 97%(신고 세액공제 3% 적용)
  = 1,552만 원

"자, 1,552만 원이 증여세로 나오는군요. 이 금액을 증여일이 속하는 달의 말일로부터 3개월 이내에 신고 및 납부하시면 됩니다. 이 금액 이외에 증여 등기를 하는 데 대략 기준시가인 1억 2,000만 원에 4%(기준시가 3억 원 이상은 최대 13.4%) 정도가 취득세로 과세됩니다. 계산하면 480만 원 정도 되는군요."

"아, 그러면 이번 명의 이전으로 증여세와 취득세 등을 합쳐 모두 2,000만 원이나 되는 세금이 나온다는 말씀이시네요. 너무 많은 것 같은데, 뭐 좋은 수는 없을까요?"

"증여는 먼저 증여 목적을 뚜렷하게 해야 후회가 없습니다. 즉 재산이 많아서 상속·증여 설계의 목적으로 하는 증여일 경우 세금 2,000만 원보다 효과가 크므로 괜찮겠지만 재산이 그다지 많지 않은데도 상속세 걱정으로, 또는 명의 이전 쪽이 깨끗하다는 생각을 가지고 무턱대고 증여를 하다간 불필요한 세금을 지출할 수밖에 없습니다. 전화 주신 분의 증여 목적을 여쭈어보아도 될까요?"

"말씀하신 부분은 충분히 이해됩니다. 하지만 저희 집안에 지금 피치 못할 사정이 있어서 명의 이전을 하려는 겁니다. 개인적인 이야기입니다만 저희 오빠가 자꾸 어머니 재산을 축내는 바람에 이참에 제 명의로 바꿔서 아파트를 지키려고요. 아무튼 오늘 상담은 많은 도움이 되었습니다. 증여세 신고는 든든세무법인에 의뢰하고 싶네요."

"도움이 되셨다니 제 맘도 좋습니다. 감사합니다."

밤을 꼬박 새워 가며 증여세 공부를 하던 야무진. 덕분에 그녀는 간단한 고객 상담을 처리할 수 있었을 뿐 아니라 친정의 증여 문제도 도움 없이 깔끔하게 매듭지을 수 있었다.

TIP

부동산 증여 시 주의해야 할 점

2020년 8월 12일 이후부터 2주택 이상을 보유한 1세대가 조정대상지역 내의 기준시가 3억 원 이상의 주택을 증여하는 경우 그 수증자가 무주택자라도 취득세율이 최고 12%(농특세 등 포함 시 13.4%)까지 적용된다. 또한 2023년 이후부터 부동산을 증여하면 시가표준액(기준시가)가 아닌 시가에 대해 취득세가 부과된다. 한편 기준시가로 증여(상속)세를 신고하면 세무서에서 감정평가를 받아 이의 금액으로 과세할 수도 있다. 주의하기 바란다.

증여세, 생활비나 적금을 활용하라

이절세 대리는 고객 자산관리 업무를 하면서 생활 속 증여 문제에 대한 상담을 많이 받았다. 증여 문제는 너무나 다양했다. 생활비로 매월 돈을 받으면 증여세를 내느냐부터 시작해서 생활비라고 하면서 목돈을 넘겨주면 어떻게 되느냐까지 생활 속에서 쉽게 부딪칠 수 있는 증여 문제는 끝이 없었다.

이 대리는 더 체계적으로 고객의 질문에 응대하고 싶었다. 그는 차근차근 준비하기 위해서 가장 빈도수가 높은 질문들을 다음과 같이 정리해 보았다.

- 매월 생활비로 500만 원씩 받을 때의 증여세 여부

- 치료비와 유학비를 보조받을 때의 증여세 여부

- 축의금을 많이 받았을 때의 증여세 여부

- 어린 자녀를 위해 미리 적금을 들어 둘 때의 증여세 여부

- 배우자 명의의 부동산을 내 명의로 돌릴 때의 증여세 여부

- 엄청난 액수의 보험금을 탔을 때의 증여세 여부

- 가족 간에 서로 양도나 증여했을 때의 증여세 여부

- 할아버지가 손자·손녀에게 증여했을 때의 증여세 여부

보험금이나 가족 간 거래 등에 대해서는 차차 알아보기로 하고 먼저 생활비나 적금처럼 우리 일상생활과 밀접한 관련이 있는 것들에 대해 알아보기로 하자.

생활과 관련된 자금

상식적으로 과도한 금액을 주고받는 것이 아니라면 생활이나 치료 등에 들어가는 금품은 생활과 밀접한 관련이 있기 때문에 다른 증여 대상과 똑같은 잣대로 법을 해석하지는 않는다. 단, 여기서도 문제는 법망을 피해 편법으로 이를 악용할 경우에 발생한다.

과세당국은 민법상 부양의무자 상호 간의 치료비·생활비·교육비로 필요하다고 인정되는 금품에 대해서는 증여세 부과를 하지 않는다. 다만 생활비나 교육비 명목으로 취득한 재산을 예·적금하거나 주식, 토지, 주택 매입 대금에 충당하는 경우 그 금액에 대해서는 과세하고 있다.

쉽게 말해 일반적인 사람들을 기준으로 비과세가 적용되는 범위 내에서는 문제 삼지 않겠다는 입장이지만 일단 그 기준을 넘는 자금의 이동에 대해서는 보고만 있지 않겠다는 뜻이다. 얼핏 보면 공정한 것도 같지만 사실 이런 과세 방법에는 다음과 같은 한계가 있다.

먼저 대부분의 사람들에게 해당되는 일반적인 기준을 어떻게 정할 것인가 하는 문제가 생긴다. 누군가가 '한 달에 돈 1,000만 원은 있어야 생활이 되는데 고작 500만 원밖에 안 받았다. 근데 그게 무슨 증여가 된다고 증여세를 내라는 거냐'고 따진다면 할 말이 없다. 명확한 기준을 세우기가 애매하기 때문이다.

이렇게 납세자가 수긍하지 않는 경우가 많기 때문에 생활비 등의 항목에 증여세를 과세하는 일은 매우 힘들다. 따라서 이러한 금액을 추적해 증여세를 과세하기보다는 호화·사치 생활자나 고급주택을 가진 사람들을 대상으로 자금출처조사나 사업 조사를 해서 증여세를 추징하는 간접적인 방법을 사용하고 있는 게 오늘의 실정이다.

한마디로 국민 생활과 관련된 증여에 대해서는 아무리 악용하는 것처럼 보인다 하더라도 제대로 과세되지 않고 있다.

자녀를 위해 들어 둔 적금

자녀를 위한 교육비나 결혼 자금을 마련하기 위해 보험이나 은행권의 적금을 이용하는 경우가 많다. 사랑하는 자녀의 미래를 위해 돈을 모아 두고자 하는 마음은 부모로서 당연하다.

이렇게 우리 생활에서 빼놓을 수 없는 은행적금은 그 거래 근거가 은행에 남기 때문에 반드시 증여세 문제를 짚고 넘어가야 한다. 현행 증여세법은 자녀가 미성년자인 경우 10년간 2,000만 원까지 비과세해 주고 있으며, 성년자의 경우 같은 기간 동안 5,000만 원(2024년 혼인·출산 증여공제 1억 원 추가)까지 비과세로 인정해 주고 있다. 따라서 이러한 비과세를 이용해 미리 자산을 이전하면 사업 자금 등의 원천이 될 수 있다.

예를 들어 자녀의 대학 교육비를 마련하기 위해 월 15만 원씩 10년간 저축하고 있다면 원금은 1,800만 원(15만 원×12개월×10년)이 된다. 이때 원금은 비과세 한도인 2,000만 원 내이므로 증여세가 과세되지 않는다. 또한 이자는 원금에 따르는 수익이므로 역시 증여에 해당하지 않는다.* 따라서 이 경우 증여세는 없다.

예를 하나 더 들어 보자. 딸의 결혼 자금을 마련하기 위해 월 40만 원씩 10년간 부지런히 정기적금을 들어 원금만 4,800만 원을 모았다. 그런데 딸이 하라는 결혼은 안 하고 오히려 그 돈을 밑천 삼아 장사를 하더니 10억 원가량의 엄청난 돈을 벌어들였다. 이럴 때 증여세 문제는 어떻게 될 것인가.

먼저 원금은 비과세 한도인 5,000만 원 내에 해당하므로 증여세는 과세되지 않는다. 또 증여받은 자금으로 사업소득(단, 상속증여세법 42조 4항 등의 포괄주의에 의한 내용에 해당되지 않는다고 가정)을 10억 원 벌었다 하더라도 이는 증여에 해당하지 않는다. 따라서 본 건에 대해서도 증여세는 없다.

* 추가 수익이 크게 기대될 때에는 사전에 증여세 신고를 해 두는 것이 좋다.

세금 없이 보험금을
넘기는 방법

보험은 생명이나 재산에 다가올 위험을 현재 시점에서 예측해 줄여 주는 역할을 한다. 대부분의 사람들이 웬만한 보험 한두 개는 가입하고 있을 만큼 이제 보험은 생활에서 쉽게 접할 수 있는 친숙한 개념이 되었다.

또한 보험은 다음 세대에게 부(富)를 이전하는 수단으로도 이용된다. 즉 보험수익자를 다음 세대로 정하는 경우가 여기에 해당된다. 보험 가입자는 세금 부담 없이 증여의 수단으로 보험을 이용하고자 하고 보험회사(현재는 방카슈랑스 제도의 도입으로 은행에서도 보험 상품이 판매되고 있다)는 이러한 점을 마케팅 수단으로 활용한다.

그렇다면 보험과 관련된 상속·증여세 문제는 무엇인지, 이를 줄이는 방법에는 무엇이 있는지 함께 알아보자.

먼저 보험금이 상속이나 증여재산에 포함되는 경우를 보자.

상속과 증여에서 보험금이 상속이나 증여재산에 해당하는지 판단하기 위해서는 무엇보다 보험료를 실제 내 온 사람이 누구인지 살펴보는 편이 좋다.

상속·증여세가 과세되는 경우

구분	계약자(불입자)	피보험자	수익자	과세 판정 방법
상속세 과세 (사망보험금)	본인	본인	–	불입자와 피보험자가 일치해야 상속세가 발생
증여세 과세 (만기보험금)	본인	–	제3자	불입자와 수익자가 다른 경우 증여세가 발생

사망보험금이 상속재산에 포함되려면 보험계약자와 피보험자, 즉 보험료를 내던 사람과 사고의 대상이 되는 사람이 일치해야 한다. 물론 실질적인 보험료 불입자가 피상속인(피보험자)이면 계약자 명의에 상관없이 상속세가 과세된다. 그 밖의 경우에는 사망보험금에 대해 상속세가 발생하지 않는다.

만기보험금이 증여재산에 포함되려면 보험계약자와 수익자, 즉 보험료를 내기로 한 사람과 보험금을 타기로 한 사람이 서로 달라야 한다. 그 밖의 경우에는 만기보험금에 대해 증여세가 발생하지 않는다.

이러한 내용을 다음 표를 통해 더 자세히 이해해 보자.

- 사망보험금인 경우: 계약자와 피보험자가 같지 않으면 상속세 없음.

- 만기보험금인 경우: 계약자와 수익자가 같아야 증여세 없음.

계약자(실제 불입자)	피보험자	수익자	사망보험금	만기보험금
A	A	A	상속세	세금 없음.
A	B	B	세금 없음.	증여세(B)
A	A	B	상속세	증여세(B)
A	B	A	세금 없음.	세금 없음.
A	B	C	증여세(C)	증여세(C)

※ ( ) 안의 B, C는 납세의무자를 뜻한다.

　단, 보험계약자와 수익자가 같으면 만기보험금에 증여세가 과세되지 않는 것이 원칙이지만 보험료에 해당하는 금액을 증여받은 경우에는 얘기가 달라진다. 예를 들어 보험계약 기간 중에 보험금을 내기로 한 사람이 다른 사람에게 재산(현금이나 부동산 등을 말함)을 증여받아 보험료를 불입했다면 어떤 문제가 생길까? 종전에는 현금 등으로 증여받은 금액에 대해서만 증여세를 과세했지만 지금은 다음과 같이 수령한 보험금에 대해서도 증여세를 과세한다.

- 증여재산가액: 보험금×(증여에 의한 불입액÷총불입액) - 보험료 불입액

　구체적인 예를 들어 보험금에 대한 증여세를 계산해 보자.
　한보험 씨는 매월 100만 원의 보험료를 5년간 납부(총 6,000만 원)했다. 그런데 매달 낸 보험료의 3/4은 아버지 돈이었다. 만기에 한 씨가 1억 원의 보험금을 타게 되었다면 추가로 발생한 증여세는 다음과 같다.

- 증여재산가액 : 1억 원×(4,500만 원÷6,000만 원)-4,500만 원
  =3,000만 원

한 씨가 보험금을 타면서 부담해야 할 증여세는 다음과 같다.

- 과세가액 : 4,500만 원(현금 증여)+3,000만 원(보험금 증여)
  =7,500만 원
- 과세표준 : 7,500만 원-5,000만 원(성년자 공제)=2,500만 원
- 산출세액 : 2,500만 원×10%=250만 원
- 납부세액 : 250만 원-150만 원*-3만 원(신고 세액공제)
  =97만 원

  * 기납부세액 공제 : (4,500만 원-3,000만 원**)×10%(증여세율)=150만 원
  ** 2013년 이전의 증여재산 공제액

이렇듯 보험료를 내는 사람과 받는 사람이 같은 경우라도 재산을 증여받아 보험료를 내 왔다면 그 보험금에 대해서도 증여세가 과세된다는 점을 잊지 말자.

증여세가 과세되지 않기 위해서는 먼저 계약자 본인의 소득이 있을 경우 그 계약자 소득으로 납입했음을 입증해야 한다. 그렇지 않을 경우 포괄주의 과세 등에 의해 증여세가 과세될 가능성이 높아진다.

세금 없이 자식에게 아파트와 회사 물려주기

대부분 사람들은 부동산을 구입할 때 생각에 생각을 거듭한다. 그런데 이 법칙에도 예외가 있으니 바로 재건축 관련 부동산이 나타났을 때다. 재건축이라고 하면 사람들은 앞뒤 안 가리고 기를 쓰고 덤벼들기 일쑤이기 때문이다.

오늘날 대한민국, 특히 최근까지만 해도 서울 등 특정 지역에 불고 있는 재건축 열풍은 전국으로 확산되어 시장을 강타하고 있었다.

물론 이렇게 특정 지역의 재건축 아파트 가격이 하루가 다르게 오르는 데는 나름의 여러 이유가 있을 것이다. 교육·의료·교통·문화 수준 등의 주변 환경 등이 다른 지역에 비해 좋은 점도 큰 매력이기에 그렇게 매달리고 있는지 모른다.

하지만 재건축 아파트가 지닌 가장 큰 장점 중 하나는 세금을 거의 내지 않고도 근사한 아파트를 자식에게 이전할 수 있는 수단이라는 것이다. 갑자기 무슨 소리냐고 반문할지도 모르지만 실제로 재건축 아파트는 이런 이유로 인기가 하늘을 찌른다.

얼마 전 고 세무사에게 들어온 상담 건에 대해 함께 알아보자.

한양국 씨는 이번에 재건축 대상이 된 아파트를 구입하기로 마음먹었다. 재건축이 예정되면서 아파트 가격은 다소 올랐다. 재건축 발표가 있기 전 3억 5,000만 원(기준시가 2억 8,000만 원)이었던 아파트 시세는 재건축 발표 후 4억 3,000만 원(기준시가 3억 2,000만 원)까지 치솟았다. 그럼에도 한 씨는 이 아파트를 사서 결혼을 앞둔 아들에게 증여하고자 한다(물론 현금을 증여해 자녀 명의로 취득할 수도 있다).

그렇다면 증여세는 어떻게 계산될까? 일반적으로 증여세는 기준시가에 의해 과세되는 경우가 대부분이다. 다만, 최근에는 시가 위주로 과세되는 경우가 많으므로 이 부분에 주의해야 한다. 사례의 경우에는 시가를 확인하기 힘들므로 기준시가로 신고를 할 수 있다고 하자. 그런데 아파트의 경우 1년에 한 번(때에 따라서는 그 이상) 고시되므로 증여일과 최근 고시일을 비교해 기준시가를 확인해 봐야 한다. 따라서 한 씨의 경우에도 증여일이 언제인가에 따라 다음과 같이 증여재산가액이 달라진다.

- 재건축 발표 이전에 증여하는 경우: 2억 8,000만 원
- 재건축 발표 이후에 증여하는 경우: 3억 2,000만 원

한 씨가 재건축이 발표된 뒤에 아파트를 구입해 증여했다면 대략적인 증여세는 4,400만 원이 나온다. 이는 증여재산가액 3억 2,000만 원에서 성년 공제 5,000만 원을 차감한 금액에 10%를 곱한 결과이다. 이 산출세액 4,400만 원은 실제 구입해 지출한 금액인 4억 3,000만 원에 대한 증여세 6,600만 원[(4억 3,000만 원 - 5,000만 원) × 20% - 1,000만 원]보다 2,200만 원이나 더 적은 금액이다.

따라서 증여세가 대폭 줄어들게 되므로 재건축 예정지의 주택이 증여 수단으로 이용되기 좋다는 결론이 나온다.

단, 여기도 한 가지 주의점이 있다. 한 씨가 구입한 부동산과 유사한 부동산이 증여일로부터 소급하여 2년 이내 그리고 증여세 신고 기한으로부터 6개월 내에서 거래가 된 경우 그 금액으로도 증여세가 부과될 수 있다는 것이다(또는 세무서에서 감정받아 신고가액을 고칠 수도 있다).

TIP

재건축·재개발 아파트의 증여

재건축(또는 재개발) 아파트를 자녀에게 증여하는 경우에는 증여 시기에 따라 다음과 같이 증여재산가액이 파악된다는 점에 주의하자.

- 관리처분 전으로 권리가액이 없는 경우 : 부동산 시가에 의해 과세된다. 여기서 시가는 제3자 간에 거래되는 가액으로 증여일 전 6개월부터 증여일 후 3개월(유사 재산은 신고 시) 내의 매매사례가액도 해당된다. 만일 이런 시가가 없다면 기준시가 신고가 가능하다.
- 관리처분 후 권리가액이 있는 경우 : 권리가액과 조합에 불입한 금액, 그리고 프리미엄을 포함한 가격으로 신고해야 한다. 최근에 개정되었다.

이렇게 자산을 아파트로 자식에게 물려주는 사람도 있는가 하면 자산보다는 자신이 일궈 놓은 회사의 경영권을 물려주고자 하는 사람도 있다. 여기 고 세무사가 회사 고문으로 있는 성공주식회사 사장 박경영 씨의 예를 통해 자식에게 회사를 통째로 넘겨주는 경우를 살펴보자.

자식에게 자산보다 회사 경영권을 물려주고 싶은 박경영 씨는 자신이 운영하고 있는 주식회사의 주식 가운데 본인의 지분을 자식에게 증여하거나 양도하기로 계획을 세웠다. 박 씨의 회사 현황은 다음과 같다.

- 상호명: (주)성공
- 자본금: 5,000만 원(발행 주식 수 1만 주, 액면가 5,000원)
- 지분 보유: 사장 박경영 80%, 기타 제3자 20%

열심히 사업에 매진해 어느 정도 내실을 쌓자 증여할 때라고 판단한 박 사장은 회사 고문인 고 세무사에게 증여에 대한 검토를 요청했다.

"고 세무사님. 오랜만에 연락드립니다. 이번에 증여를 하려고 하는데 좀 도와주셨으면 좋겠어요."

"아, 그러십니까? 조금 이른 감도 없잖아 있습니다만……."

"음, 그럴지도 모르죠. 하지만 지금보다 회사 규모가 더 커지면 증여세가 감당하기 어려울 만큼 많이 나온다고 들었거든요. 고 세무사님이 신경 써서 검토해 주셨으면 좋겠어요."

"네, 그럼 제가 최대한 빨리 검토해서 보고서를 보내 드리겠습니다."

며칠이 지나 박 사장은 고 세무사가 보내온 보고서를 받아 볼 수 있었다. 보고서를 꼼꼼히 살핀 박 사장은 증여를 결심했다. 다음은 고 세무사가 작성한 보고서 내용이다.

① 증여세 과세 대상 여부 판단

성공주식회사는 비상장 주식회사로서 대표이사가 보유하고 있는 주식을 증여하거나 양도하는 경우 아래와 같이 증여세와 양도소득세가 과세됩니다.

② 증여재산 평가 기준

비상장주식은 거래소에서 거래되지 않으므로 그 시가를 알기 힘듭니다. 따라서 증권거래법상의 평가 방법을 준용해 1주당 순손익 가치와 순자산 가치를 3과 2의 비율(단, 부동산 과다 보유 법인은 2와 3의 비율)로 가중평균해 재산평가액 기준으로 하게 됩니다. 다만, 이렇게 평가한 금액이 순자산 가치의 80%에 미달하면 순자산 가치의 80%로 평가한 금액을 주식 평가액으로 합니다. 한편 최대주주(가장 주식을 많이 가지고 있는 특수관계 집단을 말함. 상증령 제53조 제4항 참조) 등이 가지고 있는 주식에 대해서는 할증 평가를 합니다. 일종의 주식에 경영권 가치가 포함되어 있어서 그렇습니다. 하지만 2020년 이후부터는 국내 세법상 중소기업(중견기업 포함)은 영구적으로 할증 평가를 하지 않고 이외의 기업도 2025년부터 할증 평가를 하지 않을 것으로 전망됩니다. 확정된 개정 세법을 참조하시기 바랍니다.

1주당 가액은 복잡한 과정을 거쳐야만 알 수 있으므로 결과만을 표시했습니다.

- 1주당 순손익 가치 : 1만 2,000원
- 1주당 순자산 가치 : 1만 원

따라서 본 증여에 의한 주식 평가액은 다음과 같습니다.

- 비상장주식 평가금액 : [(1만 2,000원×3) + (1만 원×2)] × 115%* = 1만 2,880원

  * 중소기업(중견기업 포함)의 주식에 대해서는 할증 평가를 하지 않아도 됨.

③ 증여세 계산

이 금액에 증여하고자 하는 주식의 수를 곱하면 증여재산가액이 되며 여기에 증여재산 공제와 세율을 적용하면 증여세를 계산할 수 있습니다. 증여하고자 하는 주식이 모두 7,000주이므로 계산은 다음과 같습니다.

- 증여재산가액 : 1만 2,880원×7,000주 = 9,016만 원

- 증여세 과세표준: 9,016만 원 – 5,000만 원 = 4,016만 원
- 증여세 산출세액: 4,016만 원 × 10% = 401만 6,000원

④ 문제점 및 결론

이렇듯 회사 초기에 주식을 증여하면 증여세를 얼마 부담하지 않고도 회사를 넘길 수 있습니다. 그러나 증여일로부터 5년 내 상장해 이익이 발생하게 되면 그 이익에 대해서는 추가로 증여세를 납부해야 합니다. 여기서 이익이란 통상 3억 원 정도를 말합니다.

결론적으로 회사의 경영권을 물려주고자 하는 경우 사업 초기에 하는 것이 세금 측면에서 더 유리합니다. 나중에 회사 가치가 뛰게 되면 주식 가치도 같이 높아지기 때문에 증여할 경우 증여세가 많이 과세될 것입니다.

따라서 이번에 증여하고자 한 계획은 매우 시기 적절하다고 판단되는 바입니다. 다만, 비상장주식에 대해서는 포괄적 과세 제도가 적용될 수 있으므로 추가 검토가 필요합니다.

중소기업 등에 적용되는 가업 승계 특례제도

중소기업이나 중견기업을 영위하는 부모로부터 사전에 주식을 증여받거나 사후에 주식을 상속받은 경우 이에 대한 다양한 조세 특례제도가 있다. 전자의 경우 600억 원을 한도로 증여세를 10~20%로 과세하며, 후자의 경우 최대 600억 원까지 상속공제를 해 준다.

부담부 증여로
집을 이전하는 방법

서울에 사는 박부자 씨는 2주택 보유자다. 그는 아파트 1채를 아들에게 물려주려고 한다. 그녀는 든든세무법인에 증여와 양도 중 어떤 것이 더 유리한지 문의해 보기로 했다.

- 보유 기간 : 5년
- 의뢰일 현재 시세 : 5억 원(기준시가 3억 원)
- 취득가액 : 3억 원(기준시가 2억 원)
- 전세보증금 : 1억 5,000만 원
- 기타 필요경비 등은 없는 것으로 가정함.
- 세율 : 6~45%

이번 일을 맡은 고 세무사는 검토서를 작성하기 전에 전세보증금을 인수하는 증여인지 아닌지를 확인하고자 했다. 전세보증금을 인수하는 증여, 즉 부담부 증여는 계산 과정이 복잡할 뿐만 아니라 인수 여부에 따라 의사 결정 내용도 달라진다. 따라서 미리 알아 두는 것이 더 편하다.

"박 여사님! 만약 증여를 한다면 전세보증금을 인수하는 조건으로 하실 겁니까?"

"그렇게 해야지요. 아들이 밥벌이 정도는 하고 있으니까 스스로 갚아 낼 수 있을 거라고 생각해요. 당장 그 집에 들어가는 것도 아니고 말입니다. 하지만 세금 측면에서 전세보증금을 넘기지 않는 것이 유리하다면 그렇게 해야겠지요."

"예, 잘 알겠습니다. 빠른 시일 내 검토서를 작성해서 보내 드리겠습니다. 아무런 걱정 마시고 집에 돌아가 계셔도 좋습니다."

얼마 후 고 세무사는 박 씨 앞으로 다음과 같은 검토서를 보냈다.

① 양도를 선택한 경우의 양도소득세 계산

먼저 자녀에게 양도를 하는 경우 실거래가를 기준으로 양도소득세를 계산하면 다음과 같습니다.

- 양도차익 : 5억 원 - 3억 원 = 2억 원
- 과세표준 : 2억 원 - 2억 원 × 10% - 250만 원 = 1억 7,750만 원

  (장기보유 특별공제는 5년 보유 시 2019년부터 10%가 적용되고 있습니다.)

- 산출세액 : 1억 7,750만 원×6~45% = 4,751만 원*

  * 양도소득세 세율적용법은 37쪽을 참조하기 바란다(이하 동일).

다만, 이론적으로 자녀에게 양도하는 경우 양도가액을 시세보다 30%까지 낮출 수 있습니다. 이 경우 양도소득세는 다음과 같습니다.

- 양도차익 : 3억 5,000만 원 - 3억 원 = 5,000만 원
- 과세표준 : 5,000만 원 - 5,000만 원×10% - 250만 원 = 4,250만 원
- 산출세액 : 4,250만 원×6~45% = 512만 원

하지만 세법은 조세회피를 위해 특수관계자 간에 거래금액을 이렇게 낮추는 경우 시가대로 과세할 수 있다는 점에 유의해야 합니다.

② 전세보증금을 포함해 증여를 한 경우

이 경우 아래 계산한 A, B, C를 통해 알 수 있듯 증여로 발생한 증여세와 양도소득세의 합계액은 1,482만 원입니다. 증여재산에 담보된 채무를 인수하는 조건으로 증여받은 것을 '부담부 증여'라고 합니다. 이런 증여에서 채무는 증여재산에서 공제되지만 그 채무액에 해당하는 증여재산은 사실상 유상으로 이전되는 것이므로 양도소득세 과세 대상이 됩니다. 따라서 본 건은 부담부 증여에 해당하므로 증여세와 양도소득세가 동시에 발생합니다.

A. 증여세

- 증여재산가액 : 3억 원(증여 시의 기준시가) - 1억 5,000만 원(전세 보증금) = 1억 5,000만 원

- 증여세 과세표준 : 1억 5,000만 원 - 5,000만 원(성년자 증여공제) = 1억 원

- 증여세 산출세액* : 1억 원 × 10% = 1,000만 원

  * 세율 적용 방법은 294쪽 참조

- 증여세 납부세액 : 1,000만 원 × 97%* = 970만 원

  * 증여세는 신고만 하더라도 3%를 세액에서 공제해 줌.

B. 양도소득세

- 양도가액 : 1억 5,000만 원[= 3억 원(기준시가) - 1억 5,000만 원 (전세보증금)]

  (시가가 확인이 안 되는 경우에는 기준시가로 양도가액을 산출할 수밖에 없습니다.)

- 취득가액 : 1억 원[= 2억 원 × (1억 5,000만 원 ÷ 3억 원)]

  (취득가액은 취득 시 기준시가에 대해 채무액이 증여재산가액에서 차지 하는 비율로 안분했습니다.)

- 양도차익 : 5,000만 원

- 과세표준 : 5,000만 원 - 5,000만 원 × 10% - 250만 원 = 4,250만 원

- 산출세액 : 4,250만 원 × 6~45% = 512만 원

C. 증여세(A) + 양도소득세(B) = 1,482만 원

③ 순수하게 증여를 했을 경우

부담부 증여가 아닌 순수하게 증여를 했을 경우 증여세를 계산해 보겠습니다.

- 증여재산가액 : 3억 원
- 증여세 과세표준 : 3억 원 - 5,000만 원(성년자 증여공제)

  = 2억 5,000만 원
- 증여세 산출세액 : 2억 5,000만 원 × 20% - 1,000만 원(누진공제)

  = 4,000만 원
- 증여세 납부세액 : 4,000만 원 × 97%* = 3,880만 원

  * 증여세는 신고만 하더라도 3%를 세액에서 공제해 줌.

이상의 결과를 정리해 보겠습니다.

① 양도를 한 경우의 세금(시세보다 30% 낮게 신고하는 경우) : 512만 원

② 부담부 증여를 한 경우의 세금 : 1,482만 원

③ 순수하게 증여한 경우의 세금 : 3,880만 원

이제 결론을 내려 보겠습니다.

세금 부담 측면에서 보면 양도를 하는 경우가 적게 나올 수 있습니다. 하지만 세법은 직계존비속 간에 양도를 할 때 유상 양도임이 아니라는 것이 밝혀지면 증여세를 과세합니다. 따라서 자녀로부터 돈을 받고 팔아야만 이 같이 세금이 최소화될 것입니다.

만일 이 부분이 해결되지 않으면 증여를 선택할 수밖에 없습니다. 다만, 증여의 경우는 순수한 증여와 부담부 증여를 비교해 유리한 방법을 취할 필요가 있습니다. 부담부 증여에 의해 이전되는 부채는 증여자가 승계하는 조건이므로 이에 대해서는 별도의 자금이 없어도 이 계약이 성립합니다. 사례의 경우에는 부담부 증여 방식이 유리한 것으로 나왔습니다.

TIP

부담부 증여의 실익 판단법

일반적으로 부담부 증여는 증여세가 높은 세율로 부과되는 상황에서 양도소득세가 낮게 나올 때 유용한 방식이다. 증여세가 많이 나오는 것을 피해 부담부 증여를 하기 때문이다.

그런데 이때 양도소득세가 높은 세율(60% 등)로 부과되면 오히려 부담부 증여에 의한 증여세와 양도소득세의 합계액이 순수한 증여의 증여세보다 더 커지는 경우가 발생한다. 그래서 양도소득세가 중과세되는 상황(주택은 2018년 4월 1일부터 중과세 적용되고 있다)에서는 부담부 증여의 실익은 거의 없다. 그러나 누진세율이나 비과세가 적용되는 상황에서는 부담부 증여의 실익이 있는 경우가 많다. 참고로 앞에서 소개한 사례가 모든 상황에 적용되지는 않는다. 따라서 이 외 최근 12%까지 인상된 취득세를 포함해 실무에서는 좀 더 정교한 검토를 요한다.

긴급 입수! 상속·증여와 관련된 10가지 절세 전략

전략 1 : 자산이 10억 원이 넘으면 반드시 상속·증여 설계를 하라

여기서 말하는 재산 금액은 보통 시세를 의미한다고 생각하자. 이렇게 재산이 많을 경우 상속·증여 설계를 하는 것이 절세의 첫걸음이다.

전략 2 : 상속·증여가 발생하면 세무 전문가를 찾아라

설계 못지 않게 신고 절차도 중요하다.

전략 3 : 상속·증여재산은 평가 방법에 주의하라

어떻게 평가하느냐에 따라 세금에도 큰 차이가 있다. 따라서 재산 평가 방법에 대해 많이 알아 둘수록 상속세와 증여세는 생각보다 많이 줄어든다. 특히 현재처럼 기준시가도 인상되고 시가 위주로 과세하려는 세무 행정에 대응하기 위해서는 재산평가 방법을 알아 두는 것이 반드시 필요하다고 하겠다. 일반적으로 시가가 아닌 기준시가로 재산이 평가되면 당장의 상속세나 증여세를 낮출 수 있다. 하지만 곧 양도를 하는 경우에는 낮은 취득가액으로 말미암아 많은 양도소득세를 부과받을 수 있다. 하지만 2020년부터 꼬마빌딩 등에 대해서는 감정가액으로 상속세나 증여세가 부과되고 있으므로 이에 유의할 필요가 있다(아파트에도 이러한 감정평가가 실시될 수 있다).

전략 4 : 상속재산과 증여재산가액은 최대한 미리 줄여라

상속세와 증여세는 재산가액 크기와 매우 깊은 관련이 있다. 상속재산은 사전 증여와 재산평가 방법 관리를 통해, 증여재산은 사전 증여 등을 통해 줄어들게 된다. 그 밖에도 공시지가 발표 시점이나 부채 등을 활용해도 세금을 줄일 수 있다.

전략 5 : 받을 수 있는 공제는 다 받아라

공제받는 것에도 요령이 필요하다. 상속세와 증여세는 각각 공제 항목이 다르다. 현실적으로 증여공제 한도액을 활용하는 증여가 많이 일어나고 있다. 특히 2024년부터 혼인·출산 증여공제 1억 원이 별도로 적용되고 있다. 이를 감안하면 1억 5,000만 원까지 증여세가 없을 전망이다(부부 합산 3억 원). 상속의 경우 동거주택 상속공제(효도 상속공제라고도 하며, 6억 원 한도 내에서 100% 공제함), 가업상속 공제(최고

600억 원) 등을 활용하면 세금을 크게 낮출 수 있을 것이다.

전략 6: 세율에 유의하라

현행의 상속세 및 증여세율은 10~50%(2025년 중 세율이 개정될 수 있음)이 적용되고 있다. 최고세율이 50%에 육박하고 있는 만큼 자산가 집안은 미리 이에 대해 대비를 해야 한다. 참고로 세대를 생략해 상속이나 증여가 발생한 경우 30~40% 할증 과세가 된다. 한편 증여로 주택을 취득하면 취득세율이 12%까지 나올 수 있음에 유의해야 한다. 다만, 모든 주택에 대해 이 세율이 적용되는 것이 아니므로 증여 전에 취득세 검토도 반드시 해야 한다.

전략 7: 기한 내 신고하라

상속세는 상속개시일이 속하는 달의 말일부터 6개월, 증여세는 증여일이 속하는 달의 말일부터 3개월 이내에 신고하면 무조건 3% 세금을 깎아 준다. 괜히 미적거리지 말고 내야 할 세금이 정산되면 기한을 넘기지 말고 신고하는 것이 절세의 또 다른 방법이다.

전략 8: 납부는 전략적으로 하라

상속세나 증여세 납부 방법은 여러 가지 형태가 있다. 현금뿐만 아니라 물납 그리고 연부연납으로 할 수 있다. 이 중 유리한 방법을 선택할 수 있다. 만일 과도한 상속세 부담이 예상되면 상속세 납부 대책을 미리 강구해 두는 것이 좋을 것이다(상속세는 1명이 모두 납부해도 됨).

전략 9: 증여재산은 5년 후에 팔아라

가족으로부터 증여받은 후 10년(2022년 이전 증여분은 5년) 내 양도하면 증여의 효과가 물거품이 되며 세금은 세금대로 내게 된다. 이 제도는 배우자나 직계존비속 모두에게 적용된다. 다만, 부모로부터 증여받은 주택이 1세대 1주택으로 2년 이상 보유(2017년 8월 3일 이후 조정대상지역의 주택은 2년 이상 거주 요건 추가)한 경우라면 비과세 적용도 가능하다.

전략 10: 매매사례가액은 불복하라

과세당국이 옆집의 매매가액으로 과세를 하려거든 적극적으로 나서서 불복하라. 참고로 2017년 이후 상속·증여한 재산부터 공동 단지 내의 기준시가 및 전용면적이 해당 주택과 ±5% 이내 차이 난 주택의 거래가액도 매매사례가액으로 볼 수 있도록 했다(국세청 홈택스 사이트에서 해당 금액을 찾을 수 있다).

TIP
상속세와 증여세 과세 방식의 차이

앞에서 살펴본 상속세와 증여세는 과세 방식에서 차이가 있다. 일반적으로 상속세는 누가 상속을 받는지에 상관없이 피상속인(사망자)의 재산이 10억 원이 넘으면 과세되나, 증여세는 증여를 받은 자가 누구인지에 따라 증여재산가액이 증여재산 공제액을 초과하면 과세되는 차이가 있다. 이러한 상속세의 과세 방식을 유산과세형, 증여세의 과세 방식을 취득과세형이라고 한다. 참고로 향후 상속세 과세 방식이 증여세 과세 방식과 일치될 수도 있을 것으로 보인다.

합법적으로 세금 안 내는 110가지 방법 · 개인편

초판 1쇄 발행 2003년 11월 15일
초판 10쇄 발행 2004년 1월 5일
 2판 4쇄 발행 2006년 4월 15일
 3판 4쇄 발행 2007년 7월 10일
 4판 1쇄 발행 2008년 1월 1일
 5판 3쇄 발행 2009년 12월 30일
 6판 2쇄 발행 2011년 6월 15일
 7판 2쇄 발행 2013년 9월 5일
 8판 2쇄 발행 2014년 2월 10일
 9판 3쇄 발행 2015년 9월 5일
10판 3쇄 발행 2016년 9월 20일
11판 3쇄 발행 2017년 9월 25일
12판 1쇄 발행 2018년 1월 5일
13판 2쇄 발행 2019년 3월 15일
14판 2쇄 발행 2020년 2월 10일
15판 2쇄 발행 2021년 3월 10일
16판 4쇄 발행 2022년 8월 8일
17판 2쇄 발행 2023년 8월 25일
18판 1쇄 발행 2024년 1월 5일
19판 1쇄 발행 2025년 1월 3일

지은이 신방수

펴낸이 김연홍
펴낸곳 아라크네

출판등록 1999년 10월 12일 제2-2945호
주소 서울시 마포구 성미산로 187 아라크네빌딩 5층(연남동)
전화 02-334-3887 팩스 02-334-2068

ISBN 979-11-5774-766-5 03320